建筑构造构成原理

李 温 著

哈尔滨工业大学出版社

内 容 提 要

本书是一部关于"建筑构造学"的理论著述,它的写作目的是为了创建"建筑构造构成原理"。本书通过对建筑构造现状的分析,肯定了建筑构造内在是有共性和规律的。同时,将建筑构造归类在"结构形态"中。在与系统论观点比照之后,肯定了建筑构造是一个开放性的工程系统,最后从系统的构成上即建筑构造的物质材料构成、建筑构造实施的技术方式、方法和建筑构造的可行性及功能的目的性等三个层面上定义了"建筑构造构成理论"。并对三个层面的细节问题,也作了简要的理性归纳和分析。

本书是从理性思维的角度,对目前的建筑构造学科作了理论上的补充和探讨。本书可作为建筑工程专业设计的参考书,也可作为注册建筑师继续教育及建筑类大专院校《建筑构造学》教学的教材。

图书在版编目(CIP)数据

建筑构造构成原理/李温著. —哈尔滨:哈尔滨工业大学出版社,2011.12
ISBN 978-7-5603-3292-5

Ⅰ.①建… Ⅱ.①李… Ⅲ.①建筑构造 Ⅳ.①TU22

中国版本图书馆 CIP 数据核字(2011)第 106157 号

策划编辑	贾学斌
责任编辑	张 瑞
封面设计	卞秉利
出版发行	哈尔滨工业大学出版社
社　　址	哈尔滨市南岗区复华四道街 10 号 邮编 150006
传　　真	0451-86414749
网　　址	http://hitpress.hit.edu.cn
印　　刷	黑龙江省委党校印刷厂
开　　本	787mm×1092mm 1/16 印张 17.25 字数 380 千字
版　　次	2012 年 2 月第 1 版 2012 年 2 月第 1 次印刷
书　　号	ISBN 978-7-5603-3292-5
定　　价	35.00 元

(如因印装质量问题影响阅读,我社负责调换)

序

　　十分欣喜、荣幸地最先拜读了李温老先生的又一新著。李先生一生活跃在建筑领域，有着建筑设计、建筑施工、建筑管理、建筑教育的诸多经历，工程实践经验丰富，专业积淀深厚。在退休之后，静心写作完成了这部《建筑构造构成原理》专著，这种热爱科学、不懈求索、著书立说、服务社会的精神值得我们钦佩和学习。

　　《建筑构造构成原理》是一部完整的、具有一定创新的建筑构造构成理论专著。专著主体内容论述了建筑构造材料选取、建筑构造造型、建筑构造连接及分隔、建筑构造的表面处理，四者是一个整体，它们相互制约，互为条件，互补相成；专著还对"建筑构造设计"、"建筑构造"教学与建筑构造构成理论的关系做了分析阐述。这些内容涵盖了建筑构造构成理论涉及的问题，并且有许多独立的见解，其结构逻辑清晰严谨，还配有大量的图表，更有助于问题的说明和读者阅读理解。

　　建筑构造构成原理，是建筑构造学学科体系的重要组成部分。一个完整的学科体系（自然科学），一般包括四个层次，即：哲学层次，表述为某某观；基础科学层次，表述为某某学；技术科学层次，表述为某某工程学；技术层次，表述为某某工程或设计。其中：技术层次是直接为现实、实际服务的，是设计、施工、技术活动的总称；而技术科学层次是为其分支学科的工程技术层次提供理论依据，或将其工程技术成果升华为科学理论。按此理解，目前建筑构造学学科体系中，较为成熟的建筑构造学中，研究的对象是建筑的组成及其相互关系，其内容多以建筑的主要组成及部位，或按建筑构成系统构件来划分，其知识传授重点多在具体部位的材料、做法，虽然其中也涉及一些技术科学知识，但缺少系统的建筑构造构成理论的内容，总体上看，其知识体系应属于技术层面的。《建筑构造构成原理》的知识体系与其不同，其核心内容的四大部分，是从现有的建筑构造学知识体系中"抽象"出来的理论的概括，是建筑构造"具象"知识的"形而上学"。如果把现有的建筑构造当作技术，则建筑构造构成原理则是其构造技术科学。

"学"是系统的理论。学的重要意义在于它是对技术实践、试验、经验等的梳理、提升和理论重构,是一种"形而上"的哲学抽象,而不是深陷在"术"、"形"之中。"学"它反过来又对"术"有指导意义。即:它从"术"脱身而出,又要返回来反哺"术"。从这个意义上说,建筑构造构成原理既有理论价值又有实践意义。

建筑构造构成原理作为建筑构造学的重要组成部分,对从事建筑设计、建筑技术、建筑施工等科学技术人员有重要参考价值。也可作为教材或教学参考书供大专院校相关专业的师生选用。目前的《建筑构造》、《房屋建筑学》等教材,从教学上看,对初学者容易理解接受,有了这样的基础,再辅以《建筑构造构成原理》,既符合教学规律,也体现了"学"、"术"结合。

完成一部专著,一定是作者的艰辛付出,背后也还有很多人的点点滴滴。书中的插图也是李老先生用计算机一点一点亲自完成的,还有八十高龄郑忱教授及独具慧眼的贾学斌老师为此书的策划、出版也做出了积极的努力,我也一并送上敬意和感谢。他们推荐本人作序实不敢当,以上只算是一点浅薄的读后感吧!

赵运铎
2012年元旦于哈尔滨工业大学建筑学院

前　言

　　建筑构造作为一门独立学科,已有相当久远的历史了,可以说它是与人类的建筑活动同时产生的。但在发展的路途中,却落后于建筑学,尤其在近现代,建筑构造在理论建树上远远落后于建筑学。这其中的原因很多,而最主要的原因是来自建筑构造学科的自身。

　　建筑构造就其学科的性质来讲,是一门实用性很强的应用学科,它的成果,只要是在实际工程中是实用、好用、可行的就可以,它接受的最大检验是人们的建筑活动实践。在人类的建筑活动中,积累了大量的经实践验证是实用、好用、可行的建筑构造节点,只要工程上需要,引用这些已成形的节点就可以解决问题。当然,对这些已成形的构造节点,也可以根据实际需要进行修改、补充。这种修改、补充工作大部分是局部的、缺少系统性的。通常情况下,它是依靠修改者的经验、推理和判断能力。这种工作方式,可以称其为"相似类比"法。

　　"相似类比"法,是以经验为基础的逻辑推断方法。这种方法,自建筑构造产生之后基本延用至今。它的最大问题是缺少或没有理论上的认识,没能从建筑构造的本质上去分析、探讨、认识建筑构造的共性和规律,只停留在经验和感性认识上,因此,它不能最大限度地调动人的创新能动性,对促进建筑构造的发展也是缓慢的,甚至是盲目的。与此同时,建筑构造的教学内容和在实际工程中使用的《建筑标准设计图集》(构造详图),又在某些方面强化了这种方法,至此可以说:目前的建筑构造学科缺少理论思维,还没能建立自身的理论系统。

　　本人是学建筑学的,又长期从事建筑创作和设计工作,深深感到这种局面必须冲破,尤其是在高科技发展的时代,理论思维是绝对不能缺少的。基于这种考虑,在总结个人经验的基础上,感觉到创建建筑构造理论的主客观条件都业已成熟,并且是可行的,因而提出了一个初步的想法——创建"建筑构造构成理论"。

本书从分析建筑构造现状出发,简要地回顾了建筑构造的发展历程,由此得出建筑构造是有其构成的共性和规律可循的,并肯定了建筑构造是一种"结构形态",进而将它引入到系统工程学中,从系统的角度再去认识建筑构造,最后从系统的构成上找到它的构成要点,初步构建了"建筑构造构成理论",并将其定义为"建筑构造构成原理"。本书的内容主要是从建筑构造的物质材料、技术方式方法、手段及目的、功能三个层面上,研究直接保证建筑构造可行性的原则和方法的总和。

建筑构造初步的理论系统虽然建立了,它是否客观地反映了建筑构造的本质,认识的结论是否正确,推导的路径和方法是否恰当,还有待于实践验证,在此也请广大的同行们和感兴趣的专家们予以斧正,让我们共同来完成这一历史史命。

本书分上、下两篇共10章。上篇4章,主要是从建筑构造的现状出发,讨论了该理论的客观性、创建的可行性和它的推导过程。下篇从第5章到第9章,对建筑构造的可行性、功能及构成该理论的要点——建筑构造的选材、造型、连接及分隔、表面处理等问题作了简要的叙述。最后在第10章中,指出了目前该理论未来发展的途径和尚存在的问题。

本书在写作过程中,得到了哈尔滨工业大学建筑学院郑忱教授、赵运铎教授、宿伯昌教授、机电学院李良教授、中国建筑学会建筑师分会建筑技术工作组《建筑新技术》主编清华大学陈衍庆教授、天津大学建筑学院高辉教授、牡丹江民用建筑勘察设计院院长高级建筑师齐永贵、建筑师郭宏伟、高级工程师刘锡哲等诸位的大力支持和帮助,在此一并致以衷心的、诚挚的谢意。

郑忱教授、赵运铎教授认为,在学术上百家争鸣的环境中,允许有若干个"一家之言"。本人就是在"一家之言"的感召之下,坚持下来的。他们给我的关怀和帮助是尽心的,在很多知识细节、文字叙述及插图上都予以了具体的指导,在此,我再一次向二位表示衷心的感谢。

作　者

2010年2月

目 录

上 篇

第1章 绪论 (1)
  1.1 总结经验教训,写出心得体会 (1)
  1.2 回报建筑学 (3)
  1.3 推进建筑构造学的发展 (4)

第2章 对目前建筑构造学科现状的分析 (5)
  2.1 建筑构造的定义、研究对象和内容 (5)
  2.2 建筑构造知识体系的现状 (7)
  2.3 建筑构造的三个性质 (10)
  2.4 建筑构造的学科定位 (13)

第3章 建筑构造学科的发展 (15)
  3.1 建筑构造的产生和发展 (15)
  3.2 建筑构造走了一条"相似类比"由量变到质变的发展之路 (15)
  3.3 建筑材料对建筑构造发展的影响 (17)
  3.4 建筑施工技术对建筑构造的影响 (18)
  3.5 目前建筑构造发展之路的总趋势 (20)

第4章 建筑构造构成理论的意义、可行性和推导 (22)
  4.1 建筑构造构成理论的命名和理论重点 (22)
  4.2 构建建筑构造构成原理的意义 (22)
  4.3 构建建筑构造构成原理的可行性 (23)
  4.4 建筑构造构成原理的推导 (24)

下 篇

第5章 建筑构造的"可行性"和"建筑功能" (31)
  5.1 建筑构造的"可行性" (31)
  5.2 建筑构造的"功能性" (33)
  5.3 建筑构造的"可行性"与"功能性"的关系 (40)

第6章 建筑构造的材料选取 (43)
  6.1 建筑构造选择材料的概念 (43)

6.2	建筑材料的存在形式和分类	(44)
6.3	建筑构造选材的依据	(54)
6.4	建筑构造选材的作用	(55)

第7章 建筑构造的造型 (57)

7.1	建筑构造造型的概念	(57)
7.2	建筑构造造型的构成要素	(58)
7.3	建筑构造造型的分类	(60)
7.4	建筑构造造型的作用和对其控制	(71)
7.5	建筑构造造型的相互关系	(73)
7.6	建筑构造造型的技术	(76)

第8章 建筑构造的连接及分隔 (81)

8.1	建筑构造连接的概念	(81)
8.2	建筑构造连接的分类	(81)
8.3	建筑构造连接的作用	(89)
8.4	形成建筑构造连接的条件	(92)
8.5	各类型建筑构造连接的形式和做法	(93)
8.6	建筑分隔	(209)

第9章 建筑构造的表面处理 (220)

9.1	建筑构造表面处理的概念	(220)
9.2	建筑构造的表面构成	(220)
9.3	建筑构造表面的分类和性质	(221)
9.4	建筑构造表面处理的作用	(227)
9.5	建筑构造表面处理应考虑的两大问题和处理的原则	(228)
9.6	建筑构造表面处理的材料选择	(230)
9.7	建筑构造表面处理的常用方法	(235)

第10章 关于建筑构造构成原理的几个问题 (242)

10.1	建筑构造构成原理的产生	(242)
10.2	建筑构造构成原理各部分的关系	(243)
10.3	建筑构造构成原理的特征	(243)
10.4	建筑构造构成原理与现有建筑构造学的关系	(244)
10.5	建筑构造构成原理的发展	(245)
10.6	目前建筑构造构成原理的不完善之处	(247)

附　　录 ……………………………………………………………………… (248)

后　　记 ……………………………………………………………………… (264)

参考文献 ……………………………………………………………………… (265)

第1章 绪 论

本书是就建筑构造展开的,重点讨论了"建筑构造构成理论"。本书写作目的侧重在三个方面。

1.1 总结经验教训,写出心得体会

本人是一位建筑师,从大学毕业以后一直从事建筑创作和建筑设计工作,历时四十多年。此间做了很多建筑方案和施工图设计,也画了很多构造详图。我刚刚参加工作时,在设计院详图组做了一些构造详图。当时一位老工程师对我说:"详图设计,后继无人呀!"。他是为建筑详图设计担忧,才发出这种感叹。他的感叹使我震惊,难道构造详图不是建筑设计吗?从此,我开始关注构造详图设计,工作中逐渐地对构造详图设计更感兴趣了。在以后的设计工作中,有意识地加强了对构造详图的学习,也做了很多构造详图的设计。这些都使我学到了很多构造知识和设计技巧,有些是学校书本上没有学到的。今天看来,这段工作对我很有意义,它从思想上、知识积累上和方法技巧上,都使我得到了充实和提高;另一方面,也使我得到了启迪,明白了"借鉴"和"总结"的意义。这些收获,为我在以后的建筑创作、建筑设计和详图设计工作打下了坚实的基础。同时,我也看到了一些交代不清、不详、似是而非的,或者根本就无法施工的"详图设计"。这些设计,又从另一个方面使我想了很多、想了很久。四十多年过去了,回想往事,我体会到以下几点。

1. 建筑构造详图设计是建筑设计可行性的保障

建筑构造详图设计是建筑设计工作中密不可分的内容之一,构造详图从各个细部环节上,保障了建筑创作总体构思的贯彻和实施。稍许复杂一点的建筑设计方案,对于重点部位的构造处理——尤其是在使用新材料和新施工工艺时,如若事先不做构造草图(技术设计)就心中无数,很难保障整个方案

的可行。所以,构造详图设计是建筑方案设计和初步设计获得可行性的重要保障,是绝对不可缺少的。

2. 建筑构造详图的地位

在施工图设计阶段中,构造详图设计是此时最主要的,也是工作量最大的设计工作。因为,施工图设计阶段,建筑的平、立、剖面设计已经在方案设计或初步设计阶段中确定了,全局方案性的设计工作已经基本完成。施工图设计阶段中,只要将方案或初步设计按施工图设计需要的比例编绘并充实、完善即可。这其中真正需要补充、增添的内容主要是构造详图设计。这是因为构造详图设计,在方案或初步设计中没有安排具体设计。如果在施工图设计阶段中,不引用通用的《建筑标准设计图集》中的节点详图,全项目的构造详图都自行设计的话,工作量将非常之大。所以,施工图设计阶段具有真正意义的设计工作就落在构造详图上了,它是绝对不可缺少的。

另外,现场施工开始以后,除了定位、放线等前期工作之外,全部施工操作几乎都集中在完成各部分的构造上了。而设计院的配合工作,很大一部分也是集中在交代、处理构造问题上。由此可见,构造详图设计在全部设计中,尤其是在施工图设计和工程施工中的地位——它是贯穿在整个施工图设计和工程施工中绝对不可缺少的、工作量最大的,并且是具有真正意义的设计工作。

3. 建筑构造详图设计的关键是交代详尽、施工可行

建筑构造详图之所以称为"详图",就是要求它必须将要交代的问题全部详细地交代清楚,并且保证施工可行。构造详图的根本要求就是"详尽"、"可行",二者缺一不可。因为,施工图设计中的详图是指导施工的依据,如果设计中没有交代清楚,施工则无所遵从,最终将建造不起来,构造建造不起来就是不可行。目前,计算机辅助设计和绘图,可以给出全信息的施工图设计,它的详尽性不仅仅限于建筑技术方面,在经济或其他方面也给出了相关信息,使施工图设计的详尽性进一步提高了。

从施工的角度讲,即便做到了详尽,但由于材料或构件加工工艺选择不当,或者按此构造详图施工,工序间存在相互影响、矛盾,造成根本无法施工,或设计存在安全隐患,都是施工中不可行的。施工的可行不但要体现在首次工程施工上,在以后的建筑使用过程中,对建筑的正常养护、维修也要做到施工可行。

为此,切不可轻视构造详图设计,这方面存在的问题表现为:构造详图图纸不全、缺图,或给出的只是个"示意图",用"示意图"代替详图设计;对用料、做法及施工中的注意之处等交代的不清楚、不详细,含糊其辞、似是而非等等;对本应由设计处理的问题,设计不交代、不处理、不控制,推给施工部门或构件生产厂家去解决,造成设计失职失控。这些现象在设计中还是时有发生的,都是不正确的做法。这是个教训,值得注意改正。

4. 建筑构造离不开建筑技术

无论我们学习建筑构造知识,还是做建筑构造设计,都是围绕有关建筑构造技术展开的,它所涉及的每个细节问题,基本都是与技术有关系的,而保障建筑构造"可行性"的根本,也是设计和施工上的技术措施。所以,建筑构造离不开建筑技术。也正是因为如此,建筑构造学才被划归在建筑技术这个大范畴中。这就要求我们要很好地掌握建筑技术,具体地讲就是在学习中理解技术做法的原理和原则,在设计中充分地运用这些原理、原则和具体做法。对建筑技术的学习是个长期的过程,更何况建筑施工技术又在不断地更新发展。最好的办法,也是最有效的办法就是向实践学习,并要做到理论和实际操作同时提高。

5. 建筑构造永远离不开建筑创作

建筑构造是为人的建筑活动服务的,它永远离不开建筑,它一旦失去了服务对象,建筑构造就失去了存在的意义,建筑构造与建筑的这种关联关系是永恒的。我们学习建筑构造最终目的也是为了掌握建筑构造知识,运用构造知识进行建筑创作和构造设计。所以,在建筑创作和建筑设计中要牢记建筑构造与建筑的关系,不能将建筑构造设计与建筑创作全然的割裂开。具体地讲,就是在做构造设计的过程中,要时时地想到建筑创作的总体构思,即时时考虑建筑功能,建筑的精神作用和艺术性;时时想着创造建筑环境的气氛和意境。离开这些,建筑构造设计将陷入一种"无源之水"、"无本之木"的境地,变成了一种纯技术的行为了。目前,建筑构造设计与建筑创作在设计院中往往不是一个人,这很容易人为造成二者关系脱节的现象。克服它并不难,那就是做构造设计的人要充分地了解、掌握建筑创作意图,使构造设计对整个建筑创作起到"锦上添花"的作用。这种脱节在教学中表现为,教材的内容上结合建筑创作讲述的不够,尤其是在装修或装饰性构造中,对建筑总体功能、精神作用和环境气氛、意境形成等缺少画龙点睛的论述效果。克服这些,建立正常的建筑构造和建筑创作的关系是当务之急。

这些教训和体会使我感到:现行的建筑构造学知识内容存在着问题,它没有把建筑构造具有规律性的东西总结、归纳出来,明确地交给学习者和设计人,所以,使他们出现了一些不当之处或错误。那么这个具有"规律性"的东西是什么呢?它就是我们今天要构建的"建筑构造构成原理"。

1.2 回报建筑学

社会上一门学科的存在和发展,是要靠从事这门学科的志士仁人不断地钻研、创新、奉献，才能慢慢地积累起来，得以发展，建筑构造学也是如此。我学了建筑学、建筑构造学，并依此支撑了我一生的职业生涯，理应对它有所奉献，给它添砖加瓦。本书就是我对建筑学、建筑构造学的奉献和回报。

1.3 推进建筑构造学的发展

四十多年的设计工作实践和经验，使我突出地感到建筑构造缺少理论思维。很多新出现的构造节点，都是在以往同类节点的基础上，经过部分修改、补充而产生，真正意义上的创新却很少。这种采用"实证、类比、相似推演"的方法，也不愧是一种实用有效的方法。但这种方法的致命弱点是对共性的、带有规律性的要素缺乏理论上的认识和把握，即缺乏理性的思维认识，没有形成学科自身的理论体系。在当今理论思维和科学技术迅猛发展的时代，一门被时代所认定的学科，其发展仍然停留在实证、类比、相似推演的感性认识途径上，不仅是一种落后，更重要的是对其发展将产生严重的阻碍。我深感问题的严重，故而长期思考，多方探索，目前总算是见到了一丝光亮，找到了一些共性和规律的东西，这就是后面所提出的"建筑构造构成原理"命题，试想用它来构建建筑构造学的理论基础，推动建筑构造学的前进和发展，是否能如愿以偿，还有待实践验证，也希望同行们、专家们指教。

第2章 对目前建筑构造学科现状的分析

本章就建筑构造的定义、研究对象、学科内容、建筑构造知识体系现状、建筑构造的性质和建筑构造的学科定位等几个方面进行分析,找出其中的共性特征,从而进一步发掘具有规律性的东西,为创建"建筑构造构成理论"提供依据。

2.1 建筑构造的定义、研究对象和内容

1. 建筑构造的定义

《中国大百科全书》中将建筑构造定义为:"研究建筑物的构成,各组成部分的组合原理和构造方法的学科。"(引自《中国大百科全书》(建筑 园林 城市规划分册)中国大百科全书出版社 1988 年 5 月第 1 版)

《建筑大辞典》中将建筑构造定义为:"是研究建筑物各组成部分的组合原理和构造方法的学科,根据建筑物的功能、技术、经济和艺术的要求提供合理的构造方案,既作为建筑设计中综合技术方面的依据,又是建筑设计的一个组成部分。"(沈运柱)(引自《建筑大辞典》地震出版社 1992 年 5 月第 1 版)

《中国建筑工程百科全书》中将建筑构造定义为:"指建筑物、构筑物中构件与配件的组成、相互结合的方式、方法。"(引自:周淑萍主编《中国建筑工程百科全书》吉林人民出版社 1997 年 9 月第 1 版)

在金虹教授主编的《建筑构造》教科书的开篇就指出:"建筑构造是建筑学专业的一门综合性工程技术科学,是专门研究建筑物各组成部分以及各部分之间的构造方法和组合原理的科学。它阐述了建筑构造的基本理论和应用等问题。"(引自:金虹主编 高等院校建筑学系列教材《建筑构造》北京大学出版社 2005 年 3 月第 1 版)

在杨维菊教授主编的《建筑构造设计》教科书中将建筑构造论述为:"建筑构造主要研究建筑物各组成部分的构造原理和构造方法,是建筑设计不可分割的一部分,对整体的设计创意起着具体表现和制约作用。"(引自 杨维菊主编《建筑构造设计》(上册)中国建筑工业出版社 2005 年 7 月第 1 版)

其他有关建筑构造的专著或教科书中,也都大同小异地阐述了建筑构造的定义。这里值得注意的是,大家都肯定了建筑构造是"研究建筑物的各组成部分的组合原理和构造方法"。其中《中国建筑工程百科全书》中将各组成部

分限定在"构件和配件"之间。这里应该是构件与配件的交叉组合,即构件与构件、构件与配件、配件与配件相互组合。

"组合的原理和方法"是决定建筑构造的核心问题。对这个核心问题相关书籍并没有进行详细论述和回答,即对"原理"和"方法"两个方面还需解决如下问题。

(1)"组合原理"概念的内涵是什么?在目前各书籍中没有明确阐明,没有进行系统、集中论述建筑构造的"组合原理",这个核心概念可能被忽视了。

(2)构造的方法有没有规律性,如果有又表现在哪些方面?目前的各类书籍在论述"构造方法"时,可以肯定地说做到了详尽,无论是从知识内容构成上,还是从知识内容的编排体系上都具有较好的系统性,并做到了正确、详尽,因而,它成了目前建筑构造教科书知识的基本内容。但遗憾的是仍缺少从构造方法的内在规律性上予以注意,进行探讨和论述。

所以,目前的建筑构造在学科内容上,较少见到全面围绕建筑构造定义中的"组合原理"展开讨论,这也正是我们要撰写有关"建筑构造构成理论"的基本出发点。这个结论是否正确,有待后续讨论。

2. 建筑构造的研究对象和内容

建筑构造的研究对象在定义中也作了规定,主要是专指"建筑物"(也包括"构筑物")。对这个"建筑物"按道理讲,应当理解为"全建筑物"。但是,目前建筑构造学不是全建筑物的。这是因为受目前的建筑构造教学和建筑设计的专业分工所至。例如:结构专业的梁、板、柱的构造方式、方法,在现有的建筑构造中就没有讲述;设备专业与土建相关的构造问题也没有讲述。这些专业的构造问题,本应囊括在建筑物的"建筑构造学中",可是它们却被剔除了。现行的建筑构造学中没有讲述这些内容,因此学习者也就不会知道它的具体构造形式。这些与结构、设备专业有关的建筑构造知识,只能在结构和设备专业的课程中去讲授、交代,或在相关规范中作出规定。

被剔除的不仅仅是涉及专业上的问题,在建筑类型上也存在。例如:工业建筑物的构造,也不包括在目前通行的建筑构造学中。实际上目前的建筑构造学只是建筑学专业的建筑构造学,而且是"民用建筑构造学"。这种将建筑构造学肢解开的做法由来已久了,它既不符合建筑构造定义的概念和范畴,又严重地阻碍了建筑构造的发展。这种现象和它所造成的结果,应该引起我们注意。

这种非全建筑物的建筑构造学状态,既有历史传统的原因(我国清朝以前的古建筑设计不分建筑、结构专业),也有现代建筑教学和建筑设计的专业分工的原因,人们已经习以为常了。而在实际的建筑设计工作中,非建筑专业的构造问题由相关专业去解决,工业建筑的构造问题靠《建筑标准设计图集》来解决,也能满足设计或施工要求。所以,目前在建筑设计、建筑施工中,尚可维持这种状态。但是,在教学中应注意这个问题,设法早日解决。

建筑构造的研究内容,在《中国大百科全书》中也提到了。它的研究内容是:"在进行建筑设计时,不但要解决空间的划分和组合、外观造型等问题,而且还必须考虑建筑构造上的可行性。为此,就要研究能否满足建筑物各组成部分的使用功能;在构造设计中综合考虑结构造型、材料选用、施工方法、构配件的制造工艺,以及技术经济、艺术处理等问题。"(引自《中国大百科全书》(建筑 园林 城市规划分册)中国大百科全书出版社1988年5月第1版)这段论述很值得我们注意。它实际上是在建筑构造"可行性"的基础上,指出了具体的研究内容,它完全可以将"组合原理"这个命题解开。

它首要指出的就是"构造的可行性"。因为没有构造的可行性,构造就建造不起来,也就没有构造了。构造的可行性是建筑构造存在的根本,构造的一切必须建立在可行性的基础之上。

接着,它把具体的构造方式、方法归结为:"结构造型、材料选用、施工方法、构配件的制造工艺,以及技术经济、艺术处理等问题。"这些问题除财政经济之外,可以归纳为:材料和构配件选用及施工工艺方法两大方面(艺术处理在建筑构造中也必须转化为具体的技术处理才能实现)。这些内容在目前的建筑构造学教科书中都或多或少地涉及并做了一些论述,只是没有归纳、总结出具有规律性的概念和具体内容。而且对构造"可行性"的概念和保证措施就讨论得不够了。

另外,现行的建筑构造学中讲述了地基及基础,而在实际的设计工作中,地基及基础却归在结构专业设计中,建筑学专业只是从构造的角度宏观、常识性地了解地基及基础就行了,却不做地基及基础设计。从建筑构造设计的角度来讲,它似乎又超越了建筑学专业。这种涉及其他专业的宏观的常识性的构造问题(例如:结构中梁、板、柱的配筋,相互连接的构造关系等),在建筑构造学中涉及的很少,这也是目前建筑构造学的缺憾之一。

综上分析,目前的建筑构造学,在定义上没有围绕"组合的原理"这个理论核心展开;在研究对象上,受现代建筑类型和建筑设计专业分工的制约,没有取其所有的建筑类型和建筑物的全体,这就是目前的建筑构造学主要缺憾之处,必须予以充分注意。

2.2 建筑构造知识体系的现状

这里所说的建筑构造知识体系,是指目前建筑构造学科所包括的全部知识内容及编排形式。从现有状态来讲,建筑构造学科的知识体系,有以下四种形式。

1. 教学体系

建筑构造学教学体系体系是以目前国内建筑类大专院校建筑学专业建筑构造课程所用的教科书为主,包括专门讲述建筑装修(饰)的建筑构造。它是以向学生(初学者)传授建筑构造知识为目的,要求知识系统完整,逻辑性强。它的教学方式是以讲述、交代为主,并附以学生练习作业或课程设计等形式。

这些教科书在内容编排上，基本是一个统一的模式，即按一栋民用建筑物的"自然构造单元"，即：地基及基础、墙身、地层、楼板层、楼梯、电梯、台阶、坡道、屋顶、门窗及地下室、变形缝等部分的顺序排列。这种划分形式是以建筑物构成的"解剖"形式为基本，可以称其是按建筑物"自然构造单元"为系统的。基于这种划分形式形成了建筑构造的基本内容编排，但在各种版本的教科书中也略有不同，有的称："建筑构造—Ⅰ"，或称第一篇或上篇，它主要讲述自然构造单元的各个节点。将建筑装修构造和部分特种结构形式及工业化施工的建筑构造归类在一起，形成了"建筑构造—Ⅱ"或下篇或第二、三篇。这种以建筑物"自然构造单元"的序列的内容编排，是因为建筑物本身就是如此。所以，以此排列建筑构造知识体系的做法也是客观的，有其必然性。这种编排方法由来已久，目前的教学体系使它更强化了，对建筑构造知识体系编排起到了奠基作用，并且被广泛地采用。（《中国大百科全书》也采用了这个系列）

这个编排系列的优点是：内容指向明确、具体，结合具体的图样、构造形式，形象显明、具体，对初学者是绝对必要的。因为，初学者刚刚接触建筑构造，脑海中还没有建立起建筑构造概念，只能从了解、认识一些具体的、形象的、单一的构造节点，才能逐渐地建立起建筑构造的概念，深入学习下去。

但是，这种做法也有弊端，主要表现在各构造单元之间的联系性较差，容易造成各构造单元之间相互孤立的局面。克服这个缺陷并不难，只要在讲述时点明各构造单元间的相互承接关系即可。

以建筑物构造的"自然构造单元"为序列，结合具体的图样，在每个构造节点上表现的明确性、具体性、形象显明性等综合到一起，可以称为建筑构造的"具象性"。建筑构造的"具象性"是建筑构造教学的基本支撑点。

2. 研究体系

建筑构造学研究体系是以公开发表的关于建筑构造的论文、专著为主，如我国早期的《考工记》及后来唐朝的《大唐六典》、宋朝的《木经》和《营造法式》、明朝的《鲁班经》、清朝的清工部《工程做法》（工程做法则例）等，这些专著中都有关于建筑构造的论述；西方建筑史中著名的《建筑十书》、《建筑四论》、《五种柱式规范》中也有关于建筑构造的分卷；20世纪50年代出版的，吴锺伟先生所著的《民用建筑构造》（科学技术出版社1957年2月第1版，这本专著不是以教材形式编写的——作者注），以及近些年出版了很多关于建筑装修（饰）的构造书籍。另外，在学术会议或科技学术刊物上发表的有关建筑构造的论文，也属于这个体系。这些专著、论文比较系统的，或就某个方面论述了建筑构造，它也是建筑构造科研"攻关"的成果，它代表了一个时期我国建筑构造的发展水平，也从不同侧面上，反映了我国建筑构造学术研究的最新最高水平，是建筑构造知识体系中重要的组成部分。

3. 实用体系

建筑构造学实用体系是以国家或地方建筑行政主管部门审核批准、正式出版发行的各类《建筑标准设计图集》为主。它的内容是以各类建筑构造详图为主，它可以直接用在施工中，作为建筑施工图设计文件中的一部分。目前我国国家级和地方级的《建筑标准设计图集》相当庞大，就国家级而言，共分10大类，其中除第8类——设计图示和第7类（暂缺）之外，其他8类均可在施工图设计中直接引用。它的类别划分，也基本是按建筑物"自然构造单元"，并结合了建筑施工图的需要确定的，如0类为总图及室外工程、1类为墙体、2类为屋面、3类为楼地面、4类为梯（包括电梯和自动扶梯）、5类为装修、6类为门窗及天窗、8类为设计图示、9类为综合项目。各地方的《建筑标准设计图集》也基本上按此分类。

《建筑标准设计图集》中的所有设计详图，必须是实用、经济、可行的，它必须按施工图设计深度要求编制，必须正确无误、详尽无缺。

《建筑标准设计图集》的出现和使用，既提高了设计质量，又大大地减少了建筑施工图的详图设计工作量，缩短了设计周期，对建筑施工图设计十分有利。在工业建筑中，结合新材料和构配件对构造的统一化、定型化起到了积极作用。但是，事物往往是利弊共存的。施工图设计中过于依赖《建筑标准设计图集》，往往会造成牵强附会，形成设计上"驴唇不对马嘴"或施工中修改的工作量过大，同时在某种意义上也限制了建筑造型的个性和多样性等问题。另外，如果长期依赖于《建筑标准设计图集》也有损于个人的构造详图的设计能力的提高，尤其对那些构造详图设计能力较差者，长此下去，很可能丧失了构造详图的设计能力。目前，建筑创作正在摆脱"雷同"向多样化、创新之路发展，它呼唤的是个性的复苏，它要求建筑构造设计要跟上这个形势，不能过于依赖现成的《建筑标准设计图集》。因此，对它要权衡利弊，正确、合理地使用。

4. 资料体系

建筑构造学资料体系是由建筑设计部门或设计者个人，收集整理的建筑构造详图图样或建筑构造设计资料，编辑成册，经正式出版发行的图书。它的内容编排系列，基本与《建筑标准设计图集》相同。它的主要目的是作为建筑设计、施工的参考资料，也可作为学习资料。它的实用性较《建筑标准设计图集》可以低一些，但必须是正确可行的，否则没有参考价值。目前这类参考资料性图集也很多，几乎我国所有地区和省市都有适应于本地区的参考图集，最具有代表性的是中国建筑工业出版社1994年2月出版发行的分上、下两册的《建筑构造设计资料集》。

以上这四种知识体系，在知识编排上都是按建筑物的"自然构造单元"为序列。这个编排序列既是客观存在的，又是人们主观意向的，可以说它是思维上主客观的统一，很具有实用意义，似乎没有必要再从其他角度来考虑了，但是，从探讨建筑构造理论意义上讲，它是否影响、限止了建筑构造的发展，也是值得我们讨论研究的。

2.3 建筑构造的三个性质

建筑构造具有三个明显的性质,即建筑构造的"具象性"、"通用性"和"多样性",下面分别说明。

1. 建筑构造的"具象性"

此处所谓的"具象"是相对于"抽象"概念的,是抽象的反义词。"具象"要有具体的实体形象作用于人的感觉器官(视觉、触觉等),从而引发人的思维;反之,"具象"又是人的思维成果的具体表现。

简单地说:建筑构造的"具象性",是表现在每个构造节点上的明确性、具体性、形象显明性等综合到一起,称其为建筑构造的"具象性"。它的表现形式可分为两个类型。

(1)实物的具象性

任何一个已建成的建筑构造,其外表都有一定的体形形式,在空间中构成三维的立体形象。这个体形形象是具体的,它与另一种构造形式是有区别的,我们称这个空间的、非常具体的体形形象为"实物的具象性"。

(2)图样的具象性

任何一个没有建成的、但是可行的构造方案,都可以绘制成工程图纸,但它不是实物,是只有二维尺度的图样。这个工程图也是具体的,也是区别于其他构造方案的图样,我们称这个具体的图样形象是"图样的具象性"。

建筑构造"具象性"是它存在形态的一个特征,无论是观察构造的实物,还是绘制构造图纸,都是具有具体形象的,都给人以直观视觉印象。而"绘制图纸"还是保留构造形式和表现建筑构造设计的根本手段,是记录、传播建筑构造成果的载体。所以"图"是表现建筑构造"具象性"的重要手段。

人们研究或设计建筑构造方案时,都是在构思的基础上绘制成具体形象的图纸。人们在学习建筑构造时,尤其是初学者,具体的构造图样给学习者显明的印象,从而步入建筑构造知识的殿堂,这其中"具象性"是一把"金钥匙"。在建筑施工时,没有具体的构造设计图纸不行。所以,建筑构造的"具象性"既是它学科性质所决定的,也是它的是本质特征。

由于建筑构造的"具象性"特别强烈,长期主导着建筑构造的发展,使建筑构造的"抽象思维"相对减弱了。从理论上讲,"具象性"并不排斥"抽象性",只有二者很好地结合起来,才能真正走入理论的领域。今天我们要构建"建筑构造构成理论"正是要把"具象"与"抽象"结合起来,把建筑构造推向更深层的理论领域。

2. 建筑构造的"通用性"

建筑构造的"通用性",是指用于一栋建筑物某位置上的构造节点,也可用在本栋建筑另外一个同一性质的位置上,或者用在另一栋建筑物同一性质的位置上；即同一个构造节点可以在多个位置上使用,我们称这个在多处使用的构造节点是具有"通用性"的。例如:一栋建筑的檐口构造节点,可以用在本栋建筑的高层处,也可用在本栋建筑局部的低层处,还可以用在另一栋建筑上。某一个房间的墙面、地面、顶棚的装修构造节点,也可以用在同性质、同类型的其他房间中,见图2.1。

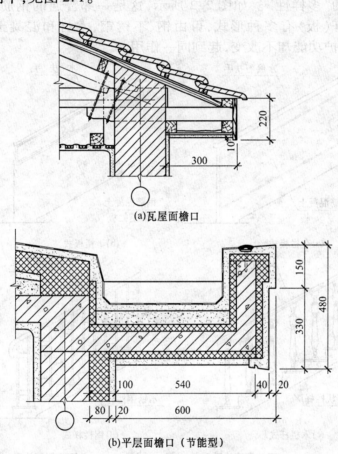

(a)瓦屋面檐口

(b)平层面檐口（节能型）

图2.1 建筑构造通用性列举

建筑构造的"通用性",是普遍地存在于建筑构造中,绝大多数独立的构造节点,都可能具有"通用性"。建筑构造"通用性"的存在,是由于同一性质、同一要求的建筑功能在构造中多次出现的结果。例如:前面提到的檐口,高层处的和低层处的是同一个功能要求,可以用同一个构造节点处理,这个构造节点则具有了"通用性"。多个房间,如果它们的使用性质、功能都是相同的,在墙面、地面、顶棚的装修上,就可以用相同的构造处理,这些构造节点也具有了"通用性"。所以,功能相同,决定了建筑构造的"通用性"。

由于建筑构造具有"通用性",则为编定《建筑标准设计图集》提供了可能性。《图集》中的构造详图,都是具有"通用性"的。所以,《建筑标准设计图集》俗称《通用图集》或《通用设计》。

3. 建筑构造的"多样性"

建筑构造的"多样性",是指同一种功能的、独立的构造节点,可以用多种不同的材料和多种不同的施工方法来实施,即同一个构造节点,可以有多种不同的构造方案。而它们的使用功能是相同的,或者略有质量等级的差别,这就是建筑构造的"多样性"。如图2.2所示,这是一部普通的钢筋混凝土楼梯,它的防护栏杆(板)有多种形式,可由钢、不锈钢、木材和混凝土多种材料作成,但它的防护功能却不改变,起到同一作用。

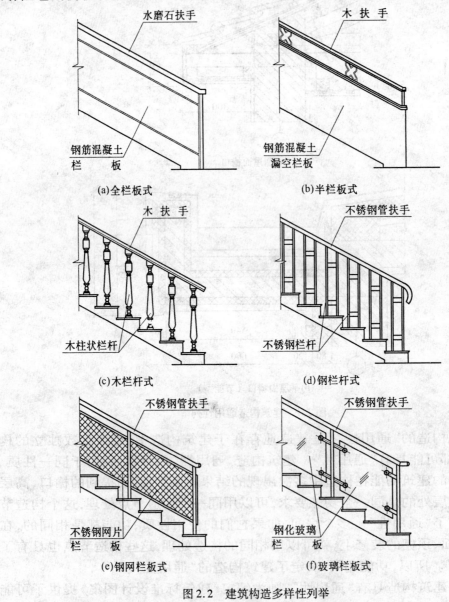

图2.2 建筑构造多样性列举

建筑构造的"多样性",表现在选择材料的多种类型、施工方法的多种形式和经济造价的多方案比较等等不同情况,在权衡利弊之后,选择优化方案。

建筑构造的"多样性",既是建筑创作和建筑设计在表现形式上的反映,也为建筑创作和建筑设计的多样性提供了保证,同时也满足了建筑美和建筑艺术的需要。所以,在保证建筑构造可行性和建筑经济的基础上,一定要做多方案比较,选取最优化方案,付诸于实现。

建筑构造这三个性质是在建筑构造发展过程中形成的,它具有客观性。"具象性"、"多样性"是每个构造节点所具有的,"通用性"是大多数节点所具有的。这就说明了一个问题,那就是建筑构造存在着共有的特征,它充分地反映了构造内在的规律性。我们可以、也能够找到它,这就为我们探索建筑构造理论奠定了基础。

2.4 建筑构造的学科定位

以传授知识为主要内容的建筑构造,它的全称应该是建筑构造学。

建筑构造的学科定位,就是要搞清楚建筑构造学科的性质,将它确定在什么学科的领域中。

在金虹教授主编的《建筑构造》中指出:"建筑构造是建筑学专业的一门综合性工程技术科学"(引文同前),这实际上已经给建筑构造学科作了定位,即它是"技术科学"。

"技术科学"在大范畴中是属于"自然科学"。现代"自然科学"分为三大类,即基础科学、技术科学和应用科学。建筑构造从技术角度来讲是属于"工程技术",但它是为建筑服务的,应用在建筑之中,所以,它又是"应用科学"。综合起来,建筑构造具有"技术科学"和"应用科学"两个方面的性质,为此可以把建筑构造定位在"应用技术科学"的范畴中,是一门"应用技术学科"。金虹教授提到的"综合性工程技术科学",其中"综合性"当然是指它与相关科学有必然的联系,也包括应用的问题。

"应用科学"的概念在《中国总工程师手册》一书中有一段精辟的论述,现引述如下,有助于我们理解"应用科学"。

"应用科学"是"研究基础理论、技术科学如何转化为专业生产技术、工程技术和工艺流程之原理的科学。""应用科学是自然科学中与生产实践最接近的层次。只有基础科学的理论或技术科学的原理还不足以解决特定专业的实际问题,必须研究工程和生产中的具体对象,并把这各种专门知识运用于生产和工程实践中才有意义……由于生产和工程实践对技术要求十分严格,所以应用科学的表述通常都颇为详尽。""基础科学、技术科学、应用科学之间具有横向循环的结构,即基础科学⟷技术科学⟷应用科学⟷生产实践。三者必须保持和谐统一。"(引自《中国总工程师手册》东北工学院出版社 1991年12月第1版)

第3章 建筑构造学科的发展

建筑构造的发展是个历史进程,在长期发展的进程中,有些问题值得我们注意。为创建"建筑构造构成理论"的需要,我们有必要讨论下面几个问题。

3.1 建筑构造的产生和发展

人类的建筑活动起源于远古社会,可以说,自人类从事建筑活动那一天起,就产生了建筑,与此同时,建筑构造也就诞生了。这是因为人们要进行建筑活动,就必须同时处理建筑构造问题,使构造可行,没有建筑构造作为保障,建筑是建造不起来的。所以说,建筑构造是与人类的建筑活动同时产生的,它与建筑之间好似一双孪生兄弟,都具有久远的历史。尽管那时的建筑与建筑构造非常简陋,但作为雏形它们都诞生了。

建筑构造与人类的建筑活动同时产生,也是随着人类的建筑活动发展而发展的。在历史的长河中,人类建筑活动,尤其是后来迅猛发展的建筑设计活动,不仅单体建筑的规模有所扩大,在功能上也更加完备了,出现了各种类型的建筑物,进而形成了城市。与此同时,也相应地形成了一些理论。如城市规划理论、研究各种类型建筑的"营造法式"、"工程做法"、"建筑设计原理"及近代关于建筑结构的计算理论等等。随着人类建筑活动逐渐走向专业分工的过程,建筑构造也成了一个独立的部分。尤其当"建筑工程制图学"形成之后,建筑构造的图面表现形式被确定下来。在近代建筑教学的推动下,建筑构造的知识更加系统化,建筑构造才真正地走进了科学的殿堂,成为一门独立的"学科"。但是,建筑构造的发展相对于建筑设计却是缓慢的,这一点在我国表现得非常典型,长期占统治地位的木结构建筑和它的构造形式一直沿用到19世纪。这种现象存在的原因是多方面的,有材料的、有技术的,也有社会经济和人文因素。到了近现代,其中一个重要原因,就是建筑构造的发展道路上缺少理论思维,没有建立起自己的核心理论,这是近代建筑构造在其发展道路上的一个大问题。

3.2 建筑构造走了一条"相似类比"
由量变到质变的发展之路

从古至今,新建筑构造形式的产生,多数是出于人的经验积累和感性认识。最早的建筑构造节点,是比照、模仿自然界的某些结构物产生的。随着时间的推移,被实践验证是实用、好用、可行的构造节点积累的也越来越多了,在这种情况下要做一个新构造形式,一般是先选一个与新建的构造相类似的、现存的、实用可行的构造节点,在此基础上进行修改、补充,凭借修改者的经验,推断其是否符合新建的功能要求和有无可行性,如推断是肯定的,就此产生了一个新的构造形式。当它又被实践验证是一个实用可行的构造方案之后,它就有可能成为下一个更新构造形式产生的基础了。就这样一个个、一次次地重复下去,推动着建筑构造的发展。这个发展之路,是走了一条"相似类比"以经验为前提的逻辑推断方法。

  这里所谓的"相似类比",在"方法论"中属于"类比法"的范畴,但它又与"类比法"略有区别。它事先要选定两个或两个以上的不同而又相似的对象,这其中有一个是接近新设计方案的,在它们之间进行比较。例如:我们要做一个新的有组织外排水的檐口,按新设计的功能要求,先选出几个现有实用可行、相互之间类似的有组织外排水檐口节点。以它们为参考"蓝本",保留它们中既实用、可行又能满足新功能要求的成分,按新的功能要求,设计并绘制出有组织外排水的檐口方案。用新设计的方案与事先选出的节点进行对比,依据经验做出判断,如果认为新修改、补充的部分能够满足新功能要求且可行,则新设计的有组织外排水檐口方案就成立,否则,再作修改。重复几次上述过程,新的有组织外排水檐口构造方案则诞生了。在这个过程中,被保留的原节点中既实用、可行之处,就是能够满足新功能要求的成分,也是新旧之间的相似部分。在进行对比的过程中,要做出判断,这个判断可能是逻辑推理判断,也可能是用"相似类比法"做出判断。判断正确与否,很大程度上是依赖设计者的经验,否则,要在实践中去验证。

  用"相似类比"的方法,推出新的建筑构造形式,在整个建筑构造发展的道路上是一种作法,甚至今天这种作法还在使用,但它不是唯一的方法。为什么有的设计者,他们在做建筑构造设计时,表现得创新能力强,工作效率、成果准确率、正确率都很高,当然这与他们的构造知识雄厚、经验丰富有关,但更主要的是他们或多或少地、或自觉不自觉地掌握、运用了一些建筑构造构成理论成分的结果。由此可见,理论对推动建筑构造的发展还是重要的。

  建筑构造另一个发展情况,就是它的实用、可行的构造节点数量积累的越来越多了,这种积累今后还会有增无减。数量的增多,必然要引起质量的变化。这种由量变引起的质变,除了社会经济、人文因素和建筑功能要素的增多、质量等级的提高、环境因素的变化之外,材料更新换代——尤其是新兴材料的推广和使用,施工工艺、机具、设备的变革进步起到了不容忽视的积极影响。例如:现代建筑装修的进步、质量的提高就是个典型的例证。这种由量变到质变的发展,是目前建筑构造主要的发展之路。当然,它也必然要催生建筑构造理论的诞生。

3.3 建筑材料对建筑构造发展的影响

建筑构造必须由建筑材料构成,没有建筑材料就没有建筑构造,材料是构成建筑构造的物质基础,是必不可少的。构成建筑构造的材料如果发生了改变,建筑构造形式必然要随之而变化。随着建筑材料质量的提高,品种属性的多样化及新兴材料的涌现,促使建筑构造的变化由低质量向高质量、由低级的简单形式向高级的复杂形式迈进,走出了一条发展、"进化"的道路。

从建筑历史中也不难看出,最原始的建筑是以天然材料建造的,如用原土、砂子、石料、树木枝干、植物秸秆等,构造也是简陋、粗糙的。

当烧结材料被发明之后,如烧结黏土瓦、砖作为专一的建筑材料用于建筑上,第一次出现了人造建筑材料。(我国在公元前11世纪的西周初期就产生了"瓦";最早的"砖"出现在公元前5至公元前3世纪战国时代的墓室中,自南北朝以后,地面建筑开始大量使用砖。)人造建材的出现使建筑构造有了很大的变革,砌筑墙、瓦屋顶出现了,建筑构造的类型、形式多了,构造也相对复杂一些了,产生了"砖木"的结构形式,这是材料促成建筑和建筑构造第一次质的飞跃。

当人们制成了水泥材料后,接着又发明了混凝土和钢筋混凝土,使建筑构件——尤其是承重构件有了质的突破,制作能承受更大荷载的大跨度梁、更高的整体承重柱、大跨度的整体承重板等都成为现实。建筑和建筑构造类型、形式又相应地发生了变化,产生了新的结构形式——钢筋混凝土结构体系,促使建筑向更大跨度和更高层方向发展有了可能。建筑和建筑构造的发展进入了第二次质的飞跃。直到目前,水泥、混凝土、钢筋混凝土依然是建筑工程中的主要材料。

金属材料的出现并在建筑和建筑构造中使用是很早的,如铜、铅、锡及它们的合金材料、生铁材料,但当时并没有引起结构的变化,只在建筑构造上产生了一些影响。当炼钢、轧钢工业发展之后,钢材的产量、质量、品种和型号都有所增多、提高和进步,钢材才可以大量地使用在建筑上,出现了专门用于建筑工程的建筑钢材,如各种直径的圆钢(筋)、钢管(材),各种厚度的钢板(材),各种断面形式、规格型号的型钢(材)等。这再一次促使建筑结构向承受更大荷载、更大跨度、更大高度(更多层数)变化有了可能,同时也大大地提高了建筑的使用寿命。至此,出现了"钢结构"形式。建筑和建筑构造完成了第三次质的飞跃。

这三次建筑和建筑构造质的飞跃,也是建筑和建筑构造发展的里程碑,最终将建筑和建筑构造推进到了现代。

在当今的时代中,建筑材料有了更大的发展和变革,如高强钢材、合金材料(铝合金材料、不锈钢材料)、玻璃、玻璃钢、塑料材料、高分子的有机合成材料及各种装饰性人造材料、复合性材料、环保材料(绿色材料)、节能材料的出现和使用,使建筑和建筑构造发生了历史上从未有过的变革。这里要特别指出的是当前高粘结强度的胶合剂的出现,它的粘结强度高、可靠性强,物理化学性能稳定,水密性、气密性好,材料对环境污染轻且易于清除,而且施工简单,不需要大型机械设备、工具,对施工环境要求不高等优越性。高粘结强度的胶合剂,几乎适应于所有的固态材料之间的连接,其中,玻璃与玻璃、玻璃与金属材料、塑料或各类装饰板与其他材料之间的连接,胶合连接占重要地位。目前,建筑装修构造离不开胶合剂。以上这些具有划时代意义的建筑和建筑构造的变革,追其根源主要是建筑材料引发的,所以说,建筑材料对建筑构造变化、发展有着最为直接的影响,是推动建筑和建筑构造发展的重要因素之一。

3.4 建筑施工技术对建筑构造的影响

人类的建筑活动,就其实际内容来讲,除前期的规划和勘察设计之外,大多数是围绕建筑施工展开的。人类在为自己建造第一栋房子时,就进行了施工活动,没有施工,房子就建不起来,所以,建筑施工也是与人类建筑活动同时产生的。

建筑施工技术,围绕建筑物的建造施工所涉及的一切有关技术和操作都可以称作施工技术。没有施工技术,建筑物和建筑构造都建不起来。建筑施工技术宏观上是针对建筑物和建筑构造的,微观上是针对于建筑材料和建筑构配件的。它以建筑材料和建筑构配件为作用对象,最后形成整体的建筑物和建筑构造。

技术的概念,简单地说:是人在实践活动中积累的知识、能力与操作工具的总和,是人与工具的统一。所以,技术的进步、先进与否,取决于人对技术总体的认识;对技术程序性的安排,即工艺流程的合理性;对技能、技巧的熟练程度和工具、机具、装备的先进程度等等。对技术的优劣、先进与落后的最终评价,主要表现在工作效率、加工精度的高低、解决问题的难易程度和取代人体体能消耗的程度等方面。

原始的石器时代的建筑施工技术,是以人操作石器为主要工具,工作效率和加工精度都非常低,人的体能消耗也较大,所以,建筑物和建筑构造的最终形式都是简单或简陋的。当人类社会进入铁器时代以后,尤其是铁质刃具(及后来的钢质刃具)出现之后,它以强度高、硬度高、柔韧性好等优越性取代了石器。如铁斧、铁锛、铁刀、铁铲、铁凿、铁锯、铁钻等工具相继造出并使用之后,大大提高了施工效率和加工精度,使难度较大的加工变得容易了,也减少了人的体能消耗。所以,此时的建筑和建筑构造较石器时代大有进步。在我国建筑历史上,针对以木材为主要材料的施工技术,相应发明、制造了一系列的铁(钢)质的刃具工具(钢质手工砍、锛、铲、切、削、锯、刨、钻、旋等木工工具),使材料、工具和人的施工操作做到了高度的统一、完美的结合,造就了我国古代具有辉煌成就的木结构建筑和建筑构造,使它延续了两千年之久。

同样,钢、铁质工具的出现和使用,对各种石材的加工也大为改善,使石材由单一的承重构件(基础、墙、柱等)向独立的装饰、装修构件发展。

建筑施工的工具,最初以手工操作为主,以人体体能为动力,对操作者来讲劳动强度较大。当机器出现之后,部分手工工具机械化了。如最初的木工旋床,用脚踏板、连杆驱动曲轴转动,带动被加工的木杆件转动,实现了旋床加工工艺。最初以人为动力的机械(如上述脚踏式木工旋床)还是效率较低的和笨重的。到了近现代,能源多样化了(蒸汽、燃油、燃气、电及压缩空气等),各类机械大量涌现,建筑施工机械化程度也相应提高了,不但出现了大型的施工机械,同时也出现了以手工(手提式)操作形式为主的小型机械。这类手提式小型工具多数以电力为能源,个别的用压缩空气。它们大多数的加工工艺只限于单一的或少数的几种工艺类型,所以,这部分手提工具都是专用工具。例如加工木材、人造木质板材及塑料板材的有:手提式电动木工圆锯、往复锯、曲线锯、电刨、电钻、坡角折边的裁边机等等。加工金属材料、混凝土材料或砌体及瓷砖、石材的有:电动无齿锯、砂轮(片)锯、电动磨(抛)光机、电钻、电冲击钻、大口径电动开(圆)孔机等等。其他类的有:以火药为动力的射钉枪、以压缩空气为动力的排钉钉枪等。目前这类手提式、有小功率的小型工具,有的专业化非常强,甚至有只针对一种材料或构配件的、只有一种加工工艺的。这类与材料或构配件有密切关系的工具,可以说是应材料或构配件的加工需要而产生的专用工具,它的工作效率和加工精度相当高,在装修类构造中起到不可替代的作用,使建筑构造,尤其是装修性构造从形式到质量上都有了空前的提高,有力地推进了建筑构造的发展,使建筑构造进入了现代化。

其他类建筑施工技术,如金属火燃切割技术、金属冷拉、冷热弯、铸造、锻造、切削、焊接等技术,胶结技术,物理、化学等处理技术。这些既是技术又有专用工具的工艺成分,都推动了建筑构造的发展。同样的,一些大型施工机械的出现和使用,如各式打桩机、起重吊装机、地基土开挖(槽)机、砂浆及混凝土搅拌机、运送泵、各型土壤碾、夯机械等等,都直接或间接地不同程度上推动了建筑构造的发展。

3.5 目前建筑构造发展之路的总趋势

在建筑材料和建筑施工机具推动建筑和建筑构造的发展中,有一种现象很值得我们注意,那就是初期的构造形式是简单的或简陋的,功能质量也是低级的,后来变得复杂些了,功能质量也有所提高。最后在功能质量再次提高的同时,构造的形式似乎又到了最初的形式,比前次有可能简单了,但是这次的简单又不是最初简单的回归或重复,是功能质量更高层面上的简单。

例如:最初在门窗扇上镶嵌玻璃时,利用木压条固定玻璃,木压条是用小埋头圆钉与木扇连接。后来嵌固油灰出现了,固定玻璃开始使用油灰。当粘结能力较强的胶合剂出现之后,在高等级的实木木门中,固定玻璃又用压条了,此时的压条与木扇的连接改用胶合连接了,而且压条的断面也不是单纯的方形或矩形了,在总体为直角三角形或直角梯形的断面上增加了一些装饰线角,压条的外观形象丰富,与高档次的木扇更谐调。此时的木压条与最初的木压条,虽然材质没变,但在外表形式和加工工艺及与木扇的连接方式等都有很大的差别,后者上了一个档次。当塑料门窗出现之后,固定玻璃又使用了塑料与橡胶二者相配合的压条。由于材料的改变,构件加工工艺也随之改变。压条与扇框的连接也变了,不使用胶合连接,而是用承插连接了。新的构造形式、新的形象出现,又推动了构造向前发展。

再如,在我国河北北部地区,20世纪50年代以前大量建造的农村单层民居中,使用以石灰膏为主,掺有适量的黏土、麻刀的灰膏作为平屋顶的表面维护层和防水层,这种作法可以说是一种简易的刚性防水,但这种作法的防水性能是低质量的。当柔性的卷材防水出现之后,大量的平屋面防水都采用了卷材防水。当在混凝土或砂浆中使用的防水剂或膨胀剂出现之后,混凝土或砂浆的防水性能大大提高,又出现了以该材料为主料的屋面刚性防水作法。刚性防水又回归了,前后两种都是刚性防水,但后者的使用质量要比前者好得多,这是一种发展和进步,这种发展和进步是材料改变促成的。这就不难看出,建筑构造的发展是从构成形式或工艺上的简陋、简单,走向相对复杂;功能质量上从低级走向高级,它反映了唯物辩证法的一个基本规律:肯定—否定—否定之否定,虽然建筑构造缺少理性思维,但在发展的逻辑上还是符合唯物辩证法客观规律的。这就是建筑构造发展、进步的总趋势。今后在理论的支持下,这个规律更会显得突出。

总之,建筑施工技术伴随人类的建筑活动产生,又随着人类建筑活动的发展而发展,它直接推动了建筑和建筑构造逐渐走向成熟。建筑构造的需要,也为建筑施工技术提供了发展的空间,二者在良性互动状态下,双双成长、进步。建筑施工技术也是推动建筑和建筑构造发展的重要因素之一。

通过本章的讨论，我们可以明确以下几点：

（1）建筑构造是随着人的建筑活动诞生的，又是随着人的建筑活动的发展而发展；

（2）到目前为止，建筑构造的发展是走了一条"相似类比"以经验为前提的、以逻辑推断为方法的发展之路；

（3）建筑构造的由量变到质变的发展之路，遵循唯物辩证法否定之否定的事物发展规律，它的发展也必然要催生建筑构造理论的诞生；

（4）建筑材料和建筑施工技术是推动建筑构造发展的重要因素。

第4章 建筑构造构成理论的意义、可行性和推导

4.1 建筑构造构成理论的命名和理论重点

为了叙述方便,暂且把建筑构造构成理论定名为"建筑构造构成原理",简称"构成原理"。现在先使用这个命名,待以后去论证它。

"建筑构造构成原理"的内容重点,是找到建筑构造的内在具有普遍意义的规律性问题,进而将这些问题从建筑构造的具体形式、内容上予以肯定,并从理论的高度上去认识它、论证它,最终形成"建筑构造构成原理"核心内容。

4.2 构建建筑构造构成原理的意义

"建筑构造构成原理",在以往的建筑构造学里,没有这个提法,只是在定义建筑构造时提到了"组合原理"。如《中国大百科全书》和金虹教授主编的《建筑构造》、杨维菊教授主编的《建筑构造设计》教科书中,都提到"组合原理"。同时《中国大百科全书》也提到了"建筑物的构成"。但是,都没有把"构成"和"原理"联系在一起。今天,我们用"构成原理"这个概念取代"组合原理",提出"建筑构造构成原理",就是要创建这个理论。它的意义在于以下三点。

1. 完善建筑构造学的学科内容

目前的建筑构造学,在知识内容上,是通过实例以叙述的方式,将其构造形式、材料选择、构造作法等,分别做出说明,对构造的"组合原理"并没有做出明确论证。"建筑构造构成原理"就是要作这个补充工作,将建筑构造"组合原理"提到明显的位置上,并做出论证,使建筑构造学从实践、实证到理论构成一个完整的科学体系,从而真正步入到现代应用技术科学的行列中。

2. 以建筑构造"构成原理"为理论指导,进行建筑构造设计

目前的建筑构造设计,或者说建筑构造的创新,基本上还是沿用以往的"相似类比"的推断方法得出新的构造形式,而新的构造形式为什么成立、可行,设计者未必都明确,并且能从构造的"组合(或构成)原理"上做出正确的解释。这其中的道理,就是设计者未能从理论上全部理解建筑构造,缺乏理论

知识的指导,虽然做对了,但完全是从经验中得来的。今天,创建这个理论就是要设计者具有理论上的认识和修养,用构造的"构成理论"作指导,有意识、自觉地用理性思维去认识建筑构造并完成建筑构造设计。

3. 用建筑构造"构成理论"去检验、解释现行构造的正确性和可行性

目前,有很多已做成的实用、可行的构造节点,供实际工程使用。现行《建筑标准设计图集》中的构造节点就是如此。但是它们是否真的正确、可行(不能排除《标准图集》中存在疏漏),只要用"构成原理"去检验一下便可知晓。当然,也可用做试验的方法,或者放到实际工程上去验证,那时间就要长了,且在实际工程上检验要承担一定的风险。用"构成理论"去检验,在案头做出结论,既节省时间又没有风险,是完全可行的做法。

4.3 构建建筑构造构成原理的可行性

无论做什么事情,都是在主客观条件成熟的情况下,才是可行的。今天,创建"建筑构造构成原理"的主客观条件已经成熟,具有可行性了,它表现在以下三方面。

1. 作为指导性的基础理论和方法已经具备了

在当代,创建理论的指导性思想和方法,是马克思主义的哲学理论,即马克思主义的辩证唯物主义和历史唯物主义及唯物辩证法。这个理论已经成熟,并在各个领域中作为指导思想,得到了广泛的应用。今天,我们也必须以这一理论为指导思想,用唯物的、辩证的观点去对待创建理论的每一个环节,只有这样才能使我们步入正确之路。

另外,作为具体的方法,应该选择现已成熟、实用的"系统论"的方法。将整个建筑构造看做是一个完整的系统,用系统论方法去分析,才能在理论上逐步明确。在具体操作上,要用业已成熟、常常用在实践中的调查研究、归纳总结的方法。

以上这些思想和方法都已经成熟,完全可以作为我们创建"建筑构造构成原理"的指导性思想和方法。

2. 有关"建筑构造学科"的基础理论和专业基础理论也已经具备了

在创建这一理论的过程中,肯定要涉及一些基础理论和专业基础理论的问题。如基础理论的数学、物理学、化学、理论力学等学科;专业基础理论的材料力学、结构力学、建筑材料学、结构计算理论、建筑学和建筑设计等学科。这些学科的理论体系、知识内容都是相当成熟的、正确可靠的,我们可以直接引用,作为创建理论的依据。

3. 大量已经存在的实用、可行的构造节点为调研提供了雄厚的物质基础

这一点十分重要，可以说它为我们创建理论，提供了最直接的可能性。在这些浩如烟海的、众多的构造节点中，我们可以去调查、分类、比较、分析、归纳、推理、总结，在唯物辩证法和"系统论"的指导下，找出它们之间的相互联系、影响、作用等关系，则完全有可能找到其中具有客观规律性的东西，将其提炼成"建筑构造构成原理"的核心内容，从而建立"建筑构造构成原理"完整的理论体系。

以上这三个条件，客观上都是成熟的，为创建"建筑构造构成理论"提供了可行性。

4.4 建筑构造构成原理的推导

1. 建筑构造的系统性

建筑构造是一个物质性实体的、开放的、静态的专业工程系统。它具有系统的集合性、整体性、层次性、目的性、适应性等基本特征。

建筑构造系统的"物质实体"，表现为它全部构成都是由物质——材料和构配件组成，并以工程技术面貌出现，所以，建筑构造属于工程性系统。

——系统的"开放性"，即它不是封闭的系统，它与外界环境存在着信息关系，接受环境影响并做出反映。

——系统的"静态性"是从宏观角度提出的，它既表现在系统的宏观上与时间的关系，又表现在宏观上的结构形态方面。系统不随着时间的推进而变动，是静态的；同时，在系统的结构形态上，即在力的作用下，保持着系统的相对静止的稳定状态，也是静态的。在这两个因素——时间与力的作用方面，显现了它的静态性质。

——系统的"集合性"，"是指系统由多个可以相互区别的相对不可再分的元素组成。"（引自《中国总工程师手册》东北工学院出版社 1991 年 12 月第 1 版）由此可见，系统的"集合性"是有条件的。

对于建筑构造来讲，这些"多个相互区别的相对不可再分的元素"，追根溯源那就是构成构造的最基本的材料和构配件，它们是构造系统的基本的"元素"。

这里所说的"多个"，是指"元素"类型上是多样的和多类型中的多个个体。类型上的多样，保障了"元素"的相互区别，类型中的多个个体满足了集合性数量要求。

在建筑构造中最基本的材料和构配件是系统构成的"元素"，它们所表现的"相互区别"和"相对不可再分"的性质，又必须是"元素"处在构造之中时才能表现出来，不在构造之中的材料和构配件，不能算作构造中的"元素"。（详见系统的"整体性"论述）而"相互区别"和"相对不可再分"表现在三个方面：

(1) 材料的性质相互区别。当分割改变了材料或构配件的性质，则不可再分了。如将钢筋混凝土构件的梁、柱分成梁和柱，则没有改变材料的性质，还是钢筋混凝土，但它们是相互有区别的，一个是梁，另一个是柱，这个区分是符合系统集合性的。如果再往下分，将梁、柱的钢筋混凝土分成钢筋和石子、砂子、水泥等，它们不是钢筋混凝土了，性质改变了，这个分割就不符合系统的集合性了，所以是不可再分的。

(2) 材料、构配件的造型相互区别。当分割改变了材料或构配件的原始造型形式，则不可再分了。如将木窗这个配件分成各个杆件，它们的材料性质没有改变，形成杆件的原始造型也没改变，这个分割是符合系统的集合性的。如果对这些杆件再分割，材料性质虽然不变，但原始造型要改变，这个分割就不符合系统的集合性了，所以是不可再分的。

(3) 材料、构配件在构造中所表现的功能作用相互区别。当分割改变了材料或构配件在构造中所表现的功能作用，则不可再分了。如上述对窗分割成杆件之后，再进行分割，不但它的原始造型要改变，杆件在整个构造中的功能作用也要改变，这个分割就不符合系统的集合性了，所以是不可再分的。

这三个条件只要有一个条件成立，就可以标定"元素"是"相互区别"和"相对不可再分"的。

——系统的"整体性"，它"包括三个方面的含义：一是系统的元素不能脱离系统整体而单独存在，一旦离开就失去了在系统中的性质与功能；二是系统中的元素的作用是由系统整体规定的，为实现系统整体目的服务；三是系统整体功能不能归结为元素的功能，也不是元素功能的简单叠加，而是各元素通过各种关系相互作用而产生的一种新的整体功能。整体性是系统的最重要特征。"（引文同上）

这个论述对建筑构造非常有针对性，它指明了建筑构造中的每个"自然构造单元"，都不能脱离开建筑物而单独存在，离开建筑物，"自然构造单元"就失去了存在的意义了，也就失去了在建筑物中的功能作用了。对于每个构配件也是如此，它也不能离开构造节点而单独存在，这样也会失去意义，也就失去了那种在节点中的功能作用了。每个"自然构造单元"或每个构配件的作用，都是由建筑物或构造节点的整体功能决定的，是为建筑物或构造节点目的服务的。建筑物的或构造节点的功能不是"自然构造单元"或构配件的功能简单叠加，而是它们之间相互关联、作用、共同组合成整体之后，形成的一个新的总体的功能。

——系统的"层次性"，"是指系统能分解成一系列分系统，这些分系统具有上下层次关系，下层次分系统是上层次分系统的组成部分。"（引文同上）

对于建筑构造来讲,这些层次是:

第1个层次(也是最大的、最上面的一个层次)主层次是建筑物,分层次是每个"自然构造单元";

第2个层次的上层次是每个"自然构造单元",下层次是独立的构造节点;

第3个层次的上层次是独立的构造节点,下层次是材料和构配件。这是全系统层次的最底层。

其中,每个下层次都是上层次的组成部分,这一系列的上下承接关系组成了建筑构造系统的层次性。

——系统的"目的性","是指在给定的环境中系统只有在目的点或目的环上才能是稳定的,离开就不稳定。系统要把自己拖到目的点或目的环上才能罢休。"(引文同上)

对于建筑构造来讲,系统的直接目的、首要的目的,就是达到"可行性",以能够建造起来为目的。所谓"拖到目的点或目的环上才能罢休。"就是系统不建造起来决不罢休。因为不达目的,系统不能成立。要想使系统成立,就必须达到能够建成的目的。系统的"目的性"与系统的建立是一致的;有"目的性"则有系统,无"目的性"则无系统。作为直接目的的"可行性",必须是有意义的,这个意义就是建筑或建筑构造的功能作用。它是系统最高的,也是最终的"目的性"。在建筑构造系统首要目的——可行性的基础上,将其推向最终目的——完成建筑功能的建立,则建筑构造系统才是稳定的、有意义的。

——系统的"适应性","是指通过自我调整或改变,适应环境变化。"(引文同上)对于建筑构造来讲,整个适应环境变化的自我调整机制,在构造设计时就赋给它了。如建筑和建筑构造在各种力的作用下表现的适应性。这个力的作用,又是处于荷载的最不利组合状态下,凡是在不超出最不利荷载组合的范围内,建筑和建筑构造均可适应。再如各类变形缝的设置,就是建筑或建筑构造适应环境变化的自我调整机制,使建筑或建筑构造不至于破坏或失去使用功能。所以,建筑构造系统具有适应环境的自我调整性能。

我们之所以讨论建筑构造的系统性,一则是,建筑构造的系统性是客观的,它确实具有系统性。系统性,客观上反映了事物构成的辩证关系,研究它也必须用辩证关系去认识它,这一点我们要充分地注意到。再则是,系统的定义从理论上涵盖了建筑构造的定义。系统的定义认为:"系统是由若干相互联系相互作用的要素所组成的、具有一定结构和功能的有机整体。"(引文同上)这个定义更具有理论意义,实质上它包括了建筑构造的定义,其中它提到"有机整体"这个概念。从认识论的角度来讲,对"有机"这个概念,必须要用辩证逻辑去认识和处理。这就又归到了前面在可行性论证中所提到的要坚持用马克思主义的唯物论和辩证法来分析、处理建筑构造的理论问题。这就是我们讨论建筑构造系统性的意义。

2. 建筑构造的存在形态

世界上一切人造物,它的存在形式是多种类型的。在以工程技术形态存在的人造物中,"机构形态"和"结构形态"是比较常见的。

所谓"机构形态"是以"机构"为主体的组成形式。"机构"是:"两个以上的构件,以机架为基础,由运动副以一定的方式连接形成的具有确定相对运动的机件系统。其运动特性取决于机件的相对尺寸、运动副的性质以及其相互配置方式。"其中的机架是"机构中用以支持运动机件的构件,通常把它看成相对静止的,用作研究运动的参考坐标。"(引自《机械零件设计手册》单行本化学工业出版社 2004 年 1 月第 1 版)以上的论述可以明确的是:

(1)机构由两个以上的构件和机架组成;

(2)机构中某些机件是具有相对运动的性质,其运动特性取决于机件的相对尺寸、运动副的性质以及其相互配置方式;

(3)机构由具有相对运动的机件和机架共同构成一个可运动的机件系统;

(4)机构形态在工作时,有可运动的机件的运动,要做功,要消耗一定的能量。

这四点中,"运动"和"消耗能量"是"机构形态"的主要特征。一般以"机构形态"存在的有:各种机械、机器、机床,各类水上、水中、陆地和空中的交通工具等。

所谓"结构形态",是与"机构形态"相对应的一种形式。也是从"人造物"的角度提出的,包括建筑工程的"结构形态"。建筑构造就是一种"结构形态"。它也可以明确的是:

(1)结构也是由两个以上的构件组成;

(2)结构中的构件之间不具有相对运动;

(3)所有的构件都是在作用力的平衡状态下处于静止稳定的;

(4)结构形态在工作时,因为没有运动存在,不做功,也不消耗能量。

这四点中,"稳定、不发生运动"和"不消耗能量"是"结构形态"的主要特征。

这里要特别说明一下,"机构形态"中的机件运动和"结构形态"中构件的不运动、静止、稳定性是在宏观状态下,即构成系统的各元素之间存在或不存在相对的机械运动,它不是指哲学上的物质绝对运动性质,请读者注意。

"机构形态"和"结构形态"也可以同时出现在同一个"人造物"上。依据哪种形态占主要成分,则归类在哪种形态中。如"机构形态"中的机架就是"结构形态";相反,"结构形态"中也局部存在着"机构形态",如建筑物中的门窗构配件,以铰链为轴的做旋转运动的平开门窗,或以滑轨、导槽限位做平移运动的推拉门窗都存在着局部具有运动性质的简易"机构形态",而运动能量由人或开窗电机提供。这种相互兼容性,在"机构形态"中存在的较为普遍,在建筑构造的"结构形态"中存在的较少。

我们之所以讨论"人造物"的存在形态,为的是给建筑构造在存在形式上确定位置,并找到它的特征。建筑构造的存在形式是"结构形态",它的特征是:参加组合的所有构配件之间不存在相对运动,它们在力的作用下处于平衡的、相互静止的、稳定状态;它们在工作时不消耗能量。这是建筑构造的"结构形态"的主要特征,而这种不运动、静止、稳定的性质,又必须达到安全、可靠,它是构成建筑构造"可行性"的主要保证和根据。

3. 建筑构造的构成

建筑构造的构成,也可以称建筑构造的"组成"。物质性的"人造物"在构成系统时要具备三个条件:

(1)要存在构成的物质,它反映了系统的物质实体性;

(2)要具备构成的特定方式、方法,它就是系统的组合手段,而且是"有机"的组合;

(3)要最终具有构成的目的性,它就是系统的目的性。

对于实体性的、以"结构形态"出现的建造构造来讲,没有物质作为构成的基础,则没有构成的实体物;没有特定的构成方式、方法、手段,构成可能是无序的或根本不能形成;没有构成的目的性,构成失去了它存在的意义。实际上只要形成一个"构成"都不同程度地存在构成的目的性,世上不存在没有目的性的构成。前两个条件为"目的性"和"功能"提供了保障。由此可见,这三个条件是互为前提和目的的,也是互为制约,相互作用影响的辩证关系,它们共同形成了建筑构造的构成原则、原理和方法。这就是前面在建筑构造定义中所提到的"组合原理"。

4. 结论

对应构成的三个条件,表现在建筑构造中:

(1)建筑构造的构成是物质性的,它的构成物质就是建筑材料和建筑构配件,落实到具体的操作处理上就是构造的"材料选取"。

(2)建筑构造特定的构成方式、方法、手段就是建筑施工技术的方式、方法和程序,而技术的方式、方法,最终落实到具体的材料和构配件上,那就是对材料和构配件的个体"造型"、彼此之间的"连接"(包括建筑分隔)和对其"表面处理"三个方面。它是构成建筑构造理论的核心内容。这个具体内容是从已经大量存在的实用、好用的构造节点中通过比较、归纳、分析总结得出的。

(3)建筑构造构成的目的性就是要保证建筑和建筑构造具有"可行性"和

"功能"。其中保证构造的"可行性"是必须达到的。

以上这三方面的综合作用,就是要保证建筑构造的"可行性",它们直接对"可行性"负责,通过"可行性"的成立,保证建筑和建筑构造的总体目的——"建筑功能"的成立。围绕这三个方面——材料选择、对材料和构配件的造型、连接及分隔和表面处理所做的一切分析、处理、归纳和思考,最终形成了若干原则并得出了结论,就是"建筑构造构成原理"的理论核心内容。我们将这些组成一个简化框图,见图4.1。

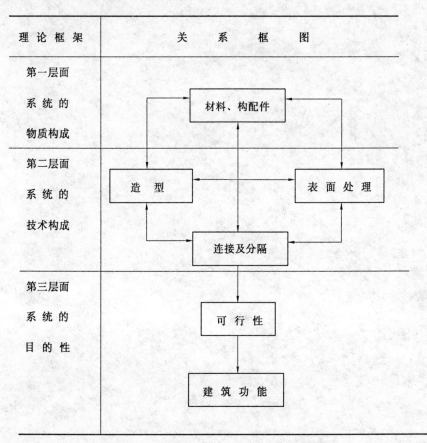

图4.1 "建筑构造构成原理"理论构成框架图解

至此,我们可以为"建筑构造构成原理"下定义了,即:**建筑构造构成原理,是从建筑构造的物质材料、技术方式方法及手段和目的及功能三个层面上,研究直接保证建筑构造可行性的原则和方法的总和。**

建筑构造构成理论,即建筑构造"组合原理"的部分内容和概念提法,在现已出版的某些有关建筑构造的专著中部分涉及了。如刘昭如编著的《建筑构造设计基础》一书中提出了"建筑连接"的概念;在蔡红主编的《建筑装饰装修构造》一书中在论及建筑装饰构造的类型时指出,"配件类构造的成形方法",有塑造与浇注、加工与拼装、搁置与砌筑等三类。并明确指出了配件类构造的结合方式有:粘结、钉接(包括圆钉、螺栓、膨胀螺栓)榫接及焊接卷口(即本书中所指的咬口——作者注)等,这些提法在本书中都论及到了。由此可见,"建筑构造构成原理"是存在的,有其客观性。本书所做的工作只是将其提到显性的位置上,结合建筑结构形态的特征,用系统论的观点将其上升到理论的高度上去分析和认识。

第 5 章 建筑构造的"可行性"和"建筑功能"

建筑构造构成是由建筑材料及构配件作为物质基础,通过建筑技术的方式方法手段,最后达到建成。建筑构造的建成,就是表明了建筑构造具有"可行性"。在建筑构造可行性的基础之上,建筑物达到了实用、好用,就是建筑物具有"功能性"。那么,建筑构造"可行性"和建筑物的"功能性"到底反映了什么问题? 它与人们建造建筑物的"目的性"中间存在着什么关系? 这是我们必须回答的问题。为此我们要研究、讨论建筑构造的"可行性"和"建筑功能"。

按"建筑构造构成原理"的内在逻辑,建筑构造的"可行性"和"建筑功能"应放在构造的技术方式方法、手段之后再讨论,为了使以后的讨论中便于对一些概念的认识和理解,我们把它提到材料和技术构成的前面来讨论。

5.1 建筑构造的"可行性"

1. 建筑构造"可行性"的概念

从"建筑构造构成原理"的角度来讲,建筑构造的"可行性"的概念就是:一个具体的建筑构造形式——构造节点,是否能够真的建造起来,能够建造起来的则"可行"。它表明了这个具体的构造形式达到了"结构形态"的要求,即各构件间是在力的作用下呈现出稳定的静态状态,工作时不消耗能量(少数活动连接要消耗能量);而且这种"稳定和静态"又必须在使用过程中是安全可靠的,发挥出功能作用。如果受材料、技术等各方面条件限制,或设计方案存在严重问题,建造不起来的,则"不可行"。所以,建筑构造"可行性"的基本标志是看它能否真的建成。

从建筑构造系统的目的性上讲,所谓"系统要把自己拖到目的点或目的环上才能罢休。"就是系统不建造起来达不到目的决不罢休。因为不达目的,系统不能成立,要想使系统成立,就必须达到目的。系统的"目的性"是与系统的成立相一致的。有"目的性"则有系统;无"目的性"则无系统。建筑构造系统的直接目的(首要目的)就是直接保障系统能够建成的"可行性"。

　　构造不但要能够建造起来,还必须保障它的稳定、牢固、安全、可靠,对环境不构成不利影响或污染。这才是建筑构造"可行性"的目的。不具备这些条件的构造,即使建起来也是没有意义的,不能为人所用。为此,我们才说"建筑构造构成原理"是直接对建筑构造的"可行性"负责。这是"建筑构造构成原理"的主要论点之一。

　　建筑构造的可行性最初表现在建筑构设计方案中,即构造详图设计中。通过对构造设计方案的论证,如果结论是可行的(这时的论证要引进经济因素),则可以付诸于建造,当然最后还要在使用实践中去验证它。而这一切都要系统地、正确地、全部地反映在构造设计详图上,最终体现在建筑物上。

2. 形成建筑构造"可行性"的条件

　　那么,这种"可行"与"不可行"又受哪些因素影响呢？总体上讲,它受四个方面的因素影响:一个是经济因素;二个是材料和技术因素;三是环境因素;四是社会文化因素。

　　(1)经济因素主要是投资决定的。那些没有被选用的构造方案(它们在技术可能是可行的),有可能是因为投资受到限制,所以,只能在投资允许的范围内去选择可行方案。经济因素对建筑构造"可行性"的影响,不是"建筑构造构成原理"研究的内容。

　　(2)材料和技术因素,它包括取得材料的可能性和难易程度,使用材料的正确性和合理性;建筑构造设计人员的设计技术水平和施工操作人员对技术的掌握程度;也包括施工机具、设备的配置和能源供应、消耗等状态。材料和技术因素是"建筑构造构成原理"研究的内容。

　　(3)环境因素,这是现代人们从事建筑活动必须考虑的内容之一。那些对环境起到破坏作用,或对环境造成严重污染又难以治理的构造方案和做法,应视为不可行的。

　　(4)社会文化因素涉及面很广,主要表现在社会意识形态和文化传统上,其中地方性、民族性较为突出。为地方、民族所接受的形式和内涵则可行,否则不可行。

　　在投资和社会因素允许的范围内,构成建筑构造"可行性"的条件是:

　　①物质条件:即构成构造的材料和构配件,它们是否可以取得,并齐全、完备,符合质量要求。如果结论是肯定的,则构造是可行的。

　　②人的条件:即掌握技术的人(包括设计、施工和管理等方面的人员)是

否能胜任,他们的技术素质是否能够保障最后建成成果的质量要求。如果结论是肯定的,则构造是可行的。

③装备条件:即施(加)工技术的基本方法、工艺流程、机具、设备、工具是否完备、实用、安全可靠;能源是否能够得到保障。如果结论是肯定的,则构造是可行的。

④环境条件:即施工环境是否能够保证施工可操作和工程质量、作业安全及施工过程中和投入使用后不对环境造成污染,或污染较轻且容易治理。如果结论是肯定的,则构造也是可行的。

这四个条件,原则上讲是应该是并存的,它们之间既有交叉,又是互为前提、互为因果的辩证关系,其中如一个条件被否定,原则上讲构造的可行性就不能成立。

3. 建筑构造"可行性"的作用

建筑构造"可行性"的作用,总的来讲是为最终形成建筑或建筑构造功能提供了保障。因为,人们从事建筑活动是要造出能为人们使用的建筑和建筑构造,它是人们从事建筑活动的最终目的。显而易见,如果建筑或建筑构造不具备"可行性",即建不起来,则无从谈起建筑功能。所以,建筑构造的"可行性"直接保障了建筑功能;建筑功能的形成是建立在构造的"可行性"基础之上的。也可以说建筑构造的最基本目的(首要目的)是达到"可行",它的最终目的(最高目的)是完成建筑或建筑构造的"功能性",达到人们的建筑目的。这个结论是"建筑构造构成原理"提出的,是它的理论基本观点之一。

所以,结论是:建筑构造的"可行性"是形成建筑功能的基础,"可行性"不成立,则建筑功能形成不了。

建筑或建筑构造"可行性"与建筑功能的这种关系,不仅反映在建筑构造中,同样也存在于整个建筑创作和建筑设计中。

5.2 建筑构造的"功能性"

建筑构造的功能,是总的"建筑功能"中的一部分,所谓"建筑构造的功能"是专指建筑构造所起到的有利作用和效能,二者没有本质上的差别。它们之间的差别在"物质性建筑功能的分类"中去讨论。

1. 建筑功能和它的物质性

在诸多的建筑理论著述中,都对"建筑功能"从不同的角度进行了论述。其中,《中国建筑工程百科全书》中将建筑功能定义为:"建筑物是为人们的生产和生活活动创造良好的环境,不同的建筑是为不同的生产和生活活动创造良好的环境,因此为创造上述环境就是建筑功能。"这个定义是从建筑是一门环境科学的角度提出的,将一切构成"良好环境的"因素都看做是为人的生产和生活活动服务的,从而得出了"创造(建筑)环境"就是"建筑功能"的结论。应该说这个结论、定义是宏观的,它没有涉及如何创造和形成良好环境的问题,故而在操作上没有明确。

所谓"功能",是指事物或方法所发挥的有利作用和效能。所谓"建筑功能"是指建筑物能够发挥的有利作用和效能。这种"有利作用和效能"宏观上是围绕建筑创建出良好的环境展开的,具体地讲,是为一切使用要求提供环境条件和物质条件,保证使用程序的顺利进行和最终达到理想的结果。所以,"建筑功能"必须以使用要求为前提,以物质材料做基础,以技术为手段进行组织安排,才能最终实现,这就是建筑功能的物质性。

2. 物质性建筑功能的分类

"建筑功能"是对人而言的,人在建筑提供的物质条件下,完成使用的目的,这是建筑的物质性功能。同时,由于物质在人的精神上的作用,引起人的精神反映,这就是建筑的非物质功能——精神性功能。总的来讲建筑功能就是这两方面的作用,从分类上讲也是这两方面,即建筑的物质功能和非物质(精神)功能。但在建筑的物质功能中,还可以分成共性建筑功能、特性建筑功能、个性建筑功能三个类型。

(1)共性建筑功能

共性建筑功能是在每一栋建筑中,即无论建筑物是否有性质的、类型的差别和规模大小的不同——它都要具有的同一类型的基本功能,也是这些建筑的起码功能,我们将这类建筑功能称为"共性建筑功能"。例如:建筑都要具有坚固耐用、安全稳定、遮风挡雨、防寒保温、消防防火、采光通风、节能环保等等要求和功能。"共性建筑功能",在很大程度上受建造地区自然环境因素控制,相同的地区环境,决定了这些共有的功能。

(2)特性建筑功能

特性建筑功能是在个别的建筑物中,或在一栋建筑物中某个局部位置上,存在着特殊要求,这些特殊要求是一般建筑物在通常情况下所不具备的。由这种特殊要求所形成的功能,我们将这类建筑功能称为"特性建筑功能"。例如:某栋建筑物或建筑物中某个局部的个别房间,要具有防火防爆、防水防潮、防酸碱侵蚀、防尘(超净)、防噪音、防静电、防(电)磁、防射线辐射等等要求。"特性建筑功能"是特殊使用要求所决定的,一般出现在个别建筑物中或建筑物的局部。

(3)个性建筑功能

个性建筑功能是按建筑的类型性质不同所赋予建筑物的功能,这种功能的个性非常突出,所以,我们称它为"个性建筑功能"。例如:住宅、学校、医院、剧院、展览馆、博物馆、商场、生产厂房等等。它们之间的使用性质差别很大，各自保持着自己的特点。"个性建筑功能"是决定建筑类型性质的功能，它包括建筑精神作用的成分，在建筑的物质性功能中起着主导作用。

从建筑构造构成的角度来讲，这种分类的意义在于：处理和解决这些功能的侧重面有所不同。共性和特性建筑功能，主要是依靠建筑构造来处理和解决的。例如：耐碱的墙面、地面要使用耐碱水泥和耐碱集料，并要在砂浆中掺合耐碱材料，才能构成耐碱墙、地面构造。又如，外墙的节能保温，主要依赖于构造处理，由于保温的形式不同（内保温或外保温），构造处理有很大的差别。而个性建筑功能是依靠建筑的总体创作和设计来处理和解决的。我们常常提到的"建筑功能"多数是指"个性建筑功能"。

但是，这三类功能绝不是各自孤立的，它们之间要相互依存、相互制约。例如：对那些具有特性功能的房间，从总体设计上如果有可能的话，将它们集中起来，形成一个功能分区是必要的。这就要用"个性功能"统辖"共性功能"和"特性功能"，"共性功能"和"特性功能"要服从"个性功能"的安排。反过来，"共性功能"和"特性功能"也要影响"个性功能"，如建筑的保温节能要求建筑体形规整，它意味着组织个性功能空间设计时，要尽可能地保持统一；特性功能分区的存在，势必要影响到对个性功能的设计和形成。

3. 建筑功能的特点

这里所讨论的建筑功能，是包括它的物质功能和精神作用两个方面，其中"个性功能"表现的比较突出。研究建筑功能的特点，有助于全面认识建筑功能，从而掌握、运用建筑功能。它的特点表现为：

（1）建筑功能的物质性和精神作用

构成建筑功能的是：人在使用建筑物的过程中，一切物质设备、设施创造的条件和所有活动程序性排列的总和。所以，"建筑功能"离不开组成建筑物的物质——材料、构配件和设备、设施等，没有这些，使用活动的程序是建立不起来的。其中，使用活动程序，限定了所用物质的品种和性质。所用物质的组合和搭配又规定了使用活动程序的特征。由此可见，物质与功能建立了直接的关系，它表明了建筑功能的物质性质。

建筑的物质性形成了建筑功能，它是针对人的使用要求的，所以，建筑的物质性是对人而言的。一切对人的物质，都要在人的精神上有所反映。这是马克思主义哲学的基本命题——物质与精神的关系。物质是第一的，精神是物质的产物；物质决定了精神，精神又可以反作用于物质。所以，建筑功能的物质性质必然要在人的思想上产生精神作用。建筑功能表现的程序性也会在人的精神上有所反映。例如：活动难易程度、繁简性、方便性和效率等都会在人的精神上有所反映。这就是"建筑功能"的精神作用和它产生的根源。

(2) 建筑功能的"人赋性"

建筑功能,从本质上讲是建筑物服务于人的能力,是人为什么要建造建筑物的目的性的体现。因此,建筑功能产生的根本原因,是人们建造建筑物的"目的性"所决定的。

人们建造的每一栋建物都具有建筑功能,但是,建筑物的功能不是自然形成的,它是由人赋给建筑的。建筑创作和建筑设计所做的一切工作,基本上可分为两大部分:一部分是如何使建筑与环境和谐统一;另一部分就是如何规划和处理"建筑功能"并使其成为可能。从建筑创作和建筑设计一开始,就在做这种"赋予工作",力求规划、设计出符合使用要求的种种可能并给予它必要的物质保障,保证它的成立和成为可能。建筑创作方案的成立和建筑设计的最终完成,就是"建筑功能"的初步确定。建筑物的最终建成,就是"建筑功能"最终成立和诞生。为什么相同质量标准的同一类型的建筑在使用性能上会有所差别呢?其中一个很主要的原因,就是建筑创作者、设计人在掌握建筑功能上存在着差距,由他们所赋给建筑物的功能在预见性上和完善程度上形成了优劣,最终体现在建筑物上,一个好用,而另一个稍差些。所以,"建筑功能"是随着建筑物的产生而产生的,并且是由人赋予建筑物的。"建筑功能"的人赋性质是它的主要特征。

(3) 建筑功能的程序性

建筑功能的物质性作用,集中表现为它的物质操作程序性上。只有建筑功能提供的物质条件,而没有人们活动的程序,建筑功能还不能发挥作用。人们在使用建筑物时,所从事的一切活动,总是要按照一定的程序进行。这个程序实际上是活动时间的先后关系和利用物质条件的取舍选择状态。使用活动总是要有成果的,成果就是活动要达到的目的,成果目的的优劣,就是使用活动的质量等级。使用活动的质量等级,与活动程序安排的合理与否有直接关系,恰当的、合理的活动程序,可以保证理想的、预期目的的实现。这一系列的因果关系,都集中表现在建筑功能的程序性上。建筑功能的程序性是它的特征之一。

(4) 建筑功能的差别性

首先,不同的建筑物或不同的建筑构造,具有不同的使用要求,它们反映在建筑功能上是有差别的,这种差别是使用性质的不同所决定的。

其次,在同一类型使用性质中,由于建筑物所处环境的不同,建筑物的重要性不同;要求的使用质量级别不同,构造上所用材料性质或材料质量等级的不同,建筑功能在内容上完善程度及质量等级的不同等等,都会造成建筑功能上的差异。

前一种差别是使用性质决定的,有一定的客观性;后一种差别是使用质量决定的,完全是由创作者、设计人来掌握和控制的。建筑功能的差别性是客观存在的,对它应该有充分的认识,切忌将同一种性质的建筑功能,都拉到同一个质量等级上。

(5)建筑功能的"负面效应"

一种建筑功能可能解决一种或与其有关的数种使用要求,但是,这数种使用要求可能出现相互矛盾的现象,使建筑功能使用中产生"负面效应"。例如:采光窗,它的要求是透明的,昼间它可以使室外光线照入室内,夜间时,室外无光可采,采光窗失去了采光的意义,但此时它还在它的位置上,由于它是透明的,则可以透过视线,当室内有灯光时,室内比室外明亮,所以室内的活动可以被室外看到,这是人们所不希望的,这就是采光窗的功能在夜间的"负面效应"。为此采光窗在夜间要挂上窗帘。为了解决玻璃窗透光不透视的问题,人们造出了磨砂玻璃、压花玻璃,消除了玻璃可透视的负面作用。又如地面,要求它质地坚硬、耐磨损、平整、光滑,但又要防止人行走时过滑,所以又要防滑,尤其在楼梯踏步上,必须做出防滑措施(设各种形式的防滑条)。

建筑功能的"负面效应",也是建筑功能的性质之一。它在很多使用活动中都有反映,尤其在建筑构造上表现的比较突出。在建筑构造设计上,首先,对可能产生"负面效应"的现象要有所预见,明确"负面效应"的性质、范围和影响程度。其次,对"负面效应"要做出处理,将其不利影响尽量降低或消除。

以上这五点是比较集中地反映了物质性建筑功能的特征,但还不能说建筑功能就是这五个方面的特征。从不同的角度去分析,还有可能找出其他的特征来。

4. 建筑的精神作用功能

"建筑的精神作用"也是对人而言的,也是一种"有利的作用和效能"。因此,建筑的精神作用也是建筑的功能之一,是非物质性的功能,我们称它为"建筑精神作用功能"。

(1)建筑的精神作用的形成

建筑功能除了具有物质使用性之外,还具有对人的精神作用。从哲学上讲,它是物质变精神的过程,是客观物质在人的精神上的反映。它的形成是建立在物质的基础之上,没有物质就没有建筑功能的精神作用。

就建筑而言就是人们在使用建筑或单纯鉴赏建筑的过程中,建筑作为客观物,它在人的思想意识上、精神感情上引发的一系列反映。反映的结果,可能停留在思想、概念的联想和认识上,也可能最终落实到引发人们行为模式的变化上,这个过程和由它引起的效应的全部,就是建筑的精神作用。

(2)建筑精神作用功能涉及的方面

在建筑功能的精神作用下,所涉及的方面是相当广泛的。一般来讲把它限定在美学的范畴内,当然,它是建筑美的问题,但是,也绝不是用美学概念所能全部概括的。例如：很多宗教建筑表现的威严、神圣、庄重，带有一丝神秘感的气氛；封建时代的皇宫，显示的至高无上的权威、金碧辉煌、天下独尊、天下为我；现代行政办公建筑庄重、肃穆、稳健的气质；幼儿园活泼、天真、稚气的格调；住宅恬静、安逸的环境氛围；商业建筑的时尚、摩登、令人目不暇接的装饰、广告造成的气氛等等。又如，建筑构造做法的精度，可以令人咂舌，出其不意的构造形式，被人赞誉为"巧夺天工"。这种发自内心的赞誉、敬佩和折服，是对人（设计者、工匠）的赞誉、敬佩，对技术的折服，它给人以鼓舞。尤其是在科学技术高度发达的当代，很多高科技工艺和成果被建筑和建筑构造应用，发挥出了很多使人们意想不到的精神作用效果，它不仅大大地提高了人们的科技意识，同时也使科学技术的成果进入了人们的精神世界和审美领域，为人们树立现代思维方式和生活模式起到了良好的推进作用。

以往我们在多数情况下，我们只关注了建筑总体的精神作用，而对局部的装修、装饰性构造做法发挥的精神作用，没有给予充分的注意。建筑和建筑构造的精神作用是巨大而广阔的，而每个人对这些作用的反映又是千差万别的。从社会的角度来讲，建筑功能的精神作用总体是时代精神、文化传统、民族精神、地方风格等诸多方面的综合表现，是属于社会文化范畴的。

（3）建筑的"时态"问题

建筑精神作用的显示，也不是单单依靠建筑形象表现的，那么又是什么呢？在讨论这个问题之前，我们要先明确一个概念，那就是建筑精神作用的发挥有个"时间性"的问题，我们称它为"建筑时态"。

"建筑时态"是建筑及其环境随着时间的推进、改变，在使用上表现为周期性的差异和变化的状态。它分"动态"和"静态"两种形式。

所谓建筑时态处于"动态"状态时，就是建筑完全处于使用状态下，此时，人在建筑环境中活动，为人活动服务的、必需的建筑设备全部开动起来了，人与建筑和建筑环境建立了直接关系，以建筑为中心形成的内外部环境都是处于被"激活"的状态下，我们称此时的建筑时态处于"动态"状态。

处于"动态"状态下的建筑，它所形成的环境"意境"和"气氛"是综合性的、最活跃的，给人的印象——包括物质作用和精神作用最为强烈，也是建筑的精神作用效能发挥的最佳时期。所以，建筑的精神作用，主要是在建筑处于"动态"时发挥的最强烈。这就是为什么建筑创作、建筑设计从总体构思一开始就坚持追求创建环境的意境和气氛的根本道理。

所谓建筑时态处于"静态"状态时，就是建筑的使用活动处于停滞、停顿的状态下，此时人从建筑环境中撤离了，人的使用活动停止了，为人活动服务所必需的建筑设备也部分地停止了工作，人与建筑和建筑环境暂时脱开了。在建筑处于"静态"时，可以说以建筑为中心形成的内外部环境是处于"休眠"状态下，我们称此时的建筑时态处于"静态"状态。

处于"静态"状态下的建筑,它所形成的环境"意境"和"气氛"是"隐性"的,人们只能通过经验、联想,才能体验到一些环境的意境和气氛,它留给人的物质和精神作用印象都是微弱的、浅薄的。所以,建筑处在"静态"时,对人的精神作用相对微弱。

为什么当前有一些"文物建筑"在向人们展示的同时,还要搞一些"仿古"活动,其目的就是使建筑"动"起来,"活"起来,再现当年的建筑功能,"复活"它的建筑"意境和气氛",使它给人的精神作用再次发挥出来。由此可见,建筑对人的精神作用主要是在建筑与环境都处在"动态"下才显现的。

对每个单体建筑来讲,建筑物的类型、使用性质决定着它的时态变换。在公共建筑中,建筑"时态"表现的突出,变化的幅度也较大。动、静交替变化的建筑有:剧院、展览馆、博物馆、体育场(馆)、教学楼等等。但昼夜24小时服务的部门,"建筑时态"只在"动态"范围内波动,有时高,有时低。如火车站、客运航空港(飞机场)、客运码头和某些通讯部门及医院急诊部等。

理解了"建筑时态",在它的周期性交替变换和波动中去把握和控制建筑的精神作用,是发挥建筑的精神作用的有效途径。

5. 建筑功能的改造、变化和消失

建筑功能是建筑使用性质的体现,尤其是建筑的个性功能,当旧有建筑的使用性质全部或部分改变或消失时,建筑功能也要随之做出调整或改变,这就是建筑功能的改造、变化和消失。它反映了建筑功能的"人赋性"是可以变的,而变化还是由人赋的,它大致可分为三种情况。

(1)旧建筑全部改作他用。如将学校的教学楼改为办公楼时,原有的教学功能全部废掉,要按新的办公活动要求进行改造,建立新的建筑功能系统。这种全面改造一般在形成新的建筑功能上不会十分完美,因为它或多或少地要迁就原有建筑的空间划分和结构形式,从而影响了新建功能的完整性。全改造可能在局部的构造上或装饰上也要进行改造,增加某些"共性功能"或"特性功能"。

(2)在现有建筑中进行局部改造。如在医院的门诊部中,将血液化验室及其他附属房间改为对外血浆收集处,专为供血者采血之用。此时要按供血、采血双方的活动程序来安排功能。这种由于新的使用活动或新的使用设备的增减而造成的改造,实际上是一种小规模的或局部的改、扩建。它的建筑功能的完善程度也要受到一些影响。

对于以上两类情况,要针对具体的改造要求来确定它的功能类型、质量等级。对原有的"建筑功能"做出恰当的选取、保留,在此基础上规划新的功能。

(3)原有的建筑功能消失了,但建筑物还存在,又不能拆掉。如旧时代留下的皇家宫殿,民间寺庙,历史上重要活动使用过的建筑(如重要会议场址、办公场所、秘密工作点等),历史上名人活动、居住过的建筑等。当前原有的活动内容和形式都消失了,只有建筑物还在,人们称这些建筑为历史上保存下来的"文物建筑"。它的新的使用活动是供人们参观、游览,举行凭吊、缅怀活动。这种新的活动内容与原本的使用功能有质的差别。此时,可以说出现了一种新的建筑功能,我们可以称它为"文物建筑功能"。

"文物建筑功能"从性质上讲,它的主导方面是"个性功能",它近似于"展示性"建筑的功能,但是,文物建筑的展览品中,要有建筑物参与,"建筑物"也是一个展品。而这个展品的内容中就包括原有的建筑活动内容,即原来的"建筑功能"。没有原有"建筑功能"的参与,"建筑物"作为展品将荡然无味。正因为如此,原建筑的功能作为展品的内容成为不可缺少的了。但它却暗含在原建筑中,需要人们去回顾、联想、体验。此时原有的"建筑功能"成了展品的文化内容,已经失去了原有的意义了。新的展示功能成了"文物建筑"的真正的"建筑功能"。

产生建筑功能的改造、变化和消失的原因是多方面的,也是难以预见的,所以在建筑创作和建筑设计上不去考虑它。当它发生之后,由改建者去规划、设计。但对"文物建筑"原有形式,包括构造形式和装修形式必须保持原样,即便要维修,材料和技术可以利用现代的,但外表形式必须维持原来的,本着"修旧如旧"的原则来处理。

建筑功能的改造、变化和消失主要体现在建筑的个性功能上,个性功能的改造、变化,可能带来某个局部共性或特性功能的变化和消失。如将原有非节能建筑改造为节能建筑,增加某些房间的特殊防护要求等。但它不是建筑功能改造、变化的主导方面。建筑功能的改造、变化和消失,说明了建筑功能的类型不是伴随建筑物一生不变的。在建筑物没有被拆除之前,建筑功能可以改造、变化。但它不能消失,所谓消失必须是用新的个性功能来替代。

5.3 建筑构造的"可行性"与"功能性"的关系

建筑构造的"可行性"与建筑构造"功能性"的关系十分密切,它表现在以下三方面。

1. 各负其责

建筑构造的"可行性"是对建筑构造能否建成负责。能够建成的则"可行",不能建成的则"不可行"。它只有在"可行"与"不可行"二者之间选择,不存在第三种情况。所以,对"可行性"的选择是唯一的。它是属于"建筑构造构成原理"的研究内容。

建筑或建筑构造的"功能"是对建筑或建筑构造是否"实用"、"好用"负责。而"实用"、"好用"是使用质量问题,它可以分为:优(秀)、良(好)、中(等)、可(以)、劣(等)五个等级,前四个等级都可以使用,只是在效果上有差别,所以,对建筑或建筑构造"功能"的选择不是唯一的,它属于建筑创作和建筑设计研究的内容。

2. 主次明确,互为保障

建筑构造的"可行性"最终的意义是要达到实用、好用,即保证建筑功能,所以,"可行性"是前提,是出发点,是问题的主导。但没有实用、好用的"可行性"是没有意义的,是我们所不需要的。而实用、好用又必须在"可行性"保障下才能实现,没有"可行性"保障的实用、好用,在实际工程中是不存在的。它只能是一个"纸上谈兵"的建筑构造方案,也是没有意义的。

二者的联系是既主次明确,又互为保障,是缺一不可的、同时存在的。也可以说"可行性"的最终目的是保障"功能"的实现。

3. 二者的组合状态

构造的"可行性"与构造的"功能"出现在建筑构造中的组合情况有四种。

(1)构造的"可行性"与"功能"的实用、好用要同时成立,但必须是"可行性"在先;没有构造"可行性"的保证,就意味着构造不能成立,则无从谈起构造"功能"。这种情况是构造既"可行"又实用、好用,这是我们所要追求的结果。

(2)构造具有"可行性",但实用、好用的程度差一些,可能在"中"或"可"的等级上。这种情况,"功能"虽然不理想,但还勉强可用。造成这种情况的原因很多,如造价、材料、技术档次或功能质量差异等等。如果造成的功能不理想的不是上述原因,而是设计造成的,要进行修改、完善。在实际工程中这种情况常常可以见到。

(3)构造实用、好用,但在目前情况下"不可行"。造成这种情况的原因很多,可能是经济上的、社会文化上的,也可能是设计上的(当然,不排出设计上的错误),还可能是材料或施工技术上的,总之,起码是在目前情况下,暂时达不到"可行"。如果设计上没有错误,这种情况只能作为一个假想方案或理想方案保存下来;如果设计上有错误,该方案则被淘汰。

(4)构造"不可行",也不实用、不好用。这种情况很少出现,是根本错误的构造方案。

以上这四种情况,第 1 种是好的、理想的,是应该追求的;第 2 种是尚可的、较差一点的,这两种情况的共同特点是都具备"可行性"。第 3、4 种是应该摒弃的、避免的,它们的共同特点是都不具备"可行性"。在此,又一次充分地反映了"可行性"是主导的、第一的,没有"可行性",则没有构造的存在,也谈不上构造的"功能"了。

总之一句话:建筑构造的"可行性"对"功能"有"一票否决权"。构造的"功能"必须建立在"可行性"的基础之上,"可行性"与"功能"必须同时成立,建筑构造才能构成。

第6章 建筑构造的材料选取

从"建筑构造构成原理"的角度来讲,建筑构造对材料选取(以下简称"构造选材")是从建筑构造使用材料的角度出发,即材料对构造可行性的影响;材料基本属性与构造功能之间的适应程度;材料与施工、加工工艺之间的适应程度等等,来审视材料,做出比较、选择。它与"建筑材料学"不同,"建筑材料学"是专门研究、论述建筑材料的基本理论和知识的学科。而"建筑构造构成原理"有它自己讨论问题的侧重点,它首先把材料看成是构造的物质构成,是构成构造的物质基础。其次,选取材料是为了使用材料,材料要参与构造中的每个技术环节,一切构造的技术处理都是在材料上展开的,使技术处理对材料是适应的、可行的。

以上这两点是"建筑构造构成原理"对材料的主要观点。

6.1 建筑构造选择材料的概念

1. 建筑材料的概念

所谓"材料"是制作物品、产品的原始物质,材料是物质性的东西。"建筑材料"顾名思义,它是构成建筑物的一切原始物质,也就是说:凡是用在建筑物上的一切材料都可称为建筑材料。

但是,通常所称的"建筑材料",是指由建筑材料生产企业专门为建筑需要生产的专用产品,称为"建筑材料"。而那些不属于建筑材料企业生产的产品,也被建筑所使用了,那么,这些产品应该不应该算作"建筑材料"呢?例如:农业生产的副产品——秸秆,纺织工业生产的纺织物,制革工业生产的皮革制品等等。最典型的是在《建筑构造资料集》中有一例,将日常生活所用的92 mm×92 mm 的绿色玻璃烟灰缸,用做一个木格栅上的装饰件了(详见中国建筑工业出版社1994年2月第1版《建筑构造资料集》(上)第225页)。这些非建材企业生产的产品,在行业归属上不属于"建筑材料"的领域,通常情况下也不被称作"建筑材料"。但是,这些材料却真实地用在建筑上了,成为建筑物物质的构成之一,它们理应成为"建筑材料"。所以,一切被使用在建筑物上的物质材料——不论它是哪个行业、什么企业生产的,也无论是自然存在的,还是由种植或养殖所获得的,都应该是"建筑材料"。这就是建筑材料的广义概念,它反映了建筑所用材料的广泛性。这个概念要求我们,对一些常用在建筑上的非专用材料尽可能地多了解一些，以便于选择。

2. 建筑材料选择的主要着眼点

选择材料的主要着眼点，是利用材料的基本性能，即材料的本质属性。每一种材料都具有特定的本质属性，各种材料之间的本质属性都有差别。例如：材料的物理、化学性能、力学性能、在温度作用下的变化、抗冻能力、抗水浸能力、耐腐蚀风化能力、对环境保护的影响和周转再生性能、材料生产和在建筑使用运行中对能耗需求量以及材料在常态下的色彩和质感变化等等都是材料的本质属性。选取材料时，必须使材料的本质属性与构造最后形成的可行性和功能相匹配，即从建筑和建筑构造的可行性和功能出发，选择与材料本质属性相适应的材料，才能最后保障构造可行性和功能的成立。违反这一点，不是材料选择的不当，就是构造的可行性和功能得不到保障。

3. 材料属性的转化

每种材料都具有特定的属性，使用材料就是利用材料的特定属性。但是，当材料用于构造之后，构造功能却不是材料属性的简单叠加而形成的，这一点在构造系统的整体性中已有论证。例如：地面瓷砖有硬度高、耐磨、花色好、尺寸规格统一等属性。当用在地面上，它与下部的结合层、垫层、承重层形成整体地面构造之后，它的总体功能远远超出了地面瓷砖的属性。它除了具有硬度、耐磨性高之外，还具有整体性好，平整度高，有弹性及隔音等功能。材料的基本属性向构造功能的转化，是在构造构成过程中完成的，合理的材料搭配、构造方案和施工工艺，促使材料属性向构造功能转化，这是建筑构造选用材料时不可忽视的问题。

6.2　建筑材料的存在形式和分类

建筑材料的存在形式，是指在常态环境中材料的物态状态。一切物质在环境条件（主要是温度、压强条件）相对固定的情况下，总是以一种物态形式存在于环境中，即以固态状态或液态状态或气态状态中的一种形态存在，建筑材料也是如此。建筑材料在品种类型、使用数量上最多是固态材料，次之为液态材料，最少的是气态材料。

建筑材料的分类是建立在材料的常态物态形式基础之上的，也就是对固态、液态、气态这三大类材料进行分类。

建筑材料的分类可以有多种标准，在"建筑材料学"中，通常把建筑材料在总体上分成：无机材料、有机材料和复合材料三类。从研究材料的角度这种分类是必要的。但是，从建筑构造使用材料的角度和"建筑构造构成原理"的研究内容出发，可以多角度地进行材料分类。

6.2.1 按材料的生成分

1. 天然材料

天然材料在自然界是天然形成的,是自然界的原始物质,或者是自然界生命生长(包括人工种植、养植)所形成的生物个体的遗骸。建筑使用天然材料时,只要稍加整理、清洗、筛分等处理便可。如天然毛石、砾石、卵石、河砂、湖砂、黏土、原木、毛竹、植物秸秆、动物绒毛、淡水等。

2. 人工材料

人工材料在自然界没有,是经人工生产制造的材料。除天然材料之外,都属于人工材料,如砖瓦、砌块、水泥、混凝土、建筑钢材、金属合金材料、玻璃、塑料、人造木质板材、油漆、涂料、胶合剂及很多装饰装修材料等。其中有很多是两种以上材料构成的复合材料。

以上这两类材料,涵盖了所有的建筑材料。

6.2.2 按材料的物态形式分

1. 固态材料

固态材料在常态环境中,成固态状态。它又可分为散材、型材、构配件三类。

(1) 散材

材料在常态环境中,成松散的粉末或颗粒状或不归则的细小块状、丝状、絮状,在宏观总体上没有固定的形状(每个细小的粉末、颗粒、丝絮形状在此被忽略了),为此称它为"松散材料",简称"散材"。如砂子、砾石、碎石、水泥粉、石灰粉、大白粉、可赛银粉、麻丝、矿棉等。由"散材"经加水或其他掺合剂搅拌而成的浆料,凝固之前也不具有一定的形状,也归在"散材"中。"散材"均是在施工现场加工定形,进入建筑构造中。

散材或称散料,是建筑构造构成原理提出的一个新概念,它是从材料的原始状态和现场施工工艺配制过程中提出来的,这个概念将始终贯穿在构成理论中,此后我们所称的"材料和构配件"中的"材料"多数是指"散材"。

(2) 型材

型材在常态环境中,体形的全部及每个断面上,都是成规则的几何形状。如黏土砖、瓦、各型圆钢(筋)、各型型钢、合金型材、塑料型材、各型玻璃等。型材占固态材料的绝大多类。型材又可分为以下几种:

① 块材。块材是材料的长、宽、高三向尺寸较为接近,材料体型成块状。如砖、砌块、条石、毛石等。

② 板材。板材是材料的长、宽、高(厚)三向尺寸差距较大,长宽比一般在1:1~1:4以上或更大,宽度为高(厚)度3倍或3倍以上的矩形断面,而厚

（高）度的绝对尺寸在60 mm以下，一般板材厚度在20 mm左右。按材质不同分别有：木板、木质纤维板、纸面石膏板、塑料板、玻璃钢板、钢板、金属合金板及各型装饰板等，其厚度均在1~5 mm之间。金属薄板厚度在1~4 mm之间，或小于1 mm。玻璃板一般厚度在20 mm以下，常用的有3 mm、4 mm、5 mm、6 mm等数种。

③杆材。杆材的材料尺寸是长度较长，断面相对较小且成规则的几何形状，有一定的刚度，全件成杆状形式。如原木或人造木质的各型杆件（长度在3~6 m）、各型断面的钢材杆件（各型型钢、钢筋杆件，长度在6~12 m）、轻钢薄壁的杆件、铝合金杆件、塑料、玻璃钢杆件等。

④管材。管材的材料断面成圆形、方形、矩形或多边形的环状空腔形，长度较长（一般在3~12 m）的管型材料。如各型钢管、铸铁管、铜管、铝管、不锈钢管、塑料管、尼龙管、塑料金属复合管、玻璃管、陶瓷管、烧制黏土管等。

⑤线材。线材的材料断面多数是圆形的，材料的绝对长度在数米到数十米之间，材料的整体刚度较低，在运输、包装上可以卷成一捆。如直径在4~8 mm的钢筋（卷成捆的俗称线材）、电力、通讯用的铜、铝线，吊拉用的钢丝、钢绳，绑扎用的铁丝、麻线、麻绳、棕绳、尼龙线、尼龙绳、石棉绳等。

（3）构配件

构配件是构件和配件的总称。在《建筑模数协调统一标准》（GBJ 2—86）的附录中将"构配件"解释为："由建筑材料制成的独立部件（构配件系构件与配件之统称，构件如柱、梁、楼板、墙板、屋面板、屋架等，配件如门、窗等）。"

构配件可由一种原材料制成，也可由几种原材料复合制成，它是多尺寸控制的规矩型材，具有准确的尺寸规格，它以自身的独立性为特征，它具有特定的功能。从构成建筑构造的角度来讲，它是建筑构造系统中的一个"元素"，是建筑构造中不可缺少的一个材料类型。

在《建筑抗震设计规范》（GB 50011—2001）中提出了一个"非结构构件"概念。在该规范的第13章13.1.1中写到：

"……非结构构件包括持久性的建筑非结构构件和支承于建筑结构的附属机电设备。"在该条目的注示中又标明："1.建筑非结构构件指建筑中除承重骨架体系以外的固定构件和部件，主要包括非承重墙体，附着于楼面和屋面结构的构件、装饰构件和部件、固定于楼面的大型储物架等。2.建筑附属机电设备指为现代建筑使用功能服务的附属机械、电气构件、部件和系统，主要包括电梯，照明应急电源、通信设备，管道系统，采暖和空气调节系统，烟火监测和消防系统，公用天线等。"

对这个规定应理解为除承重骨架体系以外的所有构件，都是"非结构构件"，其中包括附属机械、电气系统等。由此可以判定，"非结构构件"的相对概念应该是"结构构件"，那就是"承重的骨架体系的构件"。这个规定与《建筑模数协调统一标准》中的规定不矛盾。

2. 液态材料

材料在常态环境中，（常温、常压下）成液体形态，一般为溶液、悬浮液或胶状体。如淡水、酒精、汽油、柴油、各种溶剂、稀释剂、油脂、油漆、各种液态胶、液态墙面涂料等。还有，在常态环境中是固体形态，但在使用时必须加热融化成为胶状的流体，也归在液态材料中，如沥青、石蜡等。液态材料从材料的物态存在形式上讲，都属于散材。

液态"水"，这里指的是淡水，即天然雨水、冰、雪水、河水、湖水（淡水湖湖水）等。"水"是世界上广泛存在的一种无色无味中性的液态物质，被人们广泛地使用在各个领域中，建筑行业也不例外。

在建筑工程中，对水的利用主要反映在材料上。如混凝土中的水，各类砂浆中的水，各种水溶性材料中的水等。"水"在掺合中要参与某些材料的水溶、水解、水化、固化等物理、化学反应。由于"水"掺合量多少不同，对材料养护周期、强度、和易性、水溶浓度等都将产生影响，最终还要影响材料的质量。正因为"水"的掺合要影响材料的质量，"水"在此已经具有材料性质的意义，所以，此时将"水"视为建筑材料。

"水"成为建筑材料的主要标志是：水是否在材料中参与水溶、水解、水化、固化等物理、化学反应，参与了就是材料的成分。另外看水的本身，如果"水"在材料配比中占一定的比例，对水的酸碱度和杂质含量或温度等有要求，水则成为材料。

此外，某些材料的含水量对材料的强度、化学稳定性、耐久性、抗冻性、抗腐蚀性能等也会产生影响，此时"水"不是以材料状态出现的，但其影响不容忽视，必要时要严格控制。

总之，在建筑构造选择材料时，无论是材料中"水"的掺合量，还是含有量（含水量）都应予以注意。

3. 气态材料

材料在常态环境中，成气体形态。气态的建筑材料常见的有空气（空气是无成本材料）、氮气、某种惰性气体或某些化合物气体（如二氧化碳）等。气态材料从材料的物态存在形式上讲，也属于散材。

气态材料在建筑构造中要形成封闭的或一端开放的"气体夹层"，起到保温或隔热、隔声、隔震、减振等作用。这些作用保证了构造的功能，所以，夹层中气体也具有材料的意义，成为气态建筑材料。

使用气体量最多的是"充气结构"中的气体，此时，气体在结构中成封闭的高压状态，在充气结构实体的参与下，具有一定的自承重或承受较小外荷载的能力。所以，没有高压状态的气体，就形成不了"充气结构"，此时的高压气体具有材料意义,是气态建筑材料了。

气态材料多数是利用自然状态的空气,惰性气体利用的很少(封闭的夹层玻璃中可用惰性气体)。此时作为材料使用的气体,必须标明某些必要的材料属性指标,如气体的压强、气体的导热系数、含水量等。

当空气不作为材料使用时,它依然要包围构造的周围或充满构造形成的空腔中,如果空腔是完全封闭的,腔内空气受温度影响膨胀或收缩,它可能造成构造局部变形或破坏,为此,必须在封闭的空腔与环境大气间留有供空气流通的通道或孔洞。如在双面用胶合板做成的夹板门中,要在每个封闭空腔的木龙骨和下边框上钻出排气孔,消除木龙骨间空腔中空气热胀冷缩对门扇平整度的影响,见图6.1。所以,对构造中的非材料性的空气夹层也要做出必要的处理。

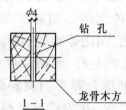

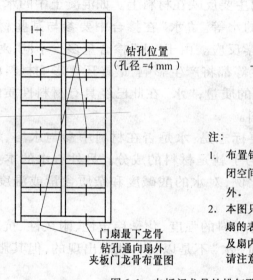

注:
1. 布置钻孔位置时,应保证每个封闭空间有一个通气孔,且通向扇外。
2. 本图只绘出了门扇龙骨,对于门扇的表面材料、四周的附加构件及扇内固定锁具等设施均未给出,请注意。

图6.1 夹板门龙骨的排气孔布置图

6.2.3 按材料的燃烧性能分

1. 可燃性材料

可燃性材料即可以燃烧的材料,在《建筑设计防火规范》(GB 50016—2006)附录一中称之为"燃烧体"。"燃烧材料系指在空气中受到火烧或高温作用时立即起火或微燃,且火源移走后仍继续燃烧或微燃的材料。如木材等。"

2. 难燃性材料

难燃性材料即难以燃烧的材料,在《建筑设计防火规范》(GB 50016—2006)附录一中称之为"难燃烧体"。"难燃烧材料系指在空气中受到火烧或高温作用时难起火、难微燃、难碳化,当火源移走后燃烧或微燃立即停止的材料。如沥青混凝土,经过防火处理的木材;用有机物填充的混凝土和水泥刨花板等。"难燃性材料也叫"自熄材料"。

3. 非燃性材料

非燃性材料即非燃烧的材料,在《建筑设计防火规范》(GB 50016—2006)附录一中称之为"非燃烧体"。"非燃烧材料系指在空气中受到火烧或高温作用时不起火、不微燃、不炭化的材料。如建筑中采用的金属材料和天然或人工的无机矿物材料。"

6.2.4 按材料的功能分

这里所谓的材料功能,是指材料在构造系统中表现的基本使用性质,是材料的属性或功能处于构造系统中转化后的综合表现,它可分为承重材料、构造及装修材料、表面材料、连接材料、特种材料、绿色环保材料、建筑五金等。

1. 承重材料

承重材料或由该材料做成的构件,可以承受包括自重在内的外加荷载和由此引起的一切内力。如混凝土、钢筋混凝土、型钢及型钢组合构件、红砖、承重砌块、毛石、砌筑砂浆、方木、圆木(梁、柱)和木板材等。承重材料和构件是构成承重结构体系的主要材料,对其要进行受力分析和强度计算。

2. 构造及装修材料

构造及装修材料基本是建筑构造中的非承重及自承重的材料,包括一般性建筑构造和装修(饰)性、美化性构造所用的一切材料及构配件。它的特征是材料基本上是自承重的。这类材料涵盖的很广,包括上述的各类材料、构配件,其中以人工合成的居多。对建筑构造中使用的构造及装修性材料,一定要充分了解材料属性、性能,做到材料搭配相得益彰,真正起到对建筑与环境的装修、装饰、美化作用。

3. 表面材料

表面材料可称为"饰面材料"。它是指专为构造中某些暴露在大气中或在人的视线范围内的材料或构配件做表面处理的材料,起到对材料的保护或维护性的装饰作用。这类材料一般是以成品或构配件形式出现,如成品油漆、墙面涂料,墙壁纸(布),各种抹面砂浆,各类装饰板材及各类饰面的墙地砖等。这类材料既有固态的也有液态的;既有金属的也有非金属的;既有有机的也有无机的或复合的。表面材料也可归在装修材料中。总之,它包括的面比较广,新产品也较多,发展的速度也很快,应引起建筑构造设计者的注意。

4. 连接材料

连接材料是一种专门用于连接的材料,在建筑构造中它起到"连接"作用,它一般是以配件形式出现的。如螺栓、螺钉、铆钉、圆钉(铁钉),金属焊接中填料(焊条、焊丝、钎料),胶合连接的胶结剂,捆绑连接中的绑线、绑绳,砂浆连接中的砂浆等。构造中所有的有件连接的"连接件"都是连接材料。这些连接材料又可分成两种类型。

(1)定形型连接件。定形型连接件体形形状是固定或基本固定的,并在构造中保持原体形形状或基本保持原体形形状,即在形成构造的前后,体形形状是同样的或基本同样的。如保持前后体形不变的有螺栓、螺母、螺钉、圆钉等。如保持前后体形基本不变的有绑绳(线)(绑绳的长度、线径尺寸不变,但总体形状由任意线状变为缠绕形形状了)。定形型连接件在工程中统称为"紧固件",其材料基本都是金属的。

(2)转形型连接件。转形型连接件体形形状在形成连接的前后有较大的变化,形成连接前,连接件是一种体形形式,形成连接后,原连接件的体形形状转化成另一种体形形式,并在连接中保持着转化后的体形形状。如焊接连接中作为焊接的连接件,即填料——焊条、焊丝或钎料,它们在施焊前是一种体形形式(基本是固体的棒状或线状),而施焊后完全变成了焊缝中的填料了,其体形形状完全改变了。又如铆钉,连接前体形为"T"形,进入构造连接后(施铆后),铆钉体形呈"工"字形。胶合连接中的胶粘剂,在进入胶连接之前是液态状态,进入胶合连接在固化之后,在施胶面上形成一层固态胶膜,失去了液态状态。砂浆也是一种连接材料,它在进入连接之前是没有一定形状的散材料(浆料),进入连接后才具有固定的形状,以上这些都属于转形型连接材料(连接材料及连接件,在第8章有详细讨论)。

5. 特种材料

特种材料是指材料的性能、属性,在某一方面具有突出特殊性质的。这种特殊性质可以满足某些特殊建筑功能的需求(一般表现为"特性功能"),从而被建筑所利用,特种材料又可分为两类。

(1)构件型特种材料。构件型特种材料是由单独一种性能的构件材料构成的特种材料。如各类卷材,它具有防水、防潮、隔气性能;各类矿(岩)棉、泡沫塑料、珍珠岩及其制品,具有保温、隔热性能;铅板,具有防射线性能;玻璃及其制品等,具有透光、透明性能。因为,它是由单独一种性能的构件材料构成的,所以,称它为"构件型特种材料"。

(2)复合型特种材料。复合型特种材料是由几种材料按比例混合并掺入具有特种效能的材料,使其形成具有特种功能的复合材料。这类材料多数在施工现场进行配制。如耐磨砂浆,在砂浆中加入铁屑或金刚砂等硬骨料;防水砂浆,在砂浆中加入防水粉、剂;防水混凝土,在混凝土中加入防水剂或加入膨胀剂提高混凝土密实度;防辐射砂浆、混凝土,在砂浆、混凝土中加入钡盐;耐酸

（碱）砂浆，在砂浆中加入耐酸（碱）骨料和掺合料。因为，它是由几种材料按比例混合并掺入具有特种效能的材料构成的，所以称它为"复合型特种材料"。

特种材料的特殊性表现是多方面的，一般来讲，凡是将满足建筑局部"特性功能"要求的材料和构件均可称为特种材料。

6. 绿色、环保、节能、可再生材料

绿色、环保、节能、可再生材料是一类近些年提出的材料概念，也可以说是一种新兴材料。

绿色、环保材料是指在材料的生产和使用过程中，对人的健康和环境保护不构成影响、威胁或破坏的材料。某些天然材料，以无机物（盐类）为主料的复合材料；可由微生物分解或化学降解并不产生有毒物质的材料，一般都具有绿色环保效力。如天然木材、竹材、砂石、无放射性的石材、黏土砖瓦、水泥、各类混凝土、钢筋混凝土、各类金属材料、合金材料、玻璃、可降解的塑料等等。

节能材料是指该材料在生产过程中能耗较低的，或者当该材料使用在建筑上，可以使建筑的使用能耗处于较低消耗标准上，如各种高效能的保温隔热材料，具有光热、光电效应的材料。

可再生材料，也可称为"可循环利用的材料"。这种材料的最大特点是废弃后，将其收集、分选经再加工，可以再次生产出与原有材料相同的或其他的材料，所以，将这类材料称为"可再生材料"。可再生材料有：各类金属材料、玻璃、纸制品、某些可热熔性塑料等。也可以用这些废弃材料为原料，再生产其他用途的产品，如用废塑料生产柴油。

一切生物材料——自然界中由生命生长形成的生物个体的遗骸，都是经微生物分解后的可再生材料，但是，由于某些物种的生长成材周期较长，而且有些还稀有、珍贵，如木材，尤其是珍贵树种，所以还是要节约使用。这种可循环利用的材料，可以节省资源、能耗，减少废物排放，均有利于环保和建筑的可持续发展。

以上这类材料，都是从建筑环境保护、节能减排和可持续性发展的角度提出的，是目前建筑工程发展的重大问题，必须引起我们的重视。

7. 建筑五金

"建筑五金"这个名词和概念很早就出现了，现在已约定俗成。从建筑构造角度来讲，"建筑五金"件是不可缺少的成品配件，设计、施工时可直接选用。有时因为使用功能特殊或装饰性要求高等原因，需要另行设计、制作五金件。建筑五金件可分为整体式的、分离式的和活动式的三种类型（详见第8章五金件连接）。

建筑五金件起到连接、固定、锁紧、活动开启等作用，同时也是一个重要的装饰件。建筑五金件大部分都是露明件，在装修中往往起到画龙点睛的作用。

所以,在选用时要注意其形式和外观形象。常用的建筑五金件,除专门用于构造连接的之外,还有门窗拉手、锁器、闭门器、门碰头、碰珠、插销等等。建筑五金件多数为金属材料,也有全部或局部是非金属材料的,如塑料、木材或玻璃等。五金件有可能承受一定的拉力、剪力等,要根据受力状态及作用力的大小来选定五金件,如地弹簧、各式铰链,它所承受的门扇重量是有限定的,这点往往被忽略,特请注意。

6.2.5 按材料的制作工艺分

1. 可塑材料

可塑材料是从材料转化为构件的工艺过程提出的,它的特点是:在材料成形过程中表现出来的"可塑性"。它是用"铸造工艺"或"塑造工艺"将材料的体形成形,并制成构件,故此,这些材料被称作"可塑材料"。"可塑材料"是从构造使用材料的角度,也是从"建筑构造构成原理"的角度提出的一个新概念。

"可塑材料"可分为:金属材料和非金属材料两类。从加工工艺上可分为"热塑"材料和"冷塑"材料两类。

(1)热塑材料。热塑材料是将原始材料经加热使其成为塑性状态或液体状态,再经机械塑形或注模成形来完成造型,机械工程称其为"铸造"。此法适用于金属材料、可热融塑料材料、玻璃等。

(2)冷塑材料。冷塑材料是将由粉状散材和级配骨料混合后加水搅拌注入模板中或经手工塑造成形,整个工艺过程均可在常温下进行,故称冷塑材料。此法适用于非金属的硅酸盐类材料,如各类混凝土、钢筋混凝土和各类砂浆、灰膏。我们在此只讨论"冷塑"的可塑材料。

非金属的硅酸盐类"冷塑成形"的可塑材料有四个特征。

①都由"散材"按比例配成;

②都要加水或其他掺合剂搅拌制成原料;

③都要用模板成形或经"手塑"(手抹)成形;

④全工艺过程,均在常温下进行,不需加热。

它最后形成构配件的强度,取决于原材料的性质和加水的多少(水灰比)及养护条件、周期等。这类"可塑材料"有混凝土、砂浆、灰膏。

混凝土这种可塑材料是由数种散材构成的,散材中有:作为胶结料的水泥;作为粗骨料的各级配的碎石、砾石或卵石;作为细骨料的砂子,也可以加填其他掺合剂,这些散材按一定的比例拌和,再按水泥用量的比例加水(水灰比),搅拌成混凝土原浆。将搅拌后的混凝土原浆浇灌在模板中,待固化、养生后脱去模板后即可成形。它的成形,在于模板是否能够搭建成及脱模情况;只要模板可以搭成，混凝土可以注入，并尽可能地保障全脱模（即模板最后不残留在混凝土构件上），任何形状的造型均可以实现。所以，混凝土这种可塑材料在造型上很有优势。它与钢筋结合，形成钢筋混凝土。混凝土和钢筋混凝土又是建筑工程中的主要承重材料，故而它在建筑工程中用量是较大的。

混凝土有多种类型，如各类集料的轻、重型混凝土，各类不同标号的普通混凝土和高标号的高强混凝土，各种孔隙率的加气混凝土、泡沫混凝土、大孔混凝土，防水（抗渗漏的）混凝土，耐火耐热混凝土，耐酸、耐盐混凝土，预应力钢筋混凝土等等。

可塑材料中还有砂浆、灰膏等，它们都是由各种"散材"按比例配合后加水或其他掺合剂搅拌而成。但是，这类可塑材料不用或很少用模板成形，它是用手工抹灰工艺或喷刷工艺成形，故而称为"手塑"成形。

砂浆这种可塑材料在凝固后具有连接作用，在"砂浆连接"中充当"连接件"的材料，所以它也是一种连接材料。砂浆、灰膏也是建筑工程中使用的大量材料之一。

可塑材料的成型工艺，详见第 7 章"手工塑造工艺"。

2. 烧结材料

烧结材料是经焙烧制作的构配件。如烧结黏土砖、烧结黏土瓦、琉璃瓦、瓷砖、面砖、地面砖、马赛克、玻璃等。

烧结材料的物理、化学稳定性好，一般可以抵抗多种化学侵蚀。其中烧结砖抗压强度高，可以作承重材料，是砌筑墙体的理想材料。各类面砖、瓷砖、马赛克是室内外地面、墙面的常用贴面、饰面材料。玻璃是现代建筑中被广泛使用的一种围护和装修材料。

烧结材料是最早出现的人工制成的材料之一，是具有划时代意义的人造材料，至今建筑构造还在使用它。其中，烧结黏土砖要用大量的天然黏土，对地貌及农田破坏较大，且烧结时能耗也较大，材料自重较重等等不利情况，为此，烧结黏土砖将逐渐被其他材料替代。但各类瓷砖、面砖、马赛克、玻璃等，它们的原料主要是陶土或砂。由于这类烧结材料化学稳定性好，花色品种多样，表面装饰效果性好等优势，还将被大量使用在建筑构造中。

3. "仿真材料"

"仿真材料"是一种较为特殊的材料，它通常以成品材料或构件形式出现。它是用"甲"材料（一般为复合材料）仿制生产出"乙"材料的外表形式、质感和色彩。例如：有一种表面呈现出木纹形式的热固化塑料（玻璃钢）板材，它的材质不是木质的，而是热固化塑料，但却呈现出木材纹理的形象（在热固化过程中，板材表面贴有一层印有木纹形象的纸面），给人的感觉是木材的质感和色彩。此时的塑料板材就成了木材的"仿真材料"了。

"仿真材料"的类型很多,其加工工艺方式也各有不同。如用上述同样方法,将表面木纹纸换成印有天然石材花纹形象的纸,则成了仿石材的塑料板了。

还有一类"仿真材料","甲"材料为单一的一种材料,比如说是单一的塑料材料,用它来仿制陶质瓷砖或黏土瓦,此时的瓷砖或瓦实际上是一种新产品——塑料瓦,但它具有"仿真材料"的特征,也可以算作"仿真材料"的构件。独立的构件材料可以仿真,总体的构造表面也可以仿真。例如:用带有清水砖墙图案形象的贴墙布装饰室内墙壁,则使墙壁具有室外清水墙的效果。

"仿真材料"以仿制的越接近被仿产品的表面质感和色彩越好。"仿真材料"的表面花样形式要自然、多样,真的做到"以假乱真"才好。"仿真材料"多用于构造装修的饰面中,可归在装修材料中。目前"仿真材料"发展的较快,仿真质量、效果都很高,品种类型越来越多。

6.2.6 按材料的质量等级、经济价格和获取难易分

(1)按质量等级分为:高级、中级、低级三等;
(2)按经济价格分为:贵的(高价位的)、较贵的(中等价位的)、便宜的(低价位的)三等;
(3)按获取难易程度分为:难得的、较难得的、易得的三种。

根据建筑的重要性等级、功能完善程度及质量级别、建筑耐久年限等因素,分别在以上三个等级中选择适当的材料。

以上这种关于建筑材料、构配件的分类,只是在建筑构造中使用(选择)材料时才具意义,所以,它出现在"建筑构造构成原理"中。这个分类并不否定"建筑材料学"的分类。

6.3 建筑构造选材的依据

建筑构造的选材,主要是从构造的可行性和功能要求与材料基本属性之间的协调关系上来考虑,使材料基本属性满足可行性和功能要求,对材料进行综合分析比较、取舍、选择。在这个选择的过程中,要坚持以下原则。

1. 在建筑功能上

比较并选择材料的基本属性与构造功能要求最相适应的材料,尤其是局部的特殊功能要求,要充分予以保障。

2. 在材料与建筑物的质量上

比较并选择使二者相互适应的质量等级,不要形成材料与整体建筑或建筑构造,在质量等级、耐久年限上的差距过大。

3. 在材料之间的关系上

比较并选择材料之间的相互搭配的可能性,即构造上的"可行性",不要造成用材上的矛盾。

4. 在材料与加工工艺和施工技术上

比较并选择与材料相适应的加工工艺和施工方法,使材料的加工工艺和施工方法具有可能性。

5. 在创新上

尽量选择经实践证明是经济实用的新型材料和与其相配套的新结构、新工艺和新设备。

6. 在防灾、抗灾、环保方面

材料要满足防灾、抗灾要求。在主体结构或建筑的重要部位上,尽量不用或少用可燃性材料;不用或少用在高温下产生有毒气体的材料。比较并选择那些不对环境保护造成不利影响的材料,使材料不至于污染环境和不利于人身健康,或造成污染很容易治理、消除。

7. 在节能和可持续发展方面

比较并选择材料生产、使用过程中能耗指标低的材料,在建筑拆除后,废弃材料能够降解或可回收再利用的,即选用绿色、环保、节能和可再生利用的材料,使材料不至于影响建筑的可持续发展。

8. 在材料获取和建筑经济方面

比较并选择容易获得的材料,并尽量就地取材。比较材料的造价及经济成本,在不影响可行性和功能的前提下,尽量减少材料的资金投入。

6.4 建筑构造选材的作用

1. 奠定了建筑构造的物质基础

一切建筑构造都是由材料构成的,建筑材料是构成建筑构造的物质基础,没有建筑材料则无建筑构造,所以,建筑构造的选材是构造的首要问题。材料选定才能进行下面的技术工作,它起到了奠定建筑和建筑构造的物质基础的作用。

2. 保障了建筑构造的可行性和功能

材料从物质基础上保证了建筑和建筑构造,它的根本目的是要保障建筑构造的可行性和功能。

3. 保障了建筑的环境效应和可持续发展

建筑构造选取材料充分地利用低能耗、低污染或无污染的材料,其目的就是要创建一个适于人们居住、活动的良好环境。在节约资源、降低能耗、减少有害排放的前提下,考虑到材料的回收和再利用的问题、节能问题,使建筑能够在可持续发展的道路上永不停滞。

4. 保障了建筑的防灾、抗灾能力

材料的某些性能对构造的防灾、抗灾能力影响很大,尤其是建筑防火方面,建筑物的耐火等级主要是由材料决定的。在《建筑抗震设计规范》(GB 50011—2001)中对结构材料选用做出了相应的规定要求。所以,建筑构造的选材在某些方面对建筑和建筑构造的防灾、抗灾能力也是起到了保障作用的。

以上这些条件,它的最终效应是起到了直接保障建筑和建筑构造可行性和功能的作用。

第7章　建筑构造的造型

建筑构造构成原理从本章开始,包括第8、9两章,将讨论建筑构造构成的方式、方法、手段等,即技术构成的施工工艺等问题。本章讨论的是建筑构造的造型。

7.1　建筑构造造型的概念

世界上所有的建筑物都有自己特定的造型,这个造型的形式如何,则是人赋予建筑的,它受建筑创作者的总体构思控制。

从"物"和"形"的关系来讲,"有物则有形"——这里的"物"是物质的实体,反之,"有形必有物"——这里的"形"是空间三维的造型,"物"与"形"不能脱开。这种"不能脱节"的性质在哲学上是一对范畴——"内容与形式"。"内容与形式"永远是不能相互脱离的,所以,每一种构成构造的材料和构配件,相应的必须具有一定的造型形式。从这个意义上讲,建筑的构造造型是客观的,与生俱来的。

构造中物的形状如何,则是人赋予它的,这种人赋性质就是"人造性",就是"造型"。在这个造型的过程中,人必须从使用功能的目的出发,并且服从于材料性质和加工技术要求,符合这些条件,造型才能成立,是可行的,否则,造型不能形成,则不可行,见图7.1。图中用弯曲木三合板来完成造型,图7.1(a)是正确的(垂直表面木纹方向弯曲)、可行的;图7.1(b)是错误的(平行表面木纹方向弯曲)要断裂的、不可行的。所以,建筑构造造型是在保障使用功能的基础之上,人为地使材料或构配件的体形形式达到可行。这就是建筑构造造型的概念。在一些天然材料中,造型是天然形成的,此时人在其中的行为是:按着上述条件进行"挑选"、"选择"。

建筑构造造型的实施对象是针对材料和构配件的,是在构成建筑构造的最基本元素——材料和构配件上进行造型。这个构件是不可再分的,它不是由两个以上的构件经连接构成的造型。如"可塑材料"中的混凝土,是脱模后的整体造型,对于"手塑砂浆"来讲,是手抹后的成形形式。

建筑构造造型形式是广义的,在材料或构配件上,任何一个微小的体形变化,都是造型,例如:一处有目的的人工刻痕,一个小钻孔,都是属于造型的内容范畴。

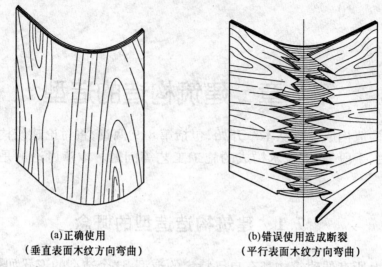

(a)正确使用　　　　　　　　(b)错误使用造成断裂
（垂直表面木纹方向弯曲）　　　（平行表面木纹方向弯曲）

图7.1　按材料性质造型

从"建筑构造构成原理"的角度来讲,建筑的"构造造型"是由总的建筑造型中分出的一种造型类型,它的形成方式方法、手段是靠技术操作完成的,它是"建筑构造构成原理"研究的内容,与它相对应的是建筑的"形象造型"。这两个概念是有区别的,但也存在着共同之处,在本章"7.3 建筑构造造型的分类"中去讨论。

7.2　建筑构造造型的构成要素

"建筑构造造型"的要素是指构成造型的必要条件和因素,它有以下几个方面。

1. 物质要素

正如上述论述的那样,"有物则有形",反之"有形必有物",其中的"物"是物质的实体,是第一性的。"形"是物的形,是物的外在形式,是物的派生。而"物"与"形"又是不可分割的。所以,物质是形成造型的基础,造型不能离开物质。物质是构成造型的要素之一。

2. 尺度要素

造型存在于空间中,在空间中占有一定的位置。这个空间位置范围是有限定的,是由造型的体量大小决定的。体量是个"几何量"的概念,在空间中用 x、y、z 三个相互垂直的方向系统——空间直角坐标系统来标定,即用长度、宽度、高度（厚度）三个尺寸和尺寸走向的方向——角度来标定。我们将造型的尺寸和角度合称为造型的"尺度"。造型的尺度标定了它的空间占位,这是"立体"的造型。具有两个（二维 x、y）方向尺度的造型是"平面"造型。从几何意义上讲,第三维(z)尺度均为零,则是"点"。几何意义的"点",在实体物上不具有造型的意义。一切的造型物,通常都具有三维尺度,没有不具有尺度的造型。三维尺度的存在是空间占位体量的客观反映,它与体形是同时存在的,没有尺度(尺度量等于零)则没有造型,所以,尺度也是造型存在的要素。

建筑及建筑构造造型,大多数是三维的"立体造型"。都是具有长、宽、高(厚)三个尺度。个别的也存在着二维的平面造型,如饰面材料或构件上的花纹图案等。

尺度要素最后体现在三个方面:

(1)各部分的尺寸是线型的,是有限的、可度量的,即尺寸绝对值有大小之分;

(2)相互之间尺寸度量存在着比例关系;

(3)尺寸的位置、分布、走向是有方向性的,即尺寸相互间存在着角度关系。

形成尺度要素的原因,与造型的形象要素及力的要素有直接关系。

3. 形象要素

一个造型最后综合、统一到体形形象上,形象是造型最终的外在形态。无论造型多么简单,都存在着体形形象。但"造型形象"是人为造出的,它控制在设计者手中,是人的观念和目的性的体现,造型形象的最终形成,表明造型的目的性最后形成了。所以,造型形象是不可以缺少的,也是不会缺少的,它也是造型的要素。

4. 力的要素

材料和构配件进入构造之后,就具有了固定的尺度和体形形象,而尺度和体形形象与材料和构配件所受作用力的状态有直接关系。这些作用力状态表现在自重(质量)的大小、承受外来荷载的多寡和材料及构配件的材质、刚度、体形形状等方面,还与材料及构配件受力的支承点——支座的数量、形式(铰接的、固接的、弹性的、简支的、悬臂嵌固的、连续多跨简支的等)有关。这种关系表现在尺度上是成正比关系,材料和构配件受力大的,则要求断面大些,受力小的,则要求断面小些。由此可见,材料及构配件的断面大小变化就反映在造型的尺度上了,所以力的作用也直接影响构造的造型,并且是一个重要的因素。

另外,材料及构配件的刚度与体形形式也有直接关系,它也影响着造型形式,这种影响关系在后面的 7.3 建筑构造造型的分类的"改性造型"中有论述。

5. 质感与色彩要素

建筑构造和建筑材料及构配件的造型,最终体现在形象上,而形象的综合

效应,集中表现在三个方面:
(1)体形形象;
(2)材料露明表面的质感(材料质感,全称是材料的质地感,它是材料的性质、特征给人的具有联想性的感受);
(3)材料的表面色彩。

材料、构配件的质感和色彩是与材料、构配件同时存在的,不可能将其排除掉,所以,它必然参与到形象中来,也是构成造型的要素之一。造型形象、材料和构配件的质感、色彩,它们的效应是综合的、相辅相成的、统一协调的。其中以协调为主("协调"简单地说,就是构成系统的各方面的因素互不排斥,可以相辅相成,可以共生、共存),即形象、质感、色彩三者间的协调。协调不仅表现在这三者中间,也表现在造型与造型之间、总体造型与局部造型之间、造型与环境之间的协调。造型的形象设计和彼此协调关系上处理好了,造型一般不会出大问题。

以上 5 点,是同时共存在造型之中的,舍弃哪一点都不行。物质要素是基础,尺度和作用力的要素是量化标定(此时对作用的抵抗力已转化为造型尺寸了),形象与质感、色彩要素是最终的形式体现,它们综合造就了造型的成立。

7.3 建筑构造造型的分类

全建筑物的造型,是指全建筑物的,包括各个实体和非实体部,以它的基本作用或形式来分,可分为两大类:一类是建筑的"形象造型",即建筑造型;另一类是建筑的"构造造型"。"建筑构造构成原理"要研究的主要是后一类,即"构造造型"。

7.3.1 按造型的形式性质分

1. 形象造型(建筑造型)

建筑物的"形象造型",是以建筑物为中心形成的实体物和空间形式、形象的总合。"形象造型"一般遵循形式美学和建筑艺术构图的规律,以展示建筑形象为目的。它所表现的主要内容是建筑物的使用性质和功能特征。从建筑个体来讲,它表现了建筑的"性格";从社会文化角度来讲,它反映了社会的时代精神、建筑的文化传统、建筑艺术风格、建筑的民族性和地方性;也反映了人们的审美观念。它给人的精神作用是强烈的,是建筑的精神作用不可缺少的成分,是形成建筑"环境意境"和建筑"气氛氛围"的主要要素之一,它受建筑创作者总体创作构思所控制,是建筑创作和建筑造型设计探讨、研究的主要内容。

在通常情况下,形象造型的要素和它们之间的关系也如同上述。但也会出现特殊情况,那就是建筑形象造型的"雕塑性表现形式和手法"。

雕塑,包括圆雕和浮雕,是一种纯造型艺术,它的表现特点就是,造型所用的材料——包括材料的色彩和质感,与造型所表现的原本物构成的材料不相一致,即绝大多数雕塑所用的材料都不是造型生成的原有材料。例如:人物肖像雕塑材料不是构成人体面貌的肌肉组织,服饰也不是纺织物;花草雕塑材料也不是花草本身组织,色彩更不是原本的颜色。这种形象与材料(质感)及色彩的巨大差别,是雕塑艺术性质所决定的,在雕塑艺术中是普遍存在,为人们所接受。在建筑形象中使用这种表现手法,我们称之为"雕塑性表现形式和手法"。为了部分地克服雕塑中这种形象的色彩、质感与原物不同的现象,人们创造了表面涂有类似原本材料的颜色的色彩雕塑,部分地解决了材料的色彩问题。例如,彩色的泥塑佛像、罗汉像等。后来人们又创造了用彩色石蜡做原料的蜡制雕塑,它不仅在色彩上接近原物,而且在质感上也接近原物(此时,石蜡是以一种仿真材料出现的),成为一种新的雕塑形式——蜡雕(彩色的蜡雕,在建筑构造的构件造型上基本不使用,但在形成环境意境或环境装修处理上可用蜡雕)。

实践证明,雕塑这种形式和表现手法产生了一种新的效应,那就是单一色彩、单一材料质感对人的审美启迪。因为人们知道这种仿形造型的雕塑,绝大多数是不可能用原来的材料制造的,所以,人们不仅接受了它,有时刻意地追求它,使它得到了很大的发展。建筑中经常出现一些表现植物、动物、人物形态的造型都是仿形造型,它们都不是用原物的材料(少数的,如用带皮的原木树干来仿制树木造型,用的是原来性质的材料),只能用建筑材料制作。例如:金属的(铸铁、不锈钢、黄铜等)、木质的、天然石质的、石膏的、混凝土的或玻璃钢等材料,它们的材料色彩和质感都是单一的,都没有表现出原物的性质。它突显的是造型形象,造型形象的魅力是创作中心。但是,在具体的处理上,还是要尽量使所用的材料充分地表现原本造型材料的特征。如丝织服饰的飘逸感、植物叶面枝芽的浑厚、柔韧等。

雕塑性表现形式和手法在建筑的形象造型中普遍存在,也是它的主要表现形式和手法之一。

2. 构造造型

建筑的"构造造型"完全是为了满足构造需要而进行的造型,它可以分为两类:一类是"定、限位造型";另一类是"改性造型"。

(1)定、限位造型

定、限位造型是使造型的形式在构造中对材料或构配件起到"定位"或"限位"作用。

建筑构造是个"结构形态",它要求处在系统中各元素之间没有相对运动和位移,即材料或构配件必须保持在固定的位置上。要达到这个目的,构造上要进行一系列处理,而定位和限位造型就是主要的构造处理措施。

所谓"定位",是把材料或构配件固定在某个位置上的措施,使材料或构配件不产生相对位移。它用在永久性的固定连接中。

所谓"限位"是构配件在不引起构造破坏的范围内,允许有小范围的相对位移、运动。此时,构造的局部成了"机构形态",它用在建筑构造的各类活动连接中。

材料或构配件的定位或限位发生在它们彼此之间,是两个(种)或两个(种)以上的材料或构配件相对位置关系的体现,如果失去了一方,则没有相对的意义了,定、限位造型就不能成立。

定(限)位造型主要技术措施,是形成构件彼此之间的阻挡、穿插、嵌固、包围、握裹、咬合等等。例如:木构件中的榫卯连接,如不形成榫头和卯孔形式的造型,榫连接则不能构成;螺纹连接中,没有螺纹的造型和彼此之间的咬合,则形成不了螺纹连接;螺栓连接中,如果没有螺栓头和独立的螺母的造型,螺栓则形成不了具有夹紧力的连接作用,螺栓孔的造型,对螺栓起到定位作用,保障了螺栓的连接作用,见图 7.2。所以,构造造型中的定、限位造型是构造造型的主体,它完全是为构造服务的。

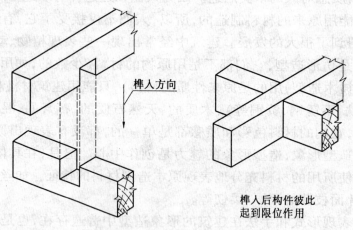

图 7.2 构件的定(限)位造型

(2)改性造型

改性造型是用造型的措施来改变材料和构配件的某些性质,从而提高材料和构配件的某些性能。这种改变或提高主要集中在:按材料或构配件的受力状态分布材料进行造型;改变并提高材料和构配件的整体刚度、抵抗变形能力,从材料的力学状态来讲,是改变构件局部的形心位置,即改变受力断面的转动惯量,借以提高构件的抗变形能力;控制变化范围及裂缝位置等等。

在钢筋混凝土结构中,按受力情况分布混凝土和钢筋,使支座处断面加大、加高,形成变断面的梁、柱支座造型,提高支座处的抗弯能力,见图7.3。

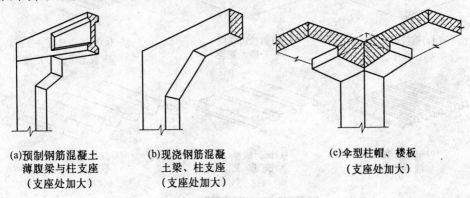

(a)预制钢筋混凝土　　(b)现浇钢筋混凝　　(c)伞型柱帽、楼板
　薄腹梁与柱支座　　　土梁、柱支座　　　　（支座处加大）
　（支座处加大）　　　（支座处加大）

图7.3　按材料分布处理造型

处在混凝土内配筋,要按结构内力分布状态进行钢筋的弯折造型,使钢筋最大限度地、更有效地抵抗外荷载;为了提高钢筋与混凝土之间的握裹能力,在钢筋表面轧成有凸凹纹理状造型(即螺纹钢筋);在钢筋端头做出直角或对折的弯钩造型,见图7.4。

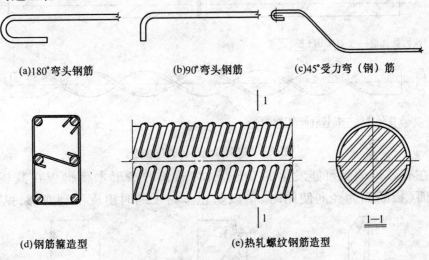

(a)180°弯头钢筋　　　(b)90°弯头钢筋　　　(c)45°受力弯（钢）筋

(d)钢筋箍造型　　　　(e)热轧螺纹钢筋造型

图7.4　钢筋冷弯及热轧造型

为了提高刚度,在通长铁皮的边缘上做一窄条的180°的对折造型,形成两层厚度;在薄钢板或铁皮上压出几条平行的"∩"或"⊓"形弯折,或将其整块做成波浪状或折线形造型,借以提高整块板材的刚度,见图7.5。

将带形钢板,在垂直纵向扭转成螺旋形（麻花劲）的造型,借以提高带形钢板的刚度,见图7.6。实际上各类金属、非金属型材、管材的断面造型都具有改变或提高刚度意义。

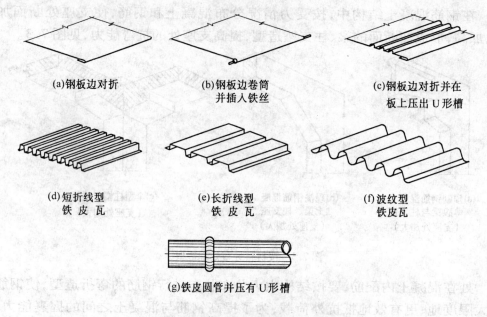

图 7.5 薄金属板的折叠改性造型

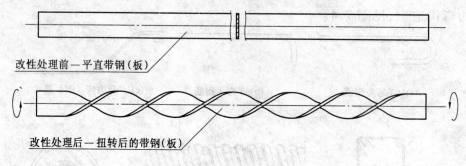

图 7.6 扁钢带经扭转的改性造型

在有效地消除可能发生的变形上,将通长的条形木踢脚板在其板背面做成凹面(板断面为径向使用时)借以防止木材干缩时出现不利变形,见图 7.7。

图 7.7 木构件防变形的改性造型处理

在较大面积的砂浆抹面层上,每隔一定距离纵横做一条凹缝(缝宽 10~20 mm,缝深为抹灰层的一半),即削弱该处断面材料的厚度,使砂浆干缩时产生的裂缝较为容易地出现在预留的凹缝中,不至于影响整个抹面的完好和美观,见图 7.8。

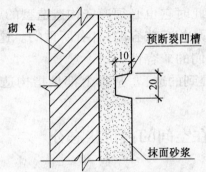

图 7.8 抹面砂浆的改性造型

变形缝中的铁皮或卷材构件的造型,是为了保障发生位移时不至于造成铁皮或卷材破坏,实际上是为位移储备了一定的材料,见图 7.9。

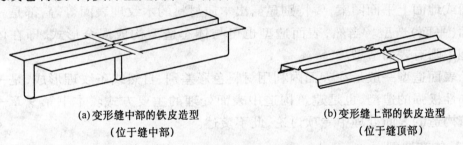

(a)变形缝中部的铁皮造型　　　　　(b)变形缝上部的铁皮造型
　　　(位于缝中部)　　　　　　　　　　　(位于缝顶部)

图 7.9 变形缝处的铁皮造型

为了防止在明火引燃下的燃烧,将木构件的棱角做成圆角,借以延缓引燃(烧)时间,见图 7.10。

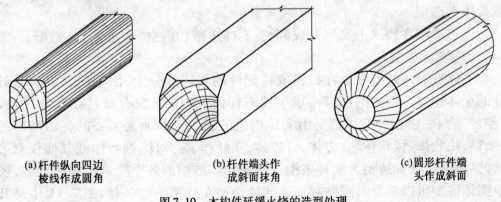

(a)杆件纵向四边　　　(b)杆件端头作　　　(c)圆形杆端
　棱线作成圆角　　　　成斜面抹角　　　　　头作成斜面

图 7.10 木构件延缓火烧的造型处理

如此等等(可能还要比这些多)的造型处理都属于改性造型。

"形象造型"与"构造造型"的"定、限位造型"和"改性造型"又不是决然分开的。在"构造造型"中,尤其是人能看见的定、限位造型和改性造型,它也有个形象的问题,此时的造型要适当兼顾形象造型的规律。同样的,在形象造型中也有构造的问题,此时它也必须遵守构造造型的原则。由此可见,这两类造型不是决然分离的,是相互兼容的,各有所重的。这一点在构造设计中十分重要,一定要把握住它们的兼容性。

此后在构造中所提到的造型,基本上都是指构造造型,即定、限位造型和改性造型。

7.3.2 按造型在空间的占位状态分

1. 表面造型

表面造型是在空间中只具有二维尺度的造型,通常将其称为"表面造型"。它实际上是一种平面表面造型的面,可以是平面的,也可以是曲面或二者兼有之。表面造型必须附着在某一材料或构配件的建筑实体上,例如,处在墙面或地面上平面图案,要特别显露出木质材料的木纹理表面等等,都是一种表面(平面)造型。当然,表面造型也可与体态造型构成混合形式,即在体态造型中附有表面造型。

表面造型一般是在表面内利用材料色彩差别、自然线条纹理形成,是一种装饰性极强的造型,也是建筑构造中表面处理的主要方式。本书第9章——建筑构造的表面处理中专项讨论,此不赘述。

2. 体态造型

体态造型是在空间中具有三维尺度的造型,实际上就是形象造型和构造造型二者的统称,即通常所谓的"立体造型"。形象造型是侧重表现体态形象的造型;构造造型是侧重解决构造问题的造型。构造造型中材料和构配件多数是体态造型。

体态造型在构成上又可分成两类:实体造型和虚空(实虚兼容)造型。

(1)实体造型

实体造型是造型发生在材料或构配件的实体部分上,由物质材料实体部分的全体构成。在它的造型构成中没有任何"空位"(没有材料存在之处)或"空腔"存在,造型的全体都是由实体构成的。如全断面为实心的各形断面的柱、梁、块状体、板状体、立方体、方锥体、圆柱体、圆球体、圆台体或其他任意形状的体形等,这种造型为实体造型。构成实体造型的各个要素都同时存在,所以实体造型可以独立形成并存在。实体造型在造型中占多数,图7.11中是几种纯实体造型的构件。

第 7 章　建筑构造的造型

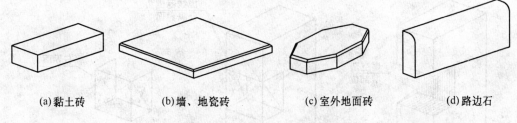

(a)黏土砖　　(b)墙、地瓷砖　　(c)室外地面砖　　(d)路边石

图 7.11　几种纯实体的造型构件

(2)虚实兼容造型(或称虚空造型)

虚空造型是在造型实体的某个位置上,去掉一部分材料,即出现了空位,形成一个空出的空间形状,我们称这个空出的空间形式为"虚空造型"(或"虚实兼容型")。例如:在构件上开一个洞、钻一个孔,这个洞或孔的形状和尺度都要控制,这个洞和孔的造型形式就是"虚空造型"。

虚空造型的形成实际上也是对材料的处理过程,这种处理有两种方式:一种是把形成虚空造型那部分材料去掉或不给予,如对金属、木材、砖石、混凝土等材料可以用削掉、钻掉、凿掉、锯掉等方法去掉材料。另一种是将原始材料经冷热机械加工,使其改变原始形状,在造型上形成空出的部位,如金属、塑料、玻璃等材料加工成管状、环状、空心球体,或用弯折、模板限定混凝土占位,形成空位处等。

虚空造型的最大特点是:它必须与实体材料同时存在,也就是它必须依附在实体造型上,这是因为,如果它的周围没有材料形成包围,其结果会出现两种情况:

①因为没有实体材料的包围也就不存在物质材料了;

②因为没有实体材料的包围,空出部分尺度就没有了界限,是无限的,实际上也就是没有了尺度。

以上这两种情况使造型构成的主要要素(物质材料和尺度)都失去了,则形成不了造型。所以,虚空造型作为相对于实体造型的一个概念它是存在的,但它又不能没有实体材料而独立存在,这是虚空造型的特点。虚空造型这种依附性,最后形成了实体与虚空相互兼容的混合式造型形式,故而称其为虚实兼容造型。

虚空造型的周围至少有两个或两个以上的面或一个曲面是由实体材料围合起来的,其余部分是开口的,开口部分与外部空间相通。但是,这个"开口的、空出的空间"是有限的,它与外部空间分割的界面往往没有明显的标记,但又是非常明确的,可以说存在一个明确的虚拟的分割界面,如图 7.12 所示。周围全由实体材料围合的"虚空造型",实际上是在构件中形成了空腔。空腔有可能在构造出现,如在现场捣制的钢筋混凝土空心板,混凝土板中埋设薄铁皮空心管或空心塑料模盒做成的承模,形成整浇的钢筋混凝土板空心板,见图 7.13。

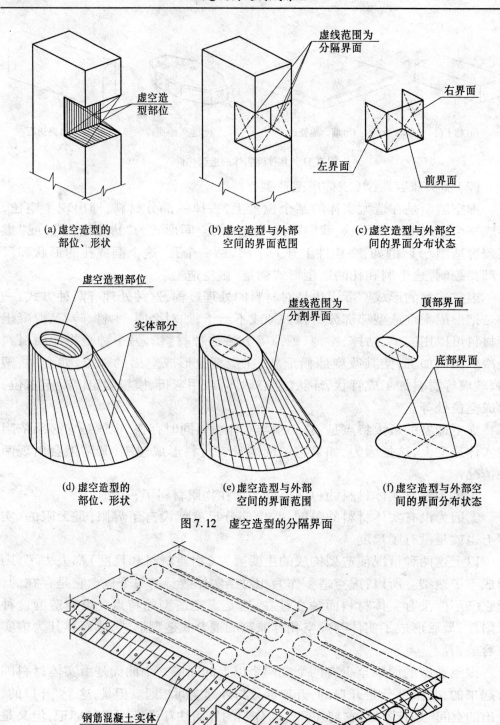

图 7.12 虚空造型的分隔界面

图 7.13 整浇钢筋混凝土空心板的空腔

第7章 建筑构造的造型

具有虚实兼容造型的体形有多种多样,并广泛地存在于建筑构造中,见图 7.14。

经归纳分类后形成虚实兼容造型形式,见表 7.1 虚空造型形式一览表。

实体造型与虚实兼容造型往往出现在两个构件上,而它们又是相互配套的,构成一组定(限)位造型。例如:木构件中的榫卯连接,其中榫头造型与卯孔造型就是两类造型形式的配合;螺栓与螺母的造型也是两类造型形式的配合。

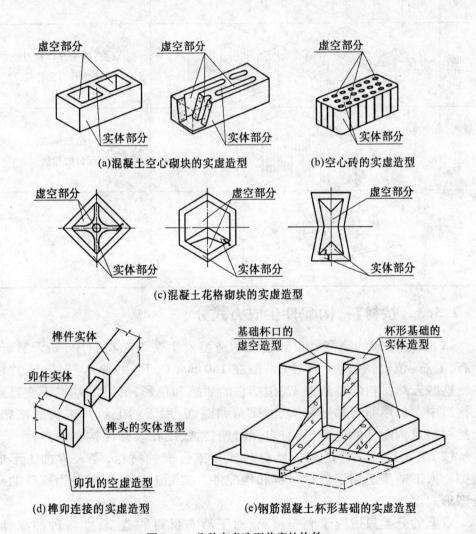

图 7.14 几种实虚造型兼容的构件

表7.1 虚空造型形式一览表

分项	简图	说明
单面开口		坑、槽、凹陷、封闭沟槽
双面开口		孔、洞、单头（一头开口）沟槽开口面相对或相接
三面开口		双头（两头开口）沟槽 半缺角开口面相接
四面开口		全缺角 开口面相接
空腔（无开口）		无开口的空腔

7.3.3 按材料、构配件生成方式分

（1）自然生成的造型。自然生成的造型发生在天然材料中，如天然砾石、卵石、毛石、植物秸秆、小直径（一般在150 mm以下）的原木杆件、毛竹杆件等。这些天然材料的自然造型，包括它的质感和色彩，都可以基本不变直接用在构造中。如用卵石粘贴勒脚、铺砌甬路路面，用天然毛竹杆来构造格栅等。天然材料或构配件的造型，具有自然情趣，常被用在装修性构造中。

（2）人工造型。它是用天然材料或人工合成的材料，经人为加工形成的造型。人工造型适用于各种材料和构配件。实际上它是使用最为广泛的一种造型形式。

以上的分类只适应于固态材料，对于液态材料的造型，如各种油漆、墙面涂料、液态胶等，在构造构成之后，液态材料中的液态溶剂、油脂、水分等或挥发或固化，最后剩下来的还是固态物。但此时的固态物只是一个薄膜（油漆、涂料层），并且附着在下部材料或构配件的表面，因为薄膜的厚度尺寸极小

(一般在小于 1 mm 以下),不认为它构成了三维尺度,因此,最后形成的油漆、涂料薄膜被认为是固态的造型,液态形态在此不存在。

当液态的"水"作为建筑材料参与构造时,常用的是在屋面上作为隔热材料使用。此时"水"必须在其周围用不透水的材料或构配件围合起来,以防止它流动、渗出。围合面形状和尺寸与水的深度,构成了隔热水层的三维尺度造型。所以,液态水的造型必须有围合材料或构件的参与,这是液态材料造型的特点。

气态材料的造型,也必须有围合材料或构配件的参与。但围合所形成的空间,必须是封闭的,不能与其外部空间相通,从而保持气态材料的纯正和独立,这是气态材料的造型特点。

7.4 建筑构造造型的作用和对其控制

1. 建筑构造造型的作用

(1)保证建筑构造的可行性和功能

由建筑"构造造型"直接保证的是建筑构造的可行性,没有这种造型,构造就建造不起来,当然它最终也要保证建筑的构造和功能。这个建筑功能,也包括建筑的精神作用,这是建筑构造造型所起到的最根本的作用。

(2)提高材料和构配件的某些性能

通过"改性造型"来提高或改变材料和构配件的某些性能,如刚度、抗变形能力等,使其更好地满足构造需要,最终也将保证构造的可行性和功能。

(3)合理地利用材料

材料在构造或构配件中分布,直接关系到材料利用的效率和经济性。通过造型来调节材料的分布,充分利用材料的性能,做到在满足使用要求的前提下,合理地减少材料用量,使材料用的经济。例如:将圆断面的实心柱构件做成空心的形式;将方形或矩形断面的柱做成"工"字形的断面;在钢筋混凝土薄腹梁的腹板上开洞;在钢筋混凝土"工"字形断面柱的腹板上开洞等,都是利用造型手段达到节约用材、合理用材,造型为合理利用材料提供了可能,见图 7.15。

(4)增强了建筑的装修(饰)美感和艺术效果

建筑构造中"形象造型"和"构造造型",最终都要体现在建筑的外观形式上。外观形式的美,总是人们所追求的目的之一。所以,建筑中一切造型形式,都成为表现建筑美和建筑装修(饰)艺术效果的主要手段,对增强建筑装修(饰)性、环境意境、氛围的美感和艺术效果都起到了积极作用。

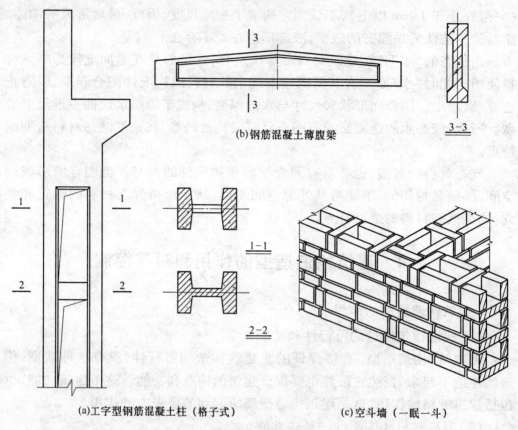

图7.15 造型的合理用材

(5) 某些造型处理,对提高建筑构造的使用功能和抗灾能力有利

某些建筑构造的造型处理,例如:对木质构配件棱角做成圆弧形,有利于延缓在明火烧着状态下的起火时间;方形柱的直角棱边做成圆弧形,有利于防止对人的伤害,这些都是造型处理的结果。所以,某些造型处理,对提高建筑构造的使用功能和抗灾能是有利的。

在以上5点中第(3)、(4)、(5)不是由构造决定的造型,它是由用材的经济性、装饰(修)效果和抗(防)灾能力决定的。

2. 对建筑造型的控制

总的来讲,对建筑造型(包括形象造型和构造造型)的选择,取决于选择的材料和设计的造型形式,选择材料又取决于构造的可行性和功能要求等。在满足具有可行性和功能要求的基础之上,造型形式由设计人做出构造设计来控制,由建筑施工图设计中的详图设计作为载体来表现。而每个具体的造型设计,主要是靠尺度来控制,即对尺寸量度及其方(走)向——角度的选择和控制。建筑施工图设计中的尺寸标注,一部分是坐标性尺寸,另一部分则是各个细部尺寸,其中控制构造造型的尺寸是一大部分。

7.5 建筑构造造型的相互关系

建筑构造造型之间的关系,是指造型的体形、相互之间的连接和造型与加工工艺之间的关系,它表现在以下三个方面。

1. 体形关系

体形关系是发生在两个造型之间的,它的前提是必须同时存在着两个造型,而两个造型的体形类型又是同类型的,如圆柱状与圆柱状、正方体与正方体等,这样它们之间才能建立起关系,而关系的主要方面就是"相互比较"体形形式。

在以上前提的条件下,体形之间的关系有三种情况:

(1)重合性全等造型。构成造型的各个相对应的尺度要素——尺寸及其角度是完全相等的,两个造型则既是全等的,又可以完全重合,我们称它为"重合性全等造型"。如果将这个造型放在空间直角坐标系统中的某一个挂限中,它们是位于同一挂限中。例如:同形式、同规格尺寸的黏土砖、混凝土砌块;同形式、同尺寸、同荷载等级的钢筋混凝土空心板;同尺寸、同厚度的平板玻璃;同形式、同规格的门窗等等。在构造中"重合性全等"造型的构配件可以相互代换,见图7.16。重合性全等造型在计算机绘图时为复制图形。

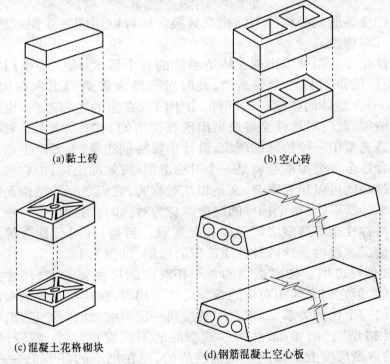

(a)黏土砖　　(b)空心砖

(c)混凝土花格砌块　　(d)钢筋混凝土空心板

图7.16 重合性全等造型

(2)对称性全等造型。构成造型的各个相对应的尺度要素——尺寸量度及其角度是完全相等的,但线型尺寸的方向上有一向是相反的,它们的折算体积也是相等的。从这个意义上讲,二者的关系可以说是"全等"的。如果将这个造型放在空间直角坐标系统中的某一个挂限中,它们是位于彼此相邻的两个挂限中,它们之间的关系是对称性的。它们之间无论是"平移"或者"翻转"都不能彼此重合,我们称它为"对称性全等造型"。例如:平开木门中的门框左右边框杆件就是"对称性全等造型";抽心铰链用在门窗左右两侧开扇上时,这两组铰链也是"对称性全等造型",见图7.17(人体中的双手、双脚、左右双耳都是"对称性全等"的)。对称性全等造型在计算机绘图时为镜像图形。

用于门框左侧　用于门框右侧　　左边框　右边框　　　左门右窗　　　　左窗右门
(a)抽心合页　　　　(b)门左右框　　　　　　(c)门联窗

图7.17 对称性全等造型

对称性全等造型的构件不能相互替换。但可以用同一张图纸施工,此时必须说明其对称性。

对称性全等造型可以出现在构造系统的各个层次中,如一个门窗的左右边框、边梃可能是对称性全等造型,此时对称性全等造型出现在构造的"元素"级上。一个整体门联窗型的配件,由于门设在窗的左右不同,也形成了对称性全等造型,此时对称性全等造型出现在构造的"构件"级上。对称性全等造型是构造造型中一种特殊的现象,设计中要特别注意,不要产生错误。

当重合性全等造型本身就是一个对称造型时,如黏土砖,由它形成的多个造型之间都是既可以相互重合,又是相互对称的,它们之间的造型是既全等又对称的关系。所以,当每个构件的造型本身为对称时,两种造型——重合性全等造型与对称性全等造型之间可以相互兼顾。但是,在对称性全等造型之间没有这种情况。这也是这两种性质造型的区别,见图7.18。

(3)相似性造型。构成造型的各个相对应的尺度要素中,尺寸方向的角度是相同的,但它们之间相对应的线型尺寸不相等,在这些不等的对应尺寸之间存在着同一个比例关系,二者之间是按同一比例缩放的两个造型,我们称它为"相似性造型"。例如:某些构件或产品的不同规格尺寸、型号,是在主要的、基本的造型尺度上是以同一比例缩放的,但在细小的环节上——如螺距、刻痕等则是同一尺寸,所以不能将不同规格尺寸、型号的构件或产品的造型都当作相似造型。相似性造型在计算机绘图时为缩放图形。

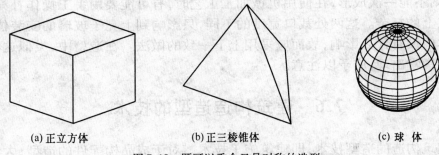

(a) 正立方体　　　　(b) 正三棱锥体　　　　(c) 球　体

图 7.18　既可以重合又是对称的造型

2. 连接关系

构造造型的形式主要取决于构造连接的需要,因此在造型上也体现着构造的连接关系。构造造型在连接关系上主要表现为:实体造型与虚空造型相互配合和相关尺寸的协调上。只有虚实造型关系与尺寸配合的恰当、合理,才能使具有连接关系的造型彼此连接起来。

3. 造型工艺关系

造型工艺关系体现在一个构件上不同的造型之间,它们之间不能相互影响、矛盾。在满足可行性和功能的基础之上,要尽量使造型工艺简单,最好是一次性成形。例如,木门中左右门框上下裁口的造型,见图 7.19。上裁口为固定式上亮子的玻璃裁口,下裁口为门扇裁口,如果上下裁口宽度一致,在同

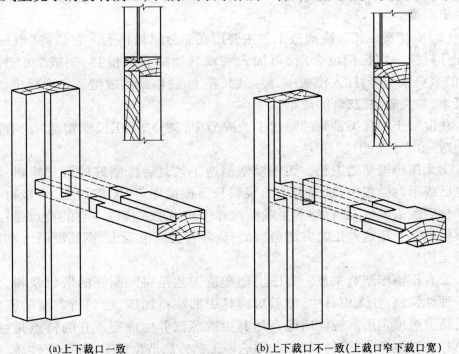

(a) 上下裁口一致　　　　　　　(b) 上下裁口不一致(上裁口窄下裁口宽)

图 7.19　造型与加工工艺相结合列举

一直线上,则加工容易,可一次成形;如上下裁口宽度不一致,上裁口窄,下裁口宽,则不能一次成形,在使用机械加工工艺时,有可能要用手工操作补充,造成工艺上的复杂。这两处裁口宽度的不同,只影响到上亮子玻璃的安装位置,对整体门没有什么影响,故而应采用上下一致的做法。在造型中,类似这种情况可能常常出现,应予以注意。

7.6 建筑构造造型的技术

建筑构造的造型技术,即建筑施工技术。对于成品构配件的造型,大多数它是在建材生产企业进行的,而另一部分材料和构配件的造型,是在施工现场展开的。"建筑构造构成原理"中所讨论的,是集中在施工现场的造型技术。由于材料或构配件的不同,造型技术也不同。它可分为以下5种。

1. 铸、塑成型

铸、塑成型工艺就是前面第5章中提到的"热塑成形"和"冷塑成形"两类。主要适用于各类"可塑材料",它又可分为:

(1) 热铸造工艺。热铸造工艺主要用在金属材料也可用在可铸性塑料和玻璃上。它是将原料加热熔化后,注入模具中,待冷却后脱掉模具成型。用这种工艺成型的材料有:铸铁、铸钢、铸铜、铸铝等金属材料,还有可热铸塑料、玻璃等。"铸造工艺"的原材料,在铸造前后没有质的变化。它们凝固成型完全取决于温度。

(2) 冷塑造工艺。冷塑造工艺主要用在非金属材料上。它是将"散材"和级配骨料按一定比例混合后,再加入水或其他掺合料搅拌,制成"可塑性材料"的浆料或灰膏,注入模板中,经凝固、养生、脱模最后成型。如混凝土、钢筋混凝土、各类砂浆、灰膏的成型。

在混凝土和各类砂浆的塑造工艺成型中,又分"无压模塑塑造"、"有压模塑塑造"和"手工塑造"三类。

①无压模塑塑造工艺。无压模塑塑造工艺是将配制好的散材浆料,注入事先已成形的模板中,对模板中的浆料只需振捣即可,无需加压,待浆料初凝固硬化后脱去模板,经自然养生或蒸汽养生成为正式构件。它的特点是:必须用模板成型。用这种工艺方法造型的有:各种普通混凝土、钢筋混凝土和特型混凝土构件。

②有压模塑塑造工艺。有压模塑塑造工艺是将配制好的散材浆料,一般用干硬性浆料,注入模具中,然后对模具中的浆料加压,达到所需要的密实度之后马上脱模定形。脱模后经自然养生或蒸汽养生成型。它的特点是:必须有模具并对模具中的浆料加压。用这种工艺方法造型的有:各类灰砂砖、空心砌块、小型混凝土花饰构件等。

③手工塑造工艺。手工塑造工艺是将配制好的散材浆料的砂浆、灰膏,经手工塑造——手工抹制定型。它的特点是不用模板,抹制时只控制厚度和表面形式即可,但必须使砂浆、灰膏附着在具有支承能力的基面上。用这类方法造型的有:各类抹面、线角、花饰、垫layers、坐浆等的砂浆、灰膏等。

这三类塑造造型工艺,它们的原料都是由散材经配比组合加水搅拌制成的,在它们没有凝固硬化之前,仍然是散材。所以,用混凝土、各类砂浆、灰浆、灰膏这些材料作塑造工艺造型时,离不开散材和"水",为此,在施工上称其为湿作业施工。而建筑工程中的散材,也主要是用在这些构件的造型上。

铸、塑成型工艺的造型具有多样化的优点,如混凝土或钢筋混凝土,只要模板可以成型,混凝土造型就没有问题。混凝土与钢筋配合使用,具有很好的承重能力,可以形成梁、板、柱的平面结构体系,也可形成薄壳式空间结构体系。用各种模具成型的砖、砌块、小型混凝土类构件(如:"GRC"构件)已经形成批量生产了。手工塑造的各类砂浆和灰膏,造型更为灵活,甚至可以塑成浮雕形式,是目前抹面、线角及花饰的主要造型方式。金属、塑料、玻璃可以按模具铸出任意形式的造型。大型铸铁、铸钢构件也可承重。小型的金属或塑料铸件是建筑五金件主要构件。由此可见,铸、塑成型工艺是建筑构造中主要的成型方法之一。

2. 烧结成型

烧结成型是一种古老的成型工艺。人类历史上第一次,真正制成的人工材料就是用的烧结成型工艺。烧结成型是用可烧结的散材,主要是天然黏土、陶土、白瓷土为主料,制成定形毛坯,稍微干燥经焙烧成型。这类造型的构件有:烧结砖、瓦、琉璃瓦、各种瓷砖、面砖、马赛克等。烧结成型的构件,成型较为规矩,材料的稳定性也较好。烧结砖具有承重能力,是砌体的理想材料。但烧结砖大量使用天然黏土,对耕地和土地资源破坏较大,且烧结时能耗较大,故而烧结砖将被淘汰。但其他烧结成型的材料,还大有用武之地。

3. 机械加工成型

机械加工成型是利用各种机械加工工艺,对材料和构配件进行造型处理。它加工处理的材料,全都是固态的构配件。它的全部工艺集中在对材料或构配件的分割、切削、刨光、研磨、钻孔、开洞、折弯等方面。机械加工成型只改变构件的外形,对构成构件的材质不予改变。

机械加工成型的具体工艺类型又可分为:

(1)手工加工成型。手工加工成型是用手工操作简单的工具(手动工具或电动、气动工具),完成造型处理。如对构件进行锯断、劈开(断)、切割、切削、刨光、冷弯、钻孔、开洞、开槽、打毛、磨光、折弯等加工处理。手工加工,尤其在不使用有动力的工具时,工作效率较低,加工精度难以保障,人体劳动强度较大。目前,建筑工程的纯手工加工的造型已越来越少,纯手工操作基本上被电动或气动工具取代了,使手工加工成型的质量和精度大大提高,也减轻了工人的劳动强度。

(2)机械加工成型。机械加工成型是利用专用机械设备对材料或构件进行成型加工,这些机械是各类机床、机电设备等。它们完成的工艺项目与手工工艺的内容基本相同,也是对材料进行锯断、劈开(断)、切割、切削、刨光、冷热压(锻)延、钻孔、开洞、开槽、打毛、磨光、折弯等加工处理。它是对建筑构造中所用的固态材料和构配件的主要造型方法。目前,这类加工机械大部分都集中在施工部门附设的加工厂中,施工现场只有少数常用的且工作量大的机械,如钢筋切断机、弯折机、调直和冷拉机等。

机械加工成型中,有一种需要在高温状态下进行的,如金属或塑料件需要在高温下弯折或锻造成型。这些在高温下进行加工的,称为热加工,在环境常温下(不需要在高温下)加工的称为冷加工。另外,机械加工一般不用水参与,所以,在施工上统称为干作业。

适应机械加工成型的材料和构配件种类很多,有木材、石材、金属材料、合金材料、塑料、玻璃、玻璃钢等。对其他材料,如混凝土、砖或砌块及砌体、陶质瓷砖、面砖等的裁割、开口、打洞、钻孔、研磨等造型处理,也可用以上的机械处理方法。

其中,混凝土的造型是靠模板形成,包括构件中的虚空性造型。对于尺寸较小的虚空形体,也可以用机械进行。如钻孔、切割、裁(割)缝、磨角等。所用工具设备均为手提式电动工具,如混凝土开洞(钻孔)机、冲击钻、手提式砂轮切割(研磨)机、电动无齿锯等。

砖或砌块砌体的成形主要靠砌筑。砌体中的每一块砖或砌块的形状,多数是利用成品块体的造型,对于小于成品块体的造型,一般在施工现场由砌筑操作工人处理。对于红砖则用"斩砖"(用专用工具将整块砖分割成所需要的尺寸形状)的方法处理。对于砌块,则是用主砌块系列之外的辅助砌块造型来处理。当砖或砌块形成砌体之后,对它的造型处理主要是形成虚空性造型,一般常见的是在砌体上开洞、钻孔。所用工具与混凝土开洞、钻孔工具相同。

对于主要用于贴面、地面的陶质瓷砖、面砖,在大面积使用时,是利用它已有构件的造型。当形成整体构造之后,再进行造型处理,主要是形成"虚空性造型",其方法和使用的工具也基本与混凝土相同。单块的瓷、面砖除了平板式造型之外,还有"L"形的阳角造型、条形的圆角(阴角、阳角,包括立方体的阴阳顶角)造型,它们都是在生产厂家形成的。对单块的瓷、面砖进行造型,主要是切割、开洞、钻孔和磨边,所用工具也与混凝土基本相同。

对于玻璃的造型,除了利用平板玻璃之外,其他形状(弧形、球面形、双曲面形等)全由生产厂家制作。玻璃裁割,只能在平面的长、宽方向上进行。裁割时使用专用的裁刀——"玻璃刀"。施工现场只能对厚度小于 10 mm 的普通平板玻璃进行裁割。通常对玻璃只能做直线裁割,即一次只能形成一条直线的裁割界面,直线界面必须与玻璃板面的边界相交,形成一条贯通被裁玻璃表面的裁割线。直线裁割在保留的玻璃面上不能形成阴角(即裁割线不能成折线形状),见图 7.20。简单的曲线(弧线、圆周线)裁割,要将玻璃刀靠在模板上拉动进行裁割。圆周线的裁割,利用专用的金刚石圆规(圆镜)刀进行裁割(裁割直径 35～1 200 mm)。钢化玻璃不能在现场裁割,它的平面形状只能在生产厂形成。

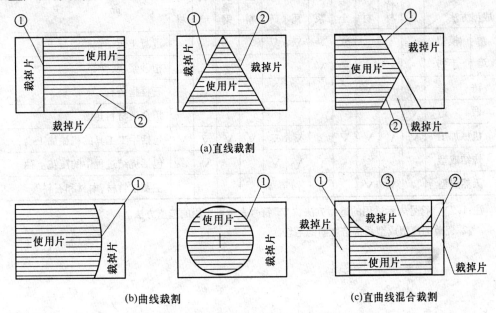

图 7.20　平板玻璃的裁割线

玻璃可以在现场开圆孔、钻孔和磨边。所用工具基本与瓷、面砖工具相同,但要比瓷、面砖所用工具的精细度要高。

4. 液态、气态材料的造型处理

液态、气态材料的造型,在本章 7.3 节中按材料构配件生成方式分为:(1)自然生成的造型;(2)人工造型。此不赘述。

5. 利用自然造型

这种造型不是人工做成的,而是自然形成的,它绝大多数出现在天然材料中。

天然材料,在它转化成建筑材料时仍然保持着原有的造型形式,这就是利用自然造型。自然造型多数是具象性的形象造型,很少有单纯的构造造型。但个别情况也有,例如:用自然分岔的"Y"字形树干作柱,利用分岔处的定限位作用,架起一个木梁,形成简单的梁柱结构形式。此时的"Y"字形分岔树干的造型,就是构造中的纯自然造型。

无论属于哪种形式的自然造型,一旦被建筑构造利用了,就要尽量保持它的原始形式,少做人工雕琢、修饰,使其自然形态连同材料色彩、质感全都显露出来,构成具有自然情趣的建筑造型形式和环境气氛。

综合上述各种造型方法,可以归纳为固体材料常用造型方法一览表,见表7.2。

表 7.2 固体材料常用造型方法一览表

成型方法	材料	金属	木竹材	石材	混凝土	砂浆	砖瓦	瓷砖	塑料	玻璃钢	玻璃	卷材	备 注
塑造	模塑				√		▽	▽					混凝土包括钢筋混凝土
	手塑					√							指砂浆、灰膏等
铸造		√		√					√		√		石材指铸石
锻造		√											指金属材料热锻
机械加工		√	√	▽			√	√	√	▽		√	包括手工工具的机械加工
烧结成型							√	√					包括烧结过程中的压花上釉
天然成型			√	√									主要指竹材、木材和石料等

注:1. "√"符号表示适用的造型方法,"▽"符号表示可以用的造型方法。
  2. 瓷砖的模塑成型系指焙烧前的毛坯。

第8章 建筑构造的连接及分隔

本章讨论建筑构造的连接及分隔,它是"建筑构造构成原理"的核心内容。

8.1 建筑构造连接的概念

建筑构造连接,是在建筑构造各个组成"元素"之间建立相互的关系。靠着这种关系,建筑构造才能建成,具有可行性和发挥功能作用,这种相互关系就是"建筑构造连接"。具体地讲,建筑构造连接是将构成建筑构造的最基本元素——材料和构配件组成一个构造的整体,这个整体必须是牢固的、稳定的、安全和可靠的,达到结构形态的构成形式。没有构造连接的具体手段,材料和各构配件之间是一盘散沙,相互没有任何联系,则不能形成构造,也就不能形成建筑构造整体的系统性。所以,建筑构造最终要靠"连接"形成。

8.2 构造连接的分类

建筑构造的连接形式是多种多样的,从建筑构造技术构成的角度来讲,建筑构造连接可以有以下分类。

1. 按构造连接的时效性分

此种分类是以建筑物的正常使用年限为标定范围,它分为:

(1)永久性连接。永久性连接是构造连接一旦形成,则保持着与建筑物同寿命,建筑物在没有被拆除之前,连接一直是处于可用状态,这种形式的连接被称为"永久性连接"。建筑构造连接中绝大多数是属于永久性连接,见图8.1。

(2)临时性连接。临时性连接是在构造形成的过程中,为了某些构配件的就位、稳定所做的暂时性的连接措施,它是一种过渡性质的连接,当正式的、永久性连接形成之后,临时性连接可以拆除,也可以不拆。当不拆除时,计算连接在荷载作用下连接处抵抗能力时,不考虑临时连接的作用。这种形式的连接被称为"临时性连接"。如《钢结构设计规范》(GB 50017—2003)中规定:"安装连接采用焊接时,应考虑定位措施,将构件临时固定。"这种"临时固定"在金属构件中,通常选用螺栓连接(在同一《规范》的旧版本——GB J 17—88中直接写到:"……应考虑设置定位螺栓,将构件临时定位。")。在非金属构件中——如木构件中多用木螺钉或圆钉(使用圆钉时,不要将圆钉全部钉入,留一部分便于永久性连接形成后拆除临时连接的圆钉)。临时性连接多数选用有件连接中的可拆卸连接,见图8.2。

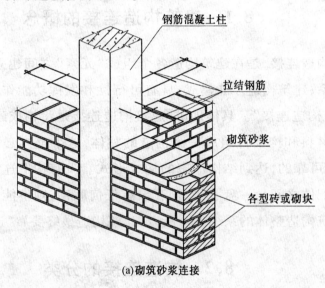

(a)砌筑砂浆连接

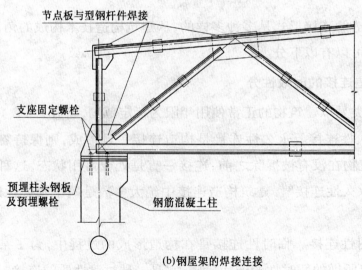

(b)钢屋架的焊接连接

图8.1 永久性连接

第8章 建筑构造的连接及分隔

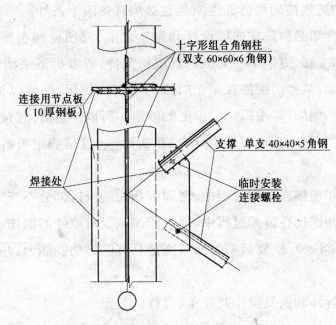

(a)十字形组合角钢柱柱间支撑（临时）安装螺栓连接

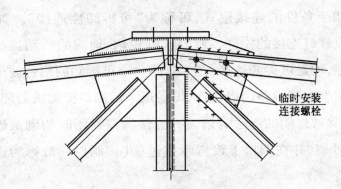

(b)轻钢层架脊节点的（临时）安装螺栓连接

图8.2 临时性连接

2. 按连接的形态分

（1）固定性连接。固定性连接是在连接中以固定、锁紧、连牢为目的，并具有受力、传力的能力，而且在力的作用下保持连接的静态稳定状态，这种形式的连接被称为"固定性连接"。这种连接多数也是"永久性连接"。在建筑构造连接中占绝大多数的连接是"固定性连接"。如：金属焊接连接、铆钉连接、砌筑砂浆连接、胶合连接等等。

（2）可拆卸性连接。原则上讲，任何一种构造连接只要它能建成，就都是可以拆卸的。但在通常情况下，构造连接是不允许拆卸的，即形成"永久性固定连接"。构造连接的可拆卸性质是它必须具备四个条件：

①这种拆卸必须是在连接设计和施工之前，就预见到在使用过程中由于某种原因，如维修、更换某些受损材料或构配件，或者拆下来清洗(洗涤)某些配件等。再如，某些构配件在某个时段内可以不使用，即可以拆除一段时间，然后再恢复。例如：冬季拆除门窗上的纱扇。所以，可拆卸连接在构造设计中是可预见的，并是人为地赋予它具有"可拆性"。这是确定可拆卸连接的基本条件。

②可拆卸连接在拆卸过程中，对周围相关的未拆部分不产生不利影响。

③可拆卸连接在拆卸过程中，尽可能地减少对原件的损伤或废弃，可拆卸连接必须能够恢复，恢复后要与原有连接具有同等功能能力，并尽量保持原有样式。

④它的拆卸和恢复操作要简单、可行。

后三个条件也是对形成可拆卸连接的基本要求。

具备上述四个条件的连接形式，可称为"可拆卸性连接"。如某些用螺栓、木螺钉、自攻螺钉连接的构件，纱门扇、纱窗扇、地沟的活动盖板、暖气罩、窗帘及窗帘杆等，均是可拆卸连接，图8.3是一个可拆卸的阳台玻璃栏板。

又如某处墙上大型设备的运送口，设备运入后洞口要砌筑封闭，设备更新时，还要再次拆除被封闭的运送洞口，为此，该洞口封闭时的砌筑砂浆可选用泥浆或低标号砂浆，并在洞口上设置承重过梁(该洞口一般称为设备安装洞口)。

可拆卸性连接的相对概念是"不可拆卸的连接"。不可拆卸的连接，是在设计、施工时没有预见到拆卸的可能性，并且不可拆卸的连接在拆卸过程中不能保证原构件的完好性，即原构件被破坏了或被"废弃了"。保证原构件的完好性，并可再次利用是可拆卸连接的主要特征。不具有这个特征的拆卸是"废弃性"或"破坏性"拆除。

(3)活动性连接。活动性连接不是固定的，是可活动的，即构配件之间存在着一定范围的相对位移和运动，这种形式的连接被称为"活动性连接"。实际上活动连接是一种"机构形态"，它的活动要消耗能量，常用的多数以人体体能为动力，较大型的活动连接用机电设备驱动。如以人驱动其开启或闭合的门、窗；采用机电或光影控制的开窗机驱动的窗扇；公共建筑的主出入口的自动门;又如活动屋顶、活动隔断、活动舞台等等。形成活动连接时在构造中存在着一个"活动性构造形式"或"活动性"连接构件,它是构成活动连接的关键。如:门窗扇的活动连接是靠合页完成的。图8.4为活动连接的几个例子,(a)、(b)为翻窗和电动自动门,其他各图均为设在变形缝处的活动支座。

3. 按连接的组合分

(1)有件连接。有件连接是在被连接材料或构配件之间,存在着一个"第三者",没有这个"第三者"参与,连接就不能形成,这种连接形式被称为"有件连接"。这个"第三者"被称为"连接件"。常用的有件连接有:螺栓、螺钉、铆钉、圆钉连接,使用焊条的焊接、钎焊,砂浆连接,使用绑绳(线)的捆绑连接,胶合连接等。其中使用的螺栓、螺钉、铆钉、圆钉、焊条、钎料、砂浆、绑绳(线)、胶合剂等都是连接件。

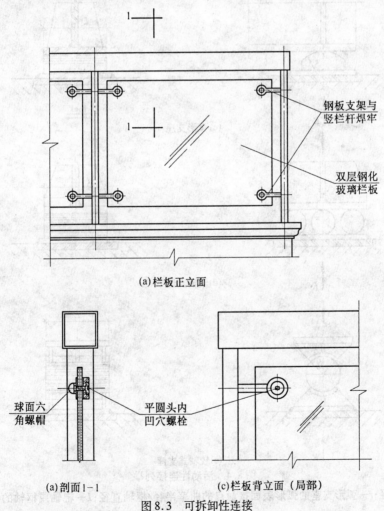

图8.3 可拆卸性连接

·86·　建筑构造构成原理

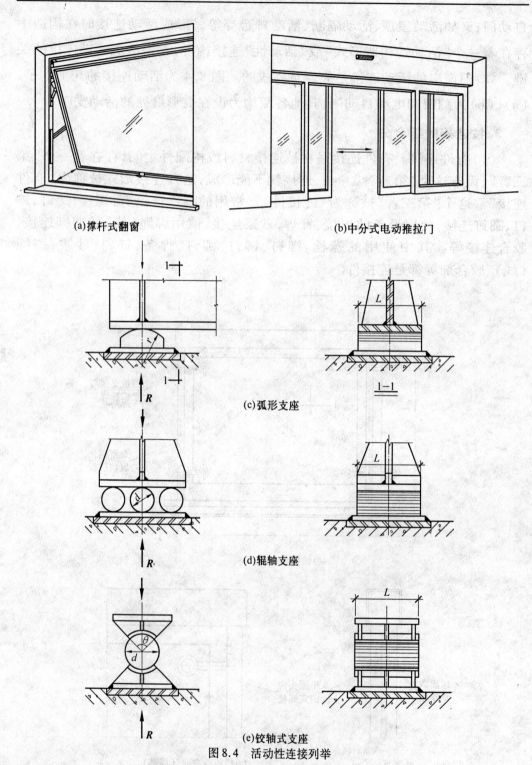

(a)撑杆式翻窗　　(b)中分式电动推拉门
(c)弧形支座
(d)辊轴支座
(e)铰轴式支座

图8.4　活动性连接列举

d—辊轴直径；r—弧形支座的弧形表面接触点的曲率半径/枢轴直径；L—辊轴或枢轴的接触长度；R—支座反力；θ—$\geqslant 90°$

（2）无件连接。无件连接是被连接的材料或构配件直接发生连接关系，没有连接件参与，这种连接形式被称为"无件连接"。如：木榫连接、承插连接、埋固连接、螺纹连接、压焊连接、线材相互绑扎连接、咬合连接、亲合连接、搭接连接等。

按着上述构造连接的概念，以有、无连接件为分项，可以列出目前常用的18种建筑构造连接类型，见表8.1、表8.2。

表8.1　有件连接形式一览表

序号	分项名称	连接件	连接级别	适应的材质	备注
1	螺栓连接	螺栓螺母	构件级	同异材均可	螺栓与螺母及配套附加件垫圈、销钉等
2	螺钉连接	螺钉	构件级	同异材均可	包括无螺母的小型金属螺钉、木螺钉、自攻（自钻）螺钉等
3	铆钉连接	铆钉	构件级	同异材均可	各型铜、铝、铁、钢铆钉，合金铆钉
4	圆钉连接	铁钉钢钉	构件级	同异材均可	用于多层材料连接时，钉要穿透各层
5	焊接连接	焊条钎料	材料级	同异材均可	用于金属的同异材质，不同质时对焊条、钎料有要求
6	砂浆连接	砂浆	准材料级	同异材均可	主要用于砌筑、抹面、贴面、垫浆、坐浆等
7	捆绑连接	绑绳（线）	构件级	同异材均可	用绑绳、绑线捆绑被连构件
8	胶合连接	胶结剂	准材料级	同异材均可	被连构件材质不同时，胶结剂也不同
9	五金连接	五金件	构件级	同异材均可	必须是具有连接作用的五金件

表8.2　无件连接形式一览表

序号	分项名称	连接级别	适应的材质	基本构造形式	备注
1	榫卯连接	构件级	同材的木材	榫头插入卯孔中形成连接	多用于木质构件
2	承插连接	构件级	同异材均可	一构件插入另一构件形成连接	可为活动连接如滑槽、导槽、轴
3	埋固连接	构件级	同异材均可	一构件埋入另一构件形成连接	多数是埋入混凝土、砖石砌体
4	螺纹连接	构件级	多数为同材	两构件分别做出螺纹相互旋紧	多用于金属、塑料、陶瓷构件。
5	压焊连接	材料级	均为同材质	此连接专指无焊条材料的融焊	多用于金属薄板、小体量金属件
6	线材绑扎	构件级	多为同材质	柔性线材相互捆绑形成连接	多为金属线材、绳索相互间捆绑
7	咬合连接	构件级	同材质薄板	金属薄板折叠相互咬合成连接	只用于金属薄板
8	亲合连接	准材料级	同异材均可	在溶剂或高温下材料相互嵌入	实际上这是没有胶合剂的胶连接
9	搭接连接	构件级	同异材均可	一构件承托另一构件形成连接	构件间无任何连接力，全靠重力

注：①表中连接级别见本节"5.按被连接的性质分"所述；
②以上表中所列各种连接方式，并未能涵盖所有的形式，特此注明。

这里需要说明的是：在机械行业中的国家标准（GB）将螺栓、螺柱、螺母、木螺钉、自攻螺钉和与之配套使用的各种垫圈、开口销等附件，都归在螺纹紧固件中了，但没有指出螺栓和螺钉的明显差别。从现行标准似乎可以看出，螺栓的螺杆直径（公称直径）和螺杆长度都要比螺钉大。螺钉规格只有9种：M1.6、M2、M2.5、M3、M4、M5、M6、M8、M10，长度在2～80 mm之间。而螺栓规格从最小的 M3 到最大的 M64,有 25 种之多,长度从 20~400 mm。标准中把它们都归在螺纹连接中。

在建筑构造构成原理中把螺栓和螺钉,螺栓连接、螺钉连接和螺纹连接之间作了区别。

螺栓及螺栓连接——不管螺栓的公称直径大小、螺杆长度长短,凡是带有配套的螺母的都称作螺栓,包括膨胀螺栓、地脚螺栓、花篮螺栓或异形(如用于玻璃栏板、玻璃幕墙上用于固定玻璃的螺栓)的螺栓等。由螺栓形成的连接方式均称为螺栓连接。

螺钉及螺钉连接——凡是不带配套螺母的较小的螺栓,均称为螺钉,包括机螺钉(金属螺钉)、木螺钉、自攻螺钉、自钻自攻螺钉和带有膨胀管的螺钉,由螺钉形成的连接方式均称为螺钉连接。它与螺栓的区别主要是有无螺母。

螺栓连接和螺钉连接都是有件连接,连接件是螺栓、机螺钉、木螺钉和自攻螺钉、自钻自攻螺钉和带有膨胀管的螺钉等。

螺纹连接——凡是将内外螺纹分别设在彼此相连的两个构件上,利用螺纹的相互咬合能力将两个构件连接起来的,这种连接方式均称为螺纹连接。螺纹连接没有螺栓杆和螺母之分,只存在着相互咬合的螺纹。螺纹连接属于无件连接。

这种分类方式,在定义螺钉时,与机械行业不一样,且照顾了建筑构造中木螺钉、自攻螺钉使用量较大的特点。但各型螺栓(包括螺母)、螺钉、木螺钉、自攻螺钉、自钻自攻螺钉和带有膨胀管的螺钉等产品还是要执行机械行业的国家标准。

4. 按被连接的材质分

(1)同材连接。同材连接是相同材质的材料或构配件之间的连接,这种连接形式被称为"同材连接"。如:金属与金属、木材与木材之间的连接。

(2)异材连接。异材连接是不同的材质的材料或构配件之间的连接,这种连接形式被称为"异材连接"。如:金属与木材之间、金属与混凝土、木材与砖石砌体等之间的连接。

在建筑构造连接中,所有的连接形式,不是同材连接,就是异材连接,它是构造连接中主要的存在形式。

5. 按被连接的物质级别分

这里所谓的"被连接的物质级别",是指连接发生在物质材料的什么级别上;总的来讲,连接只发生在物质材料的三个级别上。

(1)构件级连接。构件级连接是指材料或构配件在连接过程中,构件之间通过造型构成的相互穿插、包容、嵌固,或在某些连接件的参与下形成的连接。材料——包括组成构配件的材料之间除了相互接触之外,不发生相互之间的融合,各自亦然保持各自的独立性;也就是说,这种连接只发生在构件这个层次上,不涉及材料本身,这种形式的连接被称为"构件级"连接。构件级连接连接界面明确,它可以在同材质或异材质间形成连接。如:除了焊接、胶合连接、亲合连接之外的各种有件连接、无件连接都是构件级连接。

(2)材料级连接。材料级连接是指在连接过程中,构配件之间要在它们的组成材料上发生相互融合,构成一体;也就是说,连接发生在材料层次上,是材料的相互融合构成了连接,这种形式的连接被称为"材料级"连接。材料相互融合多数发生在相同性质的材料之间,所以,材料级连接多数是同材质连接。个别的也可能发生在异材质之间,如在不同的金属材料中、不同的塑料材料之间。材料级连接的整体性和牢固性比构件级要强。它的连接界面在理论上讲是消失了,但在实际操作上还存在着连接界面,只是与构件级连接相比较,不如构件级明显罢了。材料级连接如:金属焊接(钎焊、熔焊)、热熔塑料焊接。

(3)准材料级连接。准材料级连接是介于构件级与材料级之间的一种连接形式,既有构件级的相互嵌固作用,(机械粘结力)又有材料级的相互融合作用。但它的融合作用不是同质材料的热熔合,而是通过材料的物理吸附力和化学键力使不同质材料相互连接,所以,称这种连接形式为准材料级连接。如砂浆连接、胶合连接、亲合连接都是准材料级连接(详见本章有件连接中的"胶合连接"、"亲合连接")。准材料级连接,连接界面基本明确。由于被连接材料的不同性质和所用胶结剂性质的差异,最终形成的粘结强度相差也较大。

6. 按连接的抵抗变形能力分

(1)刚性连接。被连接材料或构配件的刚度较大,连接后在力的作用下,可以传递弯矩等,称这类连接称为"刚性连接"。

(2)柔性连接。被连接材料或构配件刚度较小,但弹性较大,连接界面处只能承受拉力,对其他性质的作用力(压、剪、扭、弯矩)抵抗能力极弱或没有抵抗。称这类连接为"柔性连接"。

以上这些连接方式,都是从建筑构造构成的角度提出来的,它们之间有重叠、交叉,具体的构造形式属于哪一类型的连接,要根据具体的状态来确定。

8.3 建筑构造连接的作用

建筑构造连接方式、方法是建筑构造的核心技术。建筑构造连接的作用,有以下几点:

1. 保障建筑构造的可行性

建筑构造"可行性"是它的最重要目的。构造连接必须保证构造整体达到结构形态的存在形态,使可行性成为现实,能够建造起来,且能够发挥出功能作用。所以,构造连接的首要作用是保障建筑构造的可行性。

2. 保障构造系统的可靠性和安全性

这里我们要着重讨论一下建筑和建筑构造的连接,与建筑和建筑构造的关系。在讨论这个问题时,我们可以借鉴或引入建筑结构中的安全性和可靠度的概念。这两个概念在结构中是明确的,是针对结构系统的可靠性和安全性。结构系统的可靠性和安全性是全局性的问题,也应包括建筑构造系统的安全、可靠,更何况建筑构造系统本身就是以结构形态存在的。这就是我们做出借鉴、引入这个概念的道理。

"建筑结构系统的可靠性包括安全性、适用性和耐久性三项要求。结构可靠度是结构可靠的概率度量,其定义是:结构在规定的时间内,在规定的条件下,完成预定功能的概率。"(引文均引自:周淑萍主编《中国建筑工程百科全书》吉林人民出版社1987年9月第1版)

而结构的可靠性是指"结构在规定的时间内,在规定的条件下,完成预定功能的能力。"(引自《建筑结构可靠度设计统一标准》(GB 50068—2001))这其中:

"规定时间是指设计的基准期50年,这个基准期只是在计算可靠度时,考虑各项基本变量与时间关系所用的基准时间,并非指建筑结构的寿命。"

"规定的条件是指正常设计、正常施工和正常的使用条件,不包括人为的过失影响。"

"预定的功能则是能承受在正常施工和正常使用时可能出现的各种作用的能力(即安全性);在正常使用时具有良好的工作性能(即适用性);在正常维护下具有足够的耐久性能(耐久性)。在偶然事件发生时及发生后,仍能保持必需的整体稳定性。"

结构能够完成预定功能的概率称为可靠概率,可靠概率越高,结构的可靠性也越高。"影响可靠度的因素主要有:荷载、荷载效应、材料强度、施工误差和抗力分析五种。"(以上各引文均引自:周淑萍主编《中国建筑工程百科全书》吉林人民出版社1987年9月第1版)

这些规定、条件和影响因素,完全适用于建筑构造,所以,建筑构造在规定的时间内,在规定的条件下完成预定功能的可靠概率越高,则构造的可靠性越高。这就是建筑构造"可靠性"的概念。

所谓构造系统的安全,就是人们在建筑施工和使用时,建筑及其构造不能对施工者和使用者的生命财产造成伤害和损失。安全的对立面是不安全;不安全的极限是建筑或建筑构造的破坏。带有促使建筑及其构造随时有可能破坏的任何因素,我们称之为安全隐患;带有安全隐患的建筑和建筑构造是不安全的。建筑构造连接在各个节点上、局部上都能够保障连接的牢固、稳定,不至于破坏,也不存在着安全隐患,则构造的安全性得到了保证。在结构设计中根据结构破坏时产生后果的严重性,将结构安全性划分成三个等级,在《建筑结构可靠度设计统一标准》(GB 50068—2001)中有规定,见表8.3。

表8.3 建筑结构的安全等级

安全等级	破坏后果	建筑物类型
一级	很严重	重要的房屋
二级	严重	一般的房屋
三级	不严重	次要的房屋

注:1. 对特殊的建筑物,其安全等级应根据具体情况另行确定。
  2. 地基基础设计安全等级及按抗震要求设计时建筑结构安全等级,尚应符合国家现行有关规范的规定。

从建筑构造构成原理来讲,构造必须达到可靠、安全。而可靠、安全的概念在结构设计中已经明确了,所以,结构的可靠性和安全性很值得建筑构造借鉴。为了达到此目的,基本的方法和手段就是使构造的连接做到牢固和稳定。

所谓构造系统的牢固,就是连接必须保障材料、构配件之间不能离散,连接的界面和材料,对构配件在自重及外加荷载的作用下所形成的内力有足够的抵抗能力,使连接始终保持着整体性,不产生破坏或失稳。构造连接的牢固能力,取决于连接方式及材料强度。

所谓构造系统的稳定,就是在各种内力、外力的作用下,系统始终处于力的平衡状态下,不产生超限度的变形和位移,"在偶然事件发生时及发生后,仍能保持必需的整体性。"(引文同上)

作用力的平衡和保持必需的(系统的)整体性是建筑构造系统稳定的首要条件。连接对这些作用力的抵抗能力,使作用力处于平衡状态。从而达到系统稳定,形成结构形态存在。

综上所述,可以结论,构造连接必须起到保障构造的可靠和安全的作用。它是行使可行性"一票否决权"的基本依据。

3. 保障构造的抗、防灾能力

这个作用的意义是前两个作用的具体化,很多构造连接就是直接为提高建筑物的抗灾能力或防灾能力而设的。一般建筑和建筑构造的抗灾、防灾要求,在各相关《规范》中都有具体规定,而且必须是强制执行的。这里将其单独列出,希望引起注意。所谓建筑及其构造的抗、防灾能力,包括建筑的防冻害、防水害、防漏(水)、防虫害、鼠害、防火、耐火、消防、防爆、抗(地)震、减震、防雷击、防静电、防辐射及防空袭能力等等。

8.4 形成建筑构造连接的条件

形成构造连接是有条件的,符合条件则能形成构造连接,否则就不能形成构造连接,这些条件是:

1. 必须具有物质材料

连接必须具有彼此发生连接关系的材料和构配件,在任何情况下,构造连接都发生在两种或两种以上的材料或构配件之间。是材料与材料、材料与构件或配件、构件与构件或配件之间的连接。没有具体的材料和构配件,则不可能形成连接。材料和构配件是形成连接的物质对象和条件。

2. 必须形成连接"界面"

连接是在两个或几个被连接的材料或构配件之间发生的,它们之间必定要相互接触,在接触处则形成一个相接的接触面,我们称这个接触面为"连接界面"。这个连接界面可能是一个平面或首尾相接的折面、曲面,也可能是一个凸凹变化的面,无论是什么样的面,但它都是必定存在的,这也是连接形成的条件之一。在构件级的连接中连接界面明确;在准材料级的连接中连接界面基本明确;在材料级连接中,理论上讲连接形成后,连接界面消失。

3. 必须存在着连接力的作用

彼此连接的材料或构配件,之所以能够连在一起达到结构形态,是在力的作用下实现的,这些力就是"连接力"。

连接力是在材料、构件之间构成连接约束,是形成构造结构形态的力。连接力的产生主要取决于连接形式,或者说主要取决于连接构件的造型形式。一般情况,连接力不作用在整个结构系统上,只发生在连接处的局部,可以说连接力与整个结构系统受外荷载的作用不发生直接关系,但连接所用材料的重量却要结构系统承担。例如:在有件连接的螺栓、螺钉连接中,螺母旋紧时产生的夹紧力;螺钉推进时产生的紧固力;钉连接中产生的握裹力和和摩擦力;捆绑连接产生的束缚力等都是连接力。砂浆连接中的砂浆强度或砂浆粘结强度;胶连接中的粘结强度,在无件连接中的榫卯连接产生的摩擦力、定(限)位阻力;埋固连接形成的握裹力;承插连接和咬合连接中的定(限)位阻力;螺纹连接中的螺纹咬合力和夹紧力;压焊中的焊缝强度;亲合连接中的机械粘结力和物理吸附力、化学键力;搭接连接中的构件重力和定(限)位阻力也都是连接力。

连接力的平衡,是靠材料强度和构造的定(限)位造型所组织起来的反力、摩擦、阻力等来完成的,最后由材料的强度来抵抗,从而保持构造的完好性。没有连接力的连接是不存在的,所以连接中必须存在力的作用。这也是连接形成的条件之一。

4. 构造连接必须起到定位或限位的作用

建筑构造连接中存在着连接力。对连接力的平衡是靠构造的定(限)位造型所组织起来的反力、摩擦力、阻力等来完成的;它最终保障了定位或限位的作用。这正是定、限位造型在建筑构造发挥作用的实质。

以上这四点是构成连接的必要条件,它涵盖了建筑构造物质(材料和构配件)与技术(造型处理、连接方式)两个大方面。这四点的关系既是互为前提又是互为制约的辩证关系,尤其是构造的连接力和构造的定位、限位造型是不可分割的。力的性质和作用方向,决定了定位或限位造型的形式;而这个造型形式又对连接力的分布、作用点起到了组织作用,这两者是绝对不能分开的。

在某种意义上讲,建筑构造连接就是在材料和构配件之间通过造型和连接处理来组织、控制"连接力"及整个系统在外荷作用下的内力分布和传递,使它们之间达到平衡和最佳的协调状态,从而保障构造的可行性和功能。从这一点上来理解建筑构造连接,就是把握到了建筑构造连接的真谛。它集中地反映了建筑构造内在的规律性。

8.5 各类型建筑构造连接的形式和做法

下面分述各类构造连接的具体形式、做法。

8.5.1 有件连接类

有件连接是在连接构造中有第三者——连接件的参与所形成的连接形式。它有下列几种。

8.5.1.1 螺栓连接

螺栓连接是以螺栓为连接件,形成的紧固性连接的一种,属于构件级的连接,螺栓连接也是可拆卸连接。螺栓连接是建筑构造连接中比较常用的、最简单、最有效的一种连接形式。

这里所谓的螺栓,包括机械工程标准紧固件中所有带螺母的螺栓和公称直径小于 10 mm 带螺母的螺钉,也包括膨胀螺栓和在混凝土或砌体中预埋的螺栓。

1. 螺栓连接的组成

每一套螺栓连接,通常由螺栓、螺母及配套的垫圈(或弹簧垫圈)、开口销等附件组成,特殊情况再配有其他附件。

2. 螺栓、螺母及配套垫圈的基本造型形式

螺栓总体形状是实心的"T"形。"T"形的竖直部分为圆柱形的螺栓杆,"T"形的上端(大头端)为"螺栓头",螺杆下端为"末端"。在螺杆的外表面上,按螺旋线形式制成外螺纹线。螺旋线从螺栓末端开始,沿逆时针方向向螺栓头部方向推进,制成顺时针方向旋拧的"右旋螺栓";螺旋线也可顺时针方向推进,制成逆时针方向旋拧的"左旋螺栓"。螺纹可以布满全螺杆或占螺杆的一部分(约2/3),螺栓的基本形式见图8.5。

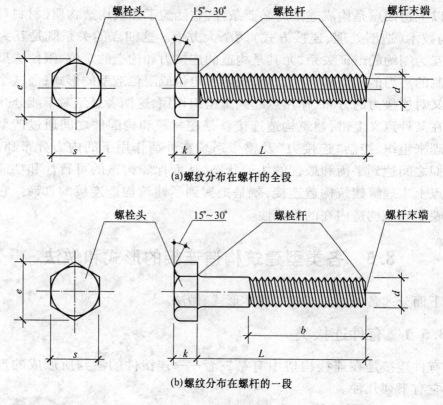

图8.5 螺栓的基本形式

3. 螺栓、螺母及垫圈(片)的分类

按不同的螺栓形式、构造造型、标准,螺栓(包括配套的螺母)有多种类型,它们之间可以由下面几个方面加以区别:

①按尺度度量标准可区别为:公制和英制两种。公制:执行国际通用的度量衡标准;英制:执行英国的度量衡标准。目前我国生产的螺栓,以公制为主。

②按加工工艺精度区别为:A、B、C三级,即:精制、半精制和粗制三种。

③按螺纹(线)断面形式(牙型)可区别为:粗牙和细牙两类。在具体牙形上一般有:三角形螺纹、梯形螺纹、锯齿形螺纹和矩形螺纹等四种,见图8.6。

④按螺纹线分布及数量可区别为:螺纹分布在全螺杆上,见图8.5(a);螺纹分布在螺杆的一段上,见图8.5(b)。按螺纹线线数可区别为:单螺线(一条螺纹线)和双螺线(两条平行、等距的螺纹线)两类。后者见表8.16中墙板用自攻螺钉(十字槽双螺纹)。

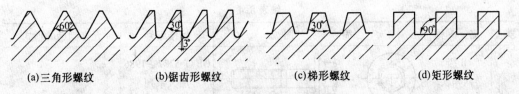

(a)三角形螺纹　　(b)锯齿形螺纹　　(c)梯形螺纹　　(d)矩形螺纹

图 8.6　螺纹的基本形式

⑤按螺杆的附加造型可区别为:螺杆上带孔的、带槽的、带榫的(双榫的)、方颈的等多种类型,按螺杆的公称直径可单独标定为细杆螺栓。

⑥按螺栓头造型形式可区别为:六角形、六角法兰面形、方形、半球形(盘头)、圆形(圆柱头)、沉头形、半沉头形、一字形开槽、十字形开槽及内六角(凹穴式)等若干种。

⑦按旋拧方向可区别为:常用的右旋(顺时针扳拧)和左旋(逆时针扳拧)两种(包括螺母的旋拧)。

综合考虑上述各项区别之后,所形成的螺栓的类型,可以列出一个螺栓类型表(包括螺柱、花篮螺栓、膨胀螺栓等),见表 8.4。

表 8.4　螺栓形式简表

类型	名　称	简　图		标准编号	允许制造的形式	
六角头螺栓	C 级 六角头螺栓			GB/T 5780—2000		
	C 级 全螺纹 六角头螺栓			GB/T 5781—2000		
	A 级　B 级 六角头螺栓			GB/T 5782—2000 细牙 GB/T 5785—2000		
	A 级　B 级 全螺纹 六角头螺栓			GB/T 5783—2000 细牙 GB/T 5786—2000		
	B 级 细杆六 头角螺栓			GB/T 5874—1986		

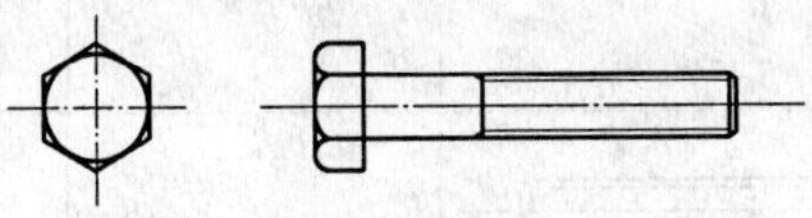

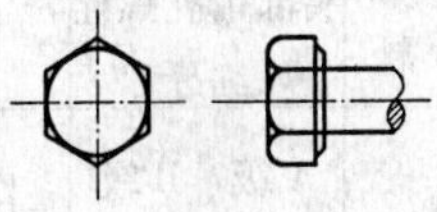

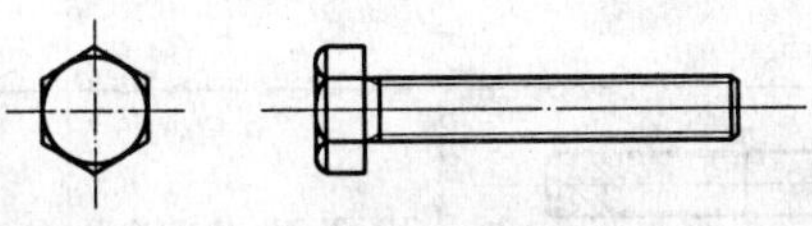

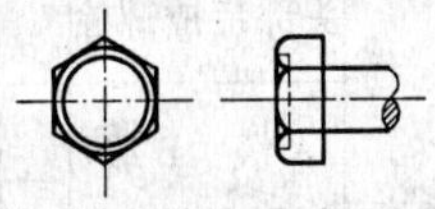

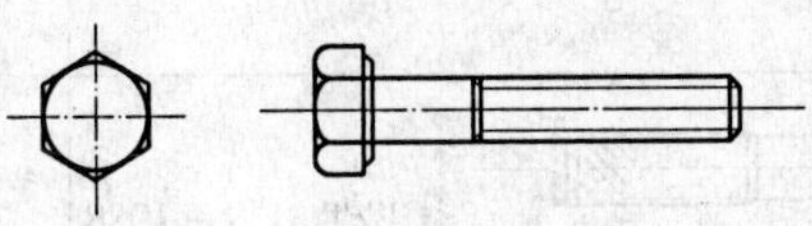

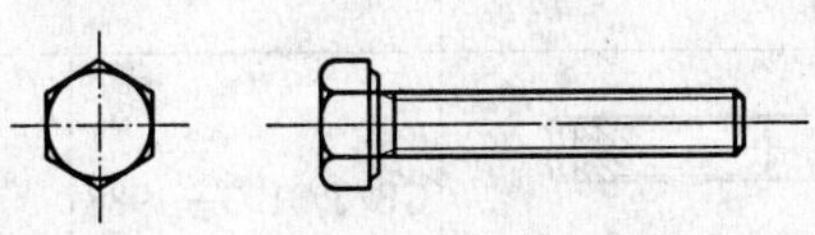

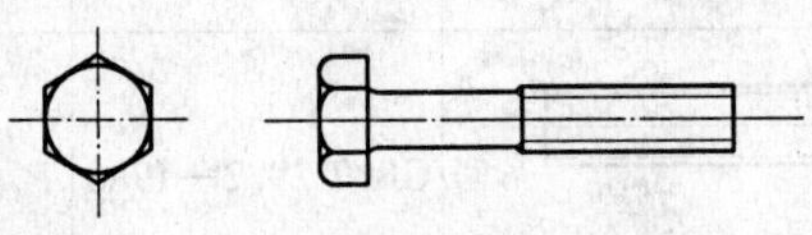

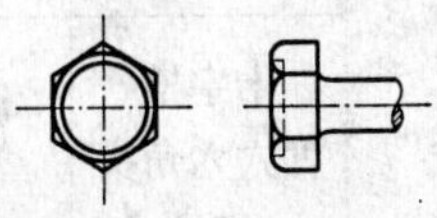

续表8.4

类型	名称	简图	标准编号	允许制造的形式
六角头法兰面螺栓	B级 六角头 法兰面螺栓		GB/T 5787—1986 加大系列 GB/T 5789—1986	
	B级 细杆 六角头 法兰面螺栓		GB/T 5788—1986 加大系列 GB/T 5790—1986	
六角头头部带孔带槽螺栓	A级 B级 六角头 头部带孔螺栓		GB/T 32.1—1988	
	B级 六角头 头部带孔螺栓 （细杆）		GB/T 32.2—1988	
	A级 B级 六角头 头部带孔螺栓 （细牙）		GB/T 32.3—1988	
六角头螺杆带孔螺栓	A级 B级 六角头 头部带槽螺栓		GB/T 29.1—1988	
	A级 B级 六角头螺栓杆 带孔螺栓		GB/T 31.1—1988	
	B级 细杆六角头 螺栓杆带孔 螺栓		GB/T 31.2—1988	
	A级 B级 细牙六角头 螺杆带孔螺栓		GB/T 31.3—1988	
	十字槽 凹穴六角头 螺栓		GB/T 29.2—1988	

续表8.4

类型	名　称	简　图	标准编号	允许制造的形式
方头螺栓	C级方头螺栓		GB/T 8—1988 GB/T 10—1988	
方头螺栓	B级小方头螺栓		GB/T 35—1988	
方径螺栓	沉头方颈螺栓		GB/T 10—1988	
方径螺栓	半圆头方颈螺栓		GB/T 12—1988	
方径螺栓	C级大半圆头方颈螺栓		GB/T 14—1988	
带榫螺栓	沉头带榫螺栓		GB/T 11—1988	
带榫螺栓	半圆头带榫螺栓		GB/T 13—1988	
带榫螺栓	大半圆头带榫螺栓		GB/T 15—1988	
带榫螺栓	沉头双榫螺栓		GB/T 800—1988	
槽用螺栓	T形槽用螺栓		GB/T 37—1988	

续表8.4

类型	名称	简图	标准编号	允许制造的形式
地脚螺栓	地脚螺栓		GB/T 799—1988	
活节螺栓	活节螺栓		GB/T 798—1988	
花篮螺栓	开式花篮螺栓	CO型 / CC型 / OO型		
	封闭式花篮螺栓	CO型 / CC型 / OO型		
螺柱	B级等长双头螺柱		GB/T 901—1998	
	C级等长双头螺柱		GB/T 953—1998	
	双头螺柱	A型 / B型	GB/T 897~900—1998 GB/T 897 $b_m=1d$ GB/T 898 $b_m=1.25d$ GB/T 900 $b_m=1.5d$ GB/T 899 $b_m=2d$	
	手工焊用焊接螺柱	A型 / B型	GB/T 902.1—1989	
	机动弧焊用焊接螺柱	A型 / B型	GB/T 902.2—1989	

续表8.4

类型	名称	简图	标准编号	允许制造的形式
膨胀螺栓	膨胀螺栓	（螺栓杆、膨胀管、弹簧垫圈、螺母）组装前 组装后 （膨胀螺母、螺栓杆、膨胀管）组装前 组装后	GB/T 15389—1994	

注：该表类型不全，选用时请查阅相关标准或手册。

与螺栓配合使用的是螺母。螺母的总体形状为中心空虚造型的环状体，环体的外形多为正六边形，少数为正方形或圆形，内环均为圆柱形。在内环内表面上制成内螺纹线，螺母的螺纹要与螺栓的螺纹相配套。螺母的基本形式，见图8.7及表8.5。

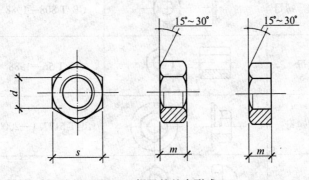

图8.7 螺母的基本形式

表8.5 螺母形式简表

类型	名 称	简 图		标准编号	允许制造的形式
方形	方螺母			GB/T 39—1988（C级）	
六角形	1型 六角螺母			GB/T 6170—2000	
	六角薄螺母			GB/T 6172—2000	
	细牙 1型六角螺母			GB/T 6171—2000	
	细牙 六角薄螺母			GB/T 6173—2000	
	C级 六角螺母			GB/T 41—2000	
	2型 六角螺母			GB/T 6175—2000	
	细牙 2型 六角螺母			GB/T 6176—2000	
	六角薄螺母无倒角			GB/T 6174—2000	
	小六角特扁细牙螺母			GB/T 808—1988	
	六角厚螺母			GB/T 56—1988	
	六角法兰面螺母			GB/T 6177.1—2000	
	盖型六角螺母			GB/T 923—1988	

续表 8.5

类型	名 称	简 图	标准编号	允许制造的形式
六角形开槽	C级 1型 六角开槽螺母		GB/T 6179—1986	
	A级 B级 2型 六角开槽螺母		GB/T 6180—1986	
	A级 B级 六角开槽薄螺母		GB/T 6181—1986	
	A级 B级 1型 六角开槽螺母		GB/T 6178—1986	
	A级 B级 细牙 1型 六角开槽螺母		GB/T 9457—1988	
	A级 B级 细牙 2型 六角开槽螺母		GB/T 9458—1988	
	A级 B级 细牙 六角开槽薄螺母		GB/T 9459—1988	
蝶形	蝶形螺母	A型　　B型	GB/T 62—1988	
圆形	小圆螺母		GB/T 810—1988	
	圆螺母		GB/T 812—1988	

注：该表类型不全，选用时请查阅相关标准或手册。

螺栓的配套附件有：各型（圆形的、异形的、弹簧的、弹性的、止动的等）垫圈、开口销等，见图 8.8 及见表 8.6（垫圈和开口销形式简表）。

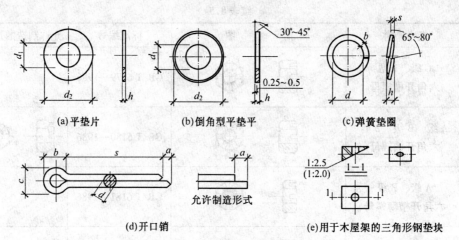

图 8.8 螺栓的配套件

表 8.6 垫圈和开口销形式简表

类别	名 称	简 图		标准编号
平圆形	A 级 小垫圈			GB/T 848—1985
	A 级 平垫圈			GB/T 97.1—1985
	C 级 平垫圈			GB/T 95—1985
	A 级 C 级 大垫圈			GB/T 96—1985
	C 级 特大垫圈			GB/T 5287—1985
	A 级 倒角型平垫圈			GB/T 97.2—1985
方形	方垫圈			
	工字钢用斜方垫圈			GB/T 852—1988
	槽钢用斜方垫圈			GB/T 853—1988

续表8.6

类别	名　称	简　图	标准编号
特形	球面垫圈		GB/T 849—1988
	锥面垫圈		GB/T 850—1988
	开口垫圈	A型　B型	GB/T 851—1988
	标准型弹簧垫圈		GB/T 93—1987
	内齿锁紧垫圈 外齿锁紧垫圈	内齿型　外齿型	GB/T 861.1—1987 GB/T 862.1—1987
	内锯齿锁紧垫圈 外锯齿锁紧垫圈	内齿型　外齿型	GB/T 861.2—1987 GB/T 862.2—1987
	单耳止动垫圈 双耳止动垫圈	单耳型　双耳型	GB/T 854—1988 GB/T 855—1988
	外舌止动垫圈		GB/T 856—1988
开口销	开口销	允许制造形式	GB/T 91—2000

注：单、双耳止动垫圈，外舌止动垫圈使用安装状态见图8.13(h)、(g)。

4. 螺栓、螺母的材料

螺栓、螺母及垫片均由金属材料制成,如钢材(包括碳钢、低碳钢、中碳钢、合金钢、不锈钢等,并经淬火及回火处理)、铜及铜合金、铝及铝合金等,也可用玻璃钢、塑料等材料制成螺栓。为了提高螺栓材料的表面抗腐蚀能力,对螺栓、螺母及附件表面要进行防腐处理。对钢制的常用处理方法是镀锌、钝化或氧化,也可用涂刷防锈漆、油漆的方法。也可不作处理,如不锈钢材质的可不作表面处理。有色金属材质的,作氧化或钝化处理。

5. 螺栓连接的基本形式

螺栓连接基本形式,是指围绕螺栓形成一个可行的、完整的连接形式。在这个形式中,必须将螺栓穿过所有的被连接构件,即在形成连接后,必须将被连接构件夹在螺栓头与螺母之间。为此,螺栓连接要在所有被连接的构件上事先开设螺栓孔——"通孔"(标准 GB/T 5277—1985 中称被连接构件上的穿螺栓的孔为通孔),通孔直径原则上要稍大于螺栓杆的最大直径(外螺纹部分的直径标准中称为外螺纹大径),加工通孔的方法用机械冲压方法——冲孔和钻孔两种方法,钻孔较冲孔造型规矩精度高。在被连接构件上开设螺栓穿透用的"通孔",是螺栓连接的主要特点。

螺栓连接的基本形式,见表 8.7。在《工程力学与机械设计基础》一书中也有一个"螺栓(纹)连接的基本类型及应用"的图表,可作参考,见表 8.8。

表 8.7 螺栓连接的基本形式

序号	连接名称	连接示意	说明
1	摩擦连接		摩擦连接,是最常用的连接方式。螺栓杆与被连接件通孔间留有缝隙,螺栓连接副轴向力将被连接件紧固在一起,产生正压力,靠接触面的摩擦力保持位置关系。安装时,被连接件的位置可以适当调整。用于定位要求的场合时,应采用定位销等辅助定位。多为成组使用。
2	承剪连接		承剪连接,是靠螺栓杆部直径大于螺纹大径,与被连接件通孔有一定的配合要求,适用于螺栓承受横向荷载的剪切应力或精确固定连接件相互位置的场合,螺栓杆部和通孔的尺寸及定位精度要求高。
3	拧入机体连接		拧入机体连接,是螺栓直接拧入机体上的螺纹孔内,不需要使用螺母,单面安装,结构紧凑,装配方便,要求机体有足够的厚度和连接强度,并预制螺纹孔。
4	带榫螺栓连接		带榫螺栓是利用栓头下的单榫或双榫与连接件的榫槽配合,防止螺栓转动,适用于单面拧紧;加工成形困难,适合热打,均为 C 级产品,要在连接件上加工榫槽,结构相对复杂。

续表 8.7

序号	连接名称	连接示意	说　明
5	方颈螺栓连接		方颈螺栓是利用螺栓头下的一段方形颈部与连接件的方孔或槽配合，防止螺栓转动，适用于单面拧紧；加工成形困难，适合热打，均为C级产品，要在连接件上加工出方孔，结构相对复杂。
6	六角法兰面螺栓		六角法兰面螺栓是支承面为大于螺栓六角头对角尺寸的法兰面，支承面面积加大，结构更合理，已经越来越多地得到使用。法兰面成形困难，对设计工艺条件要求高。
7	螺杆带孔螺栓		螺杆带孔螺栓与开口螺母配合使用，在螺母拧紧后，将开口销插入螺栓的杆部开口销孔内，再将开口销末端向两侧弯曲，从而保证螺栓和螺母不产生相对转动。设计与安装时应注意选择适当的规格，保证开口销同时穿过螺栓和螺母的开槽内。

注：本表引自《机械工程标准手册》螺纹与紧固卷 第一版 第 311 页 表 14.1。

表 8.8　螺栓及机螺钉连接的基本形式及应用

类别	结构形式	尺寸关系	应用说明
螺栓连接	一般通孔 铰制通孔	螺纹余留长度 L_1 　静荷载作用时 $L_1 \geq (0.3 \sim 0.5)d$ 　冲击荷载或弯曲荷载作用时 $L_1 \geq d$ 　变荷载作用时 $L_1 \geq 0.75d$ 铰制孔用螺栓 L_1 应稍大于螺纹收尾部分长度 螺纹伸出长度 $a \approx (0.2 \sim 0.3)d$ 螺栓轴线到被连接件边缘的距离 $e = d + (3 \sim 6)$ mm	用于通孔 螺孔损坏后容易更换
双头螺柱连接		座端拧入深度 H 当螺孔为： 　钢或青铜　$H = d$ 　铝合金　$H = (1.5 \sim 2.5)d$ 　铸　铁　$H = (1.25 \sim 1.5)d$ 螺纹孔深度 $H_1 = H + (2.0 \sim 2.5)d$	多用于盲孔 被连接件需经常拆卸时

续表8.8

类别	结构形式	尺寸关系	应用说明
螺钉连接		钻孔深度 $H_2 = H_1 + (0.5 \sim 1.0)d$ 其他 L、d、e 同上	多用于盲孔 被连接件需很少拆卸时
紧定螺钉连接			用以固定两个零件的相对位置 可以传递不太大的力和转矩

注：本表引自吴建蓉主编《工程力学与机械设计基础》，电子工业出版社，2003年8月，第1版。

6. 螺栓连接的工作原理及受力

螺栓连接的工作原理是靠螺杆上的外螺纹与螺母上的内螺纹之间的咬合能力实现的。当咬合能力达到自锁，即螺栓与螺母之间不产生松动，不存在相对位移时，螺栓则具有了锁紧的连接能力。

螺栓的自锁能力是靠螺纹副中螺纹在轴向力的作用下，螺纹的升角（λ）（亦称导程角——螺纹线升起的角度）小于"摩擦角"（β）时形成的。在诸多断面形式的螺纹中，三角形的细牙螺纹自锁性能力最好，见图8.9。

达到自锁的条件：必须 $\beta > \lambda$

β——滑动摩擦角；

λ——螺纹线升角

图8.9　三角形螺纹升角与摩擦角的关系

螺栓连接中螺栓的主要受力类型。

（1）轴向拉力。轴向拉力有两种情况：①当拧紧螺栓时，螺栓头与螺母之间对被连构件形成了挤压力（即产生了连接力），这个挤压力的反力，通过螺栓大头和螺母的定、限位造型约束作用，将其最终传给了螺栓杆，则形成了螺栓的轴向拉力。②当被连接的构件沿螺栓的纵轴方向上受拉时，通过螺栓头和螺母的定、限位造型将拉力传给螺杆，此时螺栓受拉。以上两种情况可能同时出现，形成拉力叠加，也可能只存在第一种情况。见图8.10(a)、(b)。

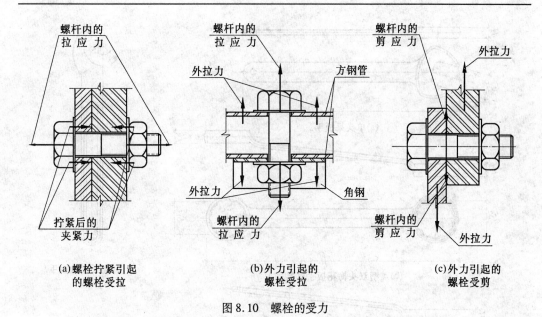

图 8.10 螺栓的受力

(2)垂直于螺栓轴向的剪力。当被连接构件在与螺栓轴向成垂直方向上受拉或受压时,通过设在被连接件上的螺栓通孔的定、限位造型约束作用,将压力或拉力传递给螺栓,形成垂直于螺栓轴向方向的剪力,见图 8.10(c)。

螺栓连接在构造中,基本上不出现螺栓轴向压力的情况,所以螺栓很少或者根本不承担轴向压力。

螺栓受力与被连构件的自重及外加荷载的大小和作用点有关,也与螺母的旋紧程度有关;螺母旋紧程度越紧,螺栓受轴向拉力越大。螺栓连接形成后,在一般情况下,被连构件之间可以传递拉力、剪力、弯矩和扭力。主要承重结构使用螺栓连接时,要对所用螺栓进行强度验算。

7. 螺栓连接的旋紧和防松动措施

(1)螺栓的旋紧及工具。螺栓连接中螺母必须旋紧,形成连接挤压力,否则连接将失效。为了有效地转动并旋紧螺母或螺栓头,必须使用专用的工具——扳手。扳手的类型基本上可以分成两类:一类是用在螺母(或螺栓大头)外侧卡在螺母上的开口扳手,另一类是用在螺栓大头顶面上凹槽内的柱状扳手,见图 8.11。还有一种小型螺栓的拧紧工具,俗称"螺丝刀"(解锥),形式见图 8.12。它用在小型螺栓中,配合设在螺栓大头顶面上"一字形"或"十字形"卡口使用。螺丝刀旋拧端可以做成永磁式的,它可以很准确地吸起钢质的螺钉,插入螺栓通孔中,使施拧作业十分方便有效。

以上这些扳手和螺丝刀均为徒手操作,旋拧力由人体提供。螺栓旋拧工具也有电动的,永磁式刀头,可以左旋或右旋,并且可以控制扭矩数值,使用十分方便。螺栓的旋拧工具是国家统一标定的定型标准工具。

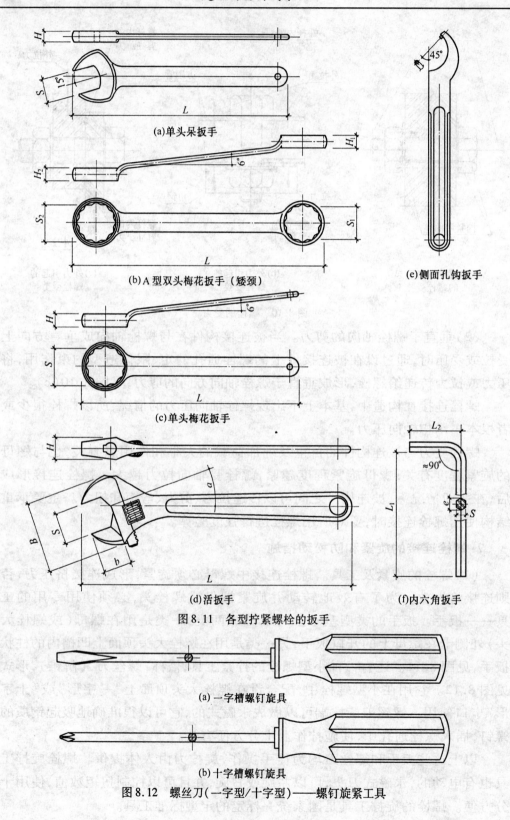

图 8.11 各型拧紧螺栓的扳手

图 8.12 螺丝刀(一字型/十字型)——螺钉旋紧工具

(2) 螺栓的防松动措施。螺栓连接在工作时,由于种种原因——主要是力的作用,如受到震动,螺母可能产生松动、退出,为了防止这种现象发生,不至于使螺栓连接失效,可以采取以下几种措施。

①增加螺栓与螺母之间的摩擦力,具体的方法为:
a. 可以用双螺母(防松螺母可用薄螺母);
b. 使用各型弹簧垫圈、止动垫圈、锁紧垫圈;
c. 在螺母内另设尼龙锁紧圈。

②直接锁紧,具体方法为:
a. 用带有锁紧孔的螺栓和开口销,阻止螺母退出;
b. 用串连金属丝的方法,将多个螺栓大头连在一起;
c. 用破坏螺纹的方法,具体的作法是:将螺母与螺栓点焊在一起,此时,螺栓连接失去了保证完好的可拆卸性,以上各种方法见图 8.13。

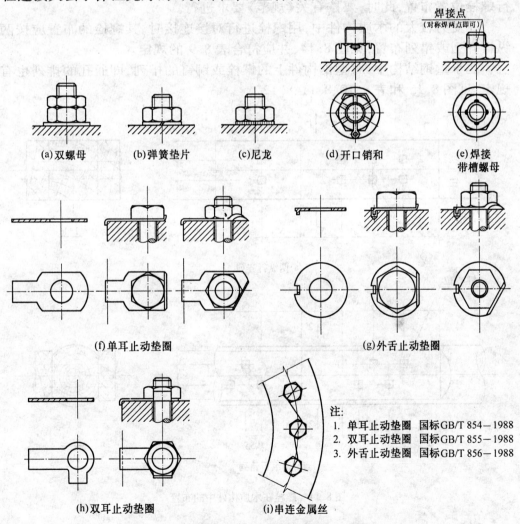

图 8.13　螺栓的防松措施

8. 螺栓连接的适用范围

螺栓连接的适用范围相当广泛，由于螺栓连接的连接强度高、可靠性好、拆装方便、螺栓、螺母及附件都可以重复使用；而且安装工具类型多、配套性好，使用十分方便，所以，螺栓连接被广泛使用在建筑构造中。可以说任何可以承担螺栓压紧力的材料、任何可以使螺栓锚固可靠的材料，都可以使用螺栓连接。如在混凝土上、砖石砌体上用预埋螺栓或膨胀螺栓，连接木构件、钢构件、甚至混凝土构件；也可连接塑料构件、玻璃构件等。总之，螺栓连接是一种适应性较广的连接方式。另外，在可拆卸连接中，螺栓连接是首选的连接方式。

9. 螺栓连接的布置

螺栓连接一般要同时使用两组以上的螺栓，尤其在使用多组螺栓时，要进行螺栓位置布置，此时，要按有关《规范》要求进行。

在受力较大的木质构件中，用螺栓进行对接连接时，其螺栓的布置应按两纵行齐列或错列布置，见图 8.14，并应符合表 8.9 的规定。

在承重钢结构中，对型钢构件上的螺栓或铆钉的排列，即通孔的排列也有规定，见图 8.15 和表 8.10、8.11、8.12。

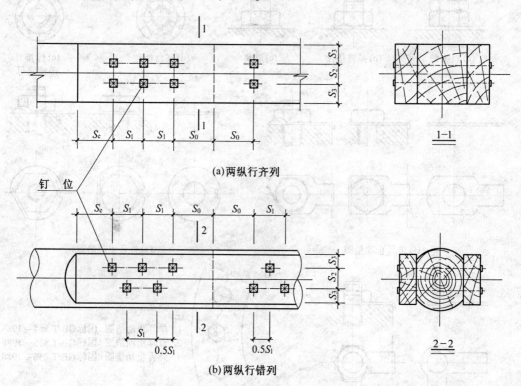

图 8.14　螺栓在木质构件中的布置

第8章 建筑构造的连接及分隔

表 8.9 木质构件对接时螺栓排列最小间距

构造特点	顺 纹			横 纹	
	端 距		中 距	边 距	中 距
	S_0	S_e	S_1	S_3	S_2
两纵行齐列	$7d$		$7d$	$3d$	$3.5d$
两纵行错列			$10d$		$2.5d$

注:d 为螺栓直径。(本表引自《木结构设计规范》(GB 50005—2003)表 6.2.5)

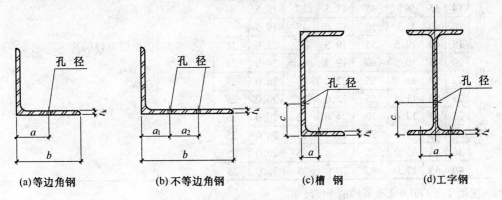

图 8.15 螺栓通孔在型钢构件中的布置

表 8.10 角钢构件的螺孔距规线及螺栓和铆钉的排列 mm

构件形式	b	a	a_1	a_2	最大孔径		简 图
					螺 栓	铆 钉	
角钢	45	25			11		
	50	30			13.5		
	56	35			15.5		
	63	35			17.5	17	
	70	40			19.5		
	75	45			22	21	
	80	45			22	21	
	90	55			24	23	
	100	60			24	23	见图 8.15(a)、(b)
	110	65			26	25	
	125	70			26	25	
	125		(55)	(35)	24	23	
	140		55(60)	60(45)	19.5(26)	(25)	
	160		60(65)	65(50)	22(26)	21(25)	
	180		65	80	26	25	
	200		80	80	26	25	

注:括号内的数值为义交错排列时的尺寸。

表 8.11　槽钢构件的螺孔距规线及螺栓和铆钉的排列　　　　　　　　　　　　mm

构件型号	型号	a	t_k	c	翼缘最大孔径		腹板最大孔径		简　图
					螺栓	铆钉	螺栓	铆钉	
槽钢	5	20	7.0	25	9		7		
	6.3	25	7.5	31.5	11		11		
	8	25	8.0	33	11		11		
	10	30	8.0	40	13		13.5		
	12.6	30	9.0	40	15.5		13.5		
	14	35	9.5	45	17.5	17	15.5		
	16	40	9.5	50	17.5	17	19.5		
	18	40	10.5	55	19.5		22.0	21	见图 8.15(c)
	20	45	10.5	60	19.5		24.0	23	
	22	50	11.0	65	22.0	21	26.0	25	
	25	50	11.5	65	22.0	21	26.0	25	
	28	50	12.0	70	24.0	23	26.0	25	
	32	55	13.5	70	24.0	23	26.0	25	
	36	65	15.0	75	26.0	25	26.0	25	
	40	65	17.0	80	26.0	25	26.0	25	

注：t_k 为开口孔中心处翼缘的厚度尺寸。

表 8.12　工字钢构件的螺孔距规线及螺栓和铆钉的排列　　　　　　　　　　mm

构件型号	型号	a	t_k	c	翼缘最大孔径		腹板最大孔径		简　图
					螺栓	铆钉	螺栓	铆钉	
工字钢	10	40	7.5	30	11.0		11		
	12.6	45	8.0	40	11.0		13.5		
	14	45	9.0	40	11.0		15.5		
	16	50	9.5	50	13.5		19.5		
	18	55	10.5	55	15.5		22	21	
	20	60	11.0	60	15.5		24	23	
	22	65	12.0	65	17.5	17	24	23	
	25	70	12.5	65	17.5	17	26	25	见图 8.15(d)
	28	75	13.0	70	19.5		26	25	
	32	75	14.5	70	22.0	21	26	25	
	36	80	15.5	70	22.0	21	26	25	
	40	85	16.0	75	24.0	23	26	25	
	45	90	17.5	75	24.0	23	26	25	
	50	95	19.5	80	26.0	25	26	25	
	56	100	20.5	80	26.0	25	26	25	
	63	105	21.5	80	26.0	25	26	25	

注：t_k 为开口孔中心处翼缘的厚度尺寸。（表 8.10～8.12 引自《建筑师手册》张树平主编中国建筑工业出版社 2003 年 3 月第一版。引用时形式略有变动）

在螺栓布置的同时,要对其周围留有放扳手和螺丝刀的空间和位置,见图8.16和表8.13。所以,要知晓该螺栓应该用何种扳手旋紧。放不下扳手和螺丝刀,螺栓不能旋紧,则螺栓连接不可行,这一点在选用螺栓连接设计时要特别注意。

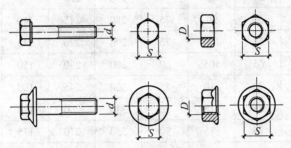

(a)六角螺头/螺母的对边宽度及螺栓/螺母公称直径

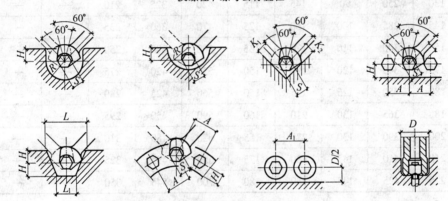

(b)扳手空间示意

图8.16 螺栓/螺母基本尺寸及扳手空间

表8.13 扳手空间尺寸　　　　　　　　　　　mm

S	A	H	K_1	K_2	L	L_1	R	D	A_1
10	21	9	12	11	36	26	18	22	18
12	25	10	15	13	48	38	24	26	20
13	30	12	18	15	13	40	26	28	22
16	34	14	20	18	60	45	30	32	26
18	38	16	22	20	68	50	34	36	30
24	48	18	28	25	80	60	40	45	36
30	58	22	34	30	100	75	50	52	45
36	68	25	40	35	120	95	60	62	52
46	90	32	50	42	150	115	75	75	65
50	95	40	55	45	170	125	85	85	72
55	105	40	60	48	180	140	90	—	—
65	125	45	70	55	210	165	105	—	—

续表8.13 mm

S	A	H	K_1	K_2	L	L_1	R	D	A_1
75	145	50	80	60	240	190	120	—	—
80	150	55	85	70	260	200	130	—	—
85	165	60	90	75	280	215	140	—	—
90	175	65	100	75	290	220	145	—	—
95	185	65	105	80	300	230	150	—	—
100	195	70	110	85	320	245	160	—	—
105	210	75	115	90	340	260	170	—	—
110	215	75	115	90	350	270	175	—	—
115	225	80	125	100	360	275	180	—	—
130	250	90	145	115	420	325	210	—	—
145	285	100	160	125	470	360	235	—	—
155	300	110	170	135	500	380	250	—	—
175	345	120	190	150	550	420	275	—	—
180	350	125	195	150	560	425	280	—	—
185	365	130	210	160	590	450	295	—	—
200	390	130	220	165	620	480	310	—	—
210	410	145	230	175	650	495	325	—	—
225	425	145	250	180	700	545	350	—	—

注：①S 为扳手开口宽度，$S = 0.866D$。

8.5.1.2 螺钉连接

我们这里讨论的螺钉连接包括：无螺母的机螺钉连接、木螺钉连接、自攻螺钉连接、自钻自攻螺钉连接、塑料胀管型自攻螺钉等。

螺钉连接属于构件级的有件连接，它的连接件是螺钉及螺钉的附件。其中，无螺母螺钉在机械行业中称为"机螺钉"，我们也使用这个名称。

1. 机螺钉

（1）机螺钉的基本造型形式。机螺钉包括同尺寸规格的螺柱。机螺钉总体形状与螺栓相同，也是实心的"T"形。"T"形的竖直部分为圆柱形的螺钉杆，"T"形的上端（大头端）为"螺钉头"。螺钉杆下端为"末端"。螺钉上的螺纹布置与螺栓基本相同，机螺钉的基本形式见图8.17。螺柱是没有螺钉（大）头的螺钉，见图8.18。

机螺钉由金属钢材（碳钢、低碳钢、中碳钢、合金钢、不锈钢等，并经淬火及回火处理）、铜材、合金材料制成。机螺钉也要做表面处理，其处理方法与螺栓基本相同。

第8章 建筑构造的连接及分隔

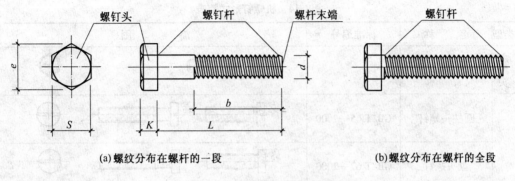

图8.17 机螺钉的基本形式

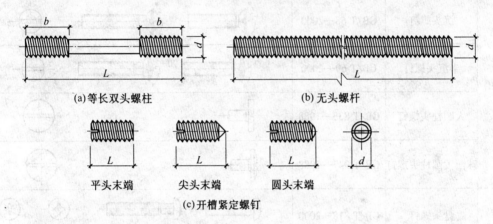

图8.18 螺柱和开槽紧定螺钉的基本形式

机螺钉与螺栓的区别主要表现在三个方面：

①有无螺母的区别。机螺钉不配有螺母，螺钉必须与设在被连接构件上的内螺纹配合使用。

②体形大小的区别。机螺钉体形较小，除内六角型机螺钉外，一般机螺钉公称直径在 10 mm 以下，钉长在 2～80 mm，内六角螺钉公称直径在 20 mm 左右，而螺栓的公称直径尺寸要超过这个范围。

③螺头及旋拧方式的区别。二者在螺头上有明显的区别，螺栓的螺头多为正六角形或正方形或其他形状；机螺钉的螺头多为圆形（扁圆形盘头、沉头），且将旋拧卡口（一字型、十字型、内六角型）开设在螺头顶面上。机螺钉多数用螺丝刀旋拧，螺栓用扳手旋拧。公称直径小于 6 mm 的螺栓，螺栓头一般与机螺钉相同。

（2）机螺钉的分类。机螺钉按螺钉（大）头形式可分为：突头型、沉头型和半沉头型三种。按螺钉的旋紧工具类型可分为：开槽（开一字形、十字形槽口）型、六角头型和内（穴）六角头型三种形式，见表8.14。

表8.14 机螺钉形式简表

类型	名称	标准编号	简图
六角头	六角头螺钉		
一字槽	圆柱头螺钉	GB/T 65—2000	
	盘头螺钉	GB/T 67—2000	
	沉头螺钉	GB/T 68—2000	
	半沉头螺钉	GB/T 69—2000	
	大圆柱头螺钉	GB/T 833—1988	
	球面大圆柱头螺钉	GB/T 947—1988	
十字槽	盘头螺钉	GB/T 818—2000	H型 Z型
	沉头螺钉	GB/T 819.1—2000	H型 Z型
	半沉头螺钉	GB/T 820—2000	H型 Z型
内六角花形	内六角花形盘头螺钉	GB/T 2672—1986	
	内六角花形沉头螺钉	GB/T 2673—1986	
	内六角花形半沉头螺钉	GB/T 2674—1986	
	内六角花形圆柱头螺钉	GB/T 6190—1986	

续表8.14

类型	名称	标准编号	简图
滚花型	滚花高头螺钉 滚花平头螺钉	GB/T 834—1988 GB/T 835—1988	高头　　　平头
滚花型	塑料滚花高头螺钉	GB/T 840—1988	A 型　　　B 型
定紧型	一字槽平端紧定螺钉	GB/T 840—1988	

注：该表类型不全，选用时请查阅相关标准或手册。

（3）机螺钉连接的形式。由于机螺钉不具备螺母，与它配套的、起螺母作用的只需要有内螺纹即可，而这个内螺纹必须设在被连接的构件上，这是机螺钉连接的主要特点。

内螺纹的设置方法有两种情况：一是在构件生产的同时，加工连接所用的内螺纹；二是在施工安装的现场加工内螺纹，此时，要先在被连接构件上预设内螺纹处钻孔，然后用"丝锥"在钻孔中攻出内螺纹。此法适用于螺钉定位随意性较大，不宜事先确定设内螺纹的孔位，且现场"攻丝"的内螺纹又不是太长的。螺钉连接的基本形式，见表8.8。

（4）机螺钉连接的受力。机螺钉连接中螺钉的受力情况，基本上与螺栓连接中螺栓的受力状态相同。螺钉只承受拉力和剪力。在螺钉主要承受拉力时，要保障螺钉进入最后一个连接件的深度不小于螺钉公称直径的三倍；当螺钉受力较小，进入最后一个连接件的深度，其相互咬合的螺纹不应少于完整的三周，即三整扣螺纹。

（5）机螺钉的旋紧。机螺钉的旋紧方式，取决于它的螺头形式。

开槽（开一字槽、十字槽）型螺头的机螺钉，使用一字形口、十字形口螺丝刀旋紧。内穴六角形螺头的机螺钉，使用内穴六角扳手旋紧。六角形螺头或方形螺头的机螺钉，使用螺栓扳手旋紧。一般机螺钉不做防松动处理，尤其是对沉头型的机螺钉，如需要防松处理时，可参照螺母的防松措施处理。

（6）机螺钉连接的布置。当选用单个机螺钉时，应布置在连接的最有效的最佳位置上。当使用多个机螺钉排列布置时，每个钉的间距不应小于钉的公称直径的3倍。机螺钉的布置，要充分考虑放置旋紧工具和施拧操作的可能性，并使机螺钉排列赋有规律性，整齐美观。

(7)机螺钉连接的适用范围。在与螺栓连接相比较时,具有下列情况的,均应考虑选用机螺钉连接:

①在螺栓连接中,螺栓不能穿透所有被连构件的;

②在螺栓连接中,不宜或不能设螺母的;

③作为承受连接固定的构件材质适宜设置内螺纹的。

凡是符合上述条件的,均可以用机螺钉连接。最适于机螺钉连接的是金属材料构件,如钢材、不锈钢、铜及铜合金、铝及铝合金材料等。对于硬质塑料和玻璃钢材料,通常也用金属机螺钉连接。个别情况——如避免金属材料螺钉出现,则要用与作为承受连接的固定构件的同质材料的螺钉,如硬质塑料螺钉、玻璃钢螺钉。

2. 木螺钉连接

木螺钉连接是螺钉连接的一种形式,是专门用于木质材料和构配件上的连接形式。木螺钉连接属于构件级的有件连接,它的连接件是木螺钉。木螺钉可以拆卸,可用在木质构件的可拆卸连接中。

(1)木螺钉的基本造型形式、规格和材料。木螺钉的基本造型形状也是"T"形的,"T"的横向头部分为螺钉头,"T"形的竖直部分为圆断面的螺钉杆,螺钉杆的最下端为末端,末端呈尖锥形状。从尖锥体的顶端沿逆时针向上排列螺纹线,木螺钉的螺纹线只占螺杆的一部分。木螺钉的螺纹线断面为60°的三角形牙线,且螺距比同等直径的机螺钉要大些。

木螺钉的钉头平面形式均为圆形,分半圆型(半球形)、沉头型、半沉头型等三大类型;每种类型又分为钉头上开一字形槽口、十字形槽口两种。木螺钉的基本形式,见图8.19和表8.15。

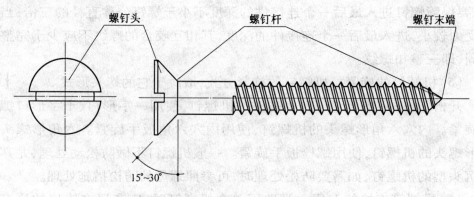

图8.19 木螺钉的基本形式

表 8.15 木螺钉形式简表

类别	名称	简图	标准编号
一字槽	圆头木螺钉		GB/T 99—1986
一字槽	沉头木螺钉		GB/T 100—1986
一字槽	半沉头木螺钉		GB/T 101—1986
十字槽	圆头木螺钉		GB/T 950—1986
十字槽	沉头木螺钉		GB/T 951—1986
十字槽	半沉头木螺钉		GB/T 952—1986

注:该表类型不全,选用时请查阅相关标准或手册。

木螺钉一般由低碳钢(Q215、Q235,GB/T 700)或铜合金(黄铜 H62、HPb59-1,GB/T 4424、GB/T 4425)制造。表面镀锌钝化、镀铬或滚光。但螺纹表面不允许有裂缝、折叠。除螺纹最初两扣和螺尾外,不允许有螺扣不完整,表面不允许有浮锈,不允许有影响使用的裂缝、凹痕、毛刺、圆钝和飞边等。

(2)木螺钉的特点。木螺钉与螺栓相比它有自身的特点,表现为:

①形成连接时不用螺母,靠旋拧时攻入被连接的木质构件中。实际上木螺钉是专用于木质材料上的自攻螺钉;

②它的螺钉杆末端有一段为锥形,即它有一个尖头端;

③在旋紧措施上,多为一字形和十字形开槽卡口。

木螺钉主要用于木质材料构件上,包括各类人造木材。

(3)木螺钉连接的基本形式。木螺钉连接与螺栓连接一样,木螺钉必须穿透被连接构件的各层,木螺钉要全部进入被连构件中。木螺钉连接的基本形式,见图 8.20。

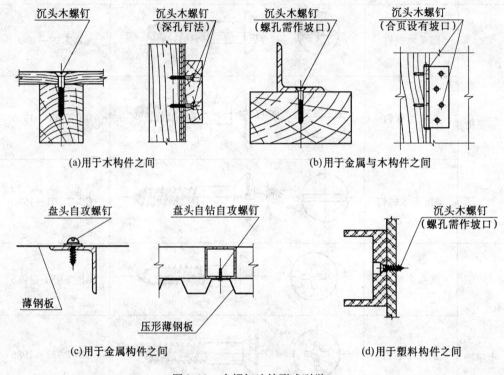

图 8.20　木螺钉连接形式列举

被连接的木质构件其宽度应大于所用木螺钉的直径的 10 倍以上。如果被连接的是人造木质材料,如胶合板材、纤维板材等,且事先有钻孔,被连构件的宽度可以适当减小。

在阔叶树种的柞木、榆木、水曲柳及硬质人造木材中使用木螺钉时,应事先在木构件上钻出螺钉孔,孔径略小于木螺钉的公称直径,孔深不大于木螺钉杆长的 2/3,并保证有 4 扣完整螺纹拧入最后的构件。

对于天然的针叶树种或阔叶树种中的椴木、杨木、桦木等的木材及软质人造木材,拧入木螺钉时可以不做事先钻孔;但当木螺钉长度超过 100 mm 时,必须事先钻孔,孔深不超过钉长的 2/3,最后攻入的木质材料的深度,应不小于螺杆长度的 1/3,并保证有 7 扣完整螺纹拧入最后的构件。

使用木螺钉时事先钻孔的做法,主要是防止在螺钉拧入时对木材的挤压胀力使木材劈裂。另外,钻孔使木螺钉的就位也变得十分方便。

在木螺钉连接中,当处于最表层或中间层的被连构配件有非木质(金属、塑料等)材料时(此时,最底层材料还必须是木质的),对这些非木质材料都必须事先钻孔(非木质的纺织物、塑料薄膜、各类卷材可不必钻孔),使木螺钉由钻孔通过,起到定位作用。如此时使用的是沉头或半沉头木螺钉,且与木螺钉钉头相接触的构件材质为硬杂木或硬质纤维板时,要在与钉头接触的材料表面作出带有坡口形的沉头孔,见图8.20(a)。

当最底层材料为非木质时,如砖砌体、混凝土构件等,木螺钉不能攻入这类材料,此时应使用胀锚式螺钉。

胀锚式螺钉由胀锚套管和自攻螺钉(或木螺钉)两部分组成,胀锚套管的一般材料为聚乙烯或聚丙烯塑料,故而称其为塑料胀锚螺钉。胀锚套管的内表面是光滑的,全靠螺钉拧入时在套管内壁上攻出内螺纹。所以它用的螺钉应属于自攻型的,为此,将它归入自攻螺钉中。塑料胀管螺钉的基本形式,见图8.21(a)、(b)。

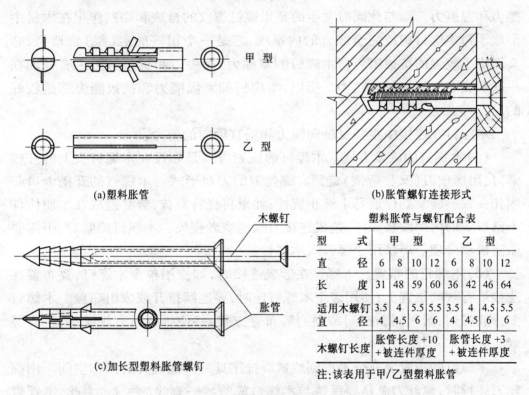

(a)塑料胀管　　(b)胀管螺钉连接形式

(c)加长型塑料胀管螺钉

塑料胀管与螺钉配合表

型　式	甲　型				乙　型			
直　径	6	8	10	12	6	8	10	12
长　度	31	48	59	60	36	42	46	64
适用木螺钉直径	3.5 4	4 4.5	5.5 5	5.5 6	3.5 4	4 4.5	4.5 5	5.5 6
木螺钉长度	胀管长度+10+被连件厚度				胀管长度+3+被连件厚度			

注:该表用于甲/乙型塑料胀管

图8.21　塑料胀管螺钉

配合胀锚套管使用的为木螺钉或自攻螺钉,实施连接前,要在非木质材料上钻出埋设胀管的钻孔,钻孔直径在混凝土材料上:等于或小于胀管直径0.3 mm;在加气混凝土材料上:孔径要小于胀管外径0.5～1.0 mm;在砖或硅酸盐砌块上:孔径要小于胀管外径0.3～0.5 mm。钻孔长度:甲型大于胀管长10～12 mm;乙型大于胀管长3～5 mm。钻孔形成后,将胀管开口端插入或钉入钻孔内,末端与钻孔构件取平,最后将被连接构件就位。通过被连接构件上的预先钻出的胀管螺钉孔放入胀锚套管及木螺钉或自攻螺钉,对准螺钉头卡口拧入并旋紧螺钉,完成连接安装,见图8.21(b)。

图8.21(c)为加长的塑料胀管螺钉,配合它使用的是与胀管等长的木螺钉(该木螺钉需特殊制作),它多用在设有保温层的墙面上连接除自重外不受其他外力作用的构件,如保温墙面上设的固定落水管、空调排水管等支架、管卡等。

(4)木螺钉连接的受力。木螺钉的工作原理基本上与螺栓相同,都是靠螺纹的咬合能力,不同之处是木螺钉的螺距较大,即木螺钉螺纹线升角要大于螺栓。但木螺钉是自攻进入木材中的,在自攻推进过程中,木螺钉螺纹要切断木纤维,并对周围的木质形成压缩,这就使木螺钉与木材之间形成了很强的摩擦力和握裹力。而与此同时发生的是木螺钉螺纹的自攻和切割作用在木材中形成了与木螺钉螺纹完全吻合的内螺纹,它是一个很好的定(限)位造型,它又形成了较强的抗拔阻力。木螺钉的摩擦力、握裹力和抗拔阻力三者叠加在一起形成了木螺钉的连接力。所以,木螺钉的紧固能力和抗拔能力都是较好的。

木螺钉在连接中主要受轴向拉力和垂直轴向的剪力。

(5)木螺钉的旋紧方式。木螺钉的旋紧方式是靠设在木螺钉头上的开槽卡口,用螺丝刀(又称解锥)旋紧。螺丝刀的刀口形式与木螺钉的开槽卡口必须相一致。旋紧到位后马上终止旋拧;如果再强行旋拧,势必造成在木质构件上已形成的内螺纹被破坏,造成连接力减弱或者丧失。木螺钉旋紧后,不需要做防松动处理。严禁用手锤钉入木螺钉。

(6)木螺钉的布置。木螺钉在形成连接时,如使用单个木螺钉,要布置在连接最有效的位置上;使用多个木螺钉连时,要连续排开或成组布置。木螺钉要排成齐列、错列(梅花形)或斜列等布置方式,并使排列赋有规律性,整齐美观。

木螺钉的布置要充分考虑到放置旋拧工具——螺丝刀的操作空间。用螺丝刀旋拧时,螺丝刀总是要保持与木螺钉成前后一直线的关系,为此,木螺钉就位后,在其纵轴的延伸的空间范围内,必须没有防碍安放、旋拧螺丝刀的任何障碍。这个操作空间的最小范围,应当不小于安放还没有旋拧的木螺钉外露在构件表面的长度加上最短型号(4型——短形柄)螺丝刀的全长度,见图8.22。

(7)木螺钉的适用范围。木螺钉适用于全天然木质材料、人造木质材料彼此的连接,也适用于非木质构件与木质构件的连接。此时,非木质构件必须事先穿孔,木螺钉要穿透该构件,最后再攻入木质构件。

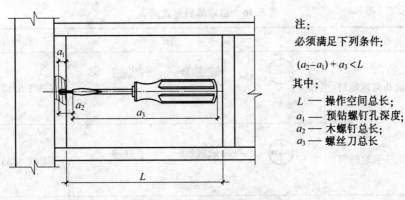

图 8.22　螺丝刀操作的最小空间

注：
必须满足下列条件：
$(a_2-a_1)+a_3<L$
其中：
L——操作空间总长；
a_1——预钻螺钉孔深度；
a_2——木螺钉总长；
a_3——螺丝刀总长

3. 自攻螺钉连接

自攻螺钉连接也是螺钉连接的一种形式,它是围绕自攻螺钉形成的连接,也属于构件级的有件连接,连接件是自攻螺钉。它的特点主要集中在螺钉上,即螺钉具有自攻能力。

（1）自攻螺钉的基本造型形式、分类和规格。自攻螺钉的基本造型形式与木螺钉类似,总体形式也是"T"形的,分为：钉头、钉杆和末端三部分。自攻螺钉的钉头形式分为：盘头型（圆半球形）、圆柱头型（扁圆形）、沉头型、半沉头型、六角头型等。钉杆部分为圆柱状断面,全部杆布满螺纹线。末端分尖锥头（C型）和平头（F型）两种。钉头的旋拧卡口开槽分为：一字形、十字形（H型、Z型两种）两种。六角钉头也可开十字槽,形成十字槽凹穴六角头自攻螺钉,见图8.23和表8.16。

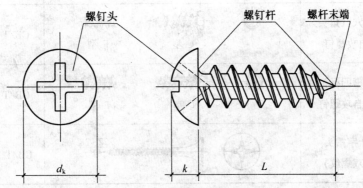

图 8.23　自攻螺钉的基本形式

自攻螺钉还有一种特别类型的,如专门用于墙板的墙板自攻螺钉,它是双螺纹线的,即两条平行并设的螺纹线,见表8.16。

表8.16　自攻螺钉形式简表

类别	名称	简图	标准编号
一字槽	盘头自攻螺钉	C型　F型	GB/T 5282—1985
一字槽	沉头自攻螺钉	C型　F型	GB/T 5283—1985
一字槽	半沉头自攻螺钉	C型　F型	GB/T 5284—1985
十字槽	盘头自攻螺钉	H型　Z型　C型　F型	GB/T 845—1985
十字槽	沉头自攻螺钉	H型　Z型　C型　F型	GB/T 846—1985
十字槽	半沉头自攻螺钉	H型　Z型　C型　F型	GB/T 847—1985
六角头	凹穴六角头自攻螺钉	C型　F型	GB/T 5285—1985
六角头	十字槽凹沉头六角自攻螺钉	C型　F型	GB/T 9456—1988
墙板用自攻螺钉	十字槽头（双螺纹）		GB/T 14210—1993

注：该表类型不全，选用时请查阅相关标准或手册。

(2)自攻螺钉的特点。自攻螺钉的特点既是它自身的特殊性，也是它与机螺钉及木螺钉的区别，它表现为：

①形成连接时不用螺母，螺钉在旋拧过程中直接攻入被连材料中并形成连接螺纹，这是自攻螺钉最突出的特征。它不用螺母，也省去了加工螺纹及攻

丝等工艺,既提高了工效,又降低了成本。所以,自攻螺钉被广泛地使用在建筑构造中。

②自攻螺钉的螺纹线布满全螺杆。

③使用自攻螺钉,要事先在构件上钻出螺钉孔。

④自攻螺钉的表面都要经镀锌钝化处理。

⑤自攻螺钉的表面硬度较高,一般自攻螺钉表面硬度≥450HV0.3,自钻自攻螺钉和墙板自攻螺钉表面硬度≥560HV0.3,所用钢材为渗碳钢。

(3)自攻螺钉工作原理和受力。自攻螺钉的工作原理和受力与螺栓、木螺钉相同。

(4)自攻螺钉的安装和拧紧方式。手工旋拧的自攻螺钉在安装前,要在被连接构件上螺钉就位处先钻孔。一般的非木质板形(金属板、塑料板、石膏墙板、平板玻璃等)构件,钻孔要穿透所有的被连接构件,即自攻螺钉的长度要大于中间层被连构件的总厚度,孔径要略小于自攻螺钉的公称直径。对于螺钉不需要穿透的单层构件,钻孔总深度要不大于螺钉总长的2/3。当使用一字形和十字形槽的自攻螺钉时,用螺丝刀旋紧,旋紧时要施加一定的压力。当使用各型六角头自攻螺钉时,用呆头扳手或活扳手旋紧。当使用各型自钻自攻螺钉时,要用专用的电动旋拧工具。

(5)自攻螺钉的布置。自攻螺钉的布置可参照机螺钉和木螺钉的布置进行,主要考虑使连接牢固、受力均匀,并留有安插旋紧工具——螺丝刀或扳手的空间。

(6)自攻螺钉的适用范围。自攻螺钉的适用范围比较广,在金属型材、薄壁金属板材、吊顶的轻钢龙骨系统、非金属板材中都得到了广泛的使用。在某些连接受力不大的情况下,自攻螺钉甚至可以代替小型螺栓使用,总之,自攻螺钉适用范围是比较广的。

4. 自钻自攻螺钉连接

在使用自攻螺钉时,要在构件上预先钻出螺钉孔。为了使连接构件与被连接构件的螺孔更精确对位,最好的工艺方案是将这两个孔同时一次钻出,为此产生了自钻自攻螺钉。

自钻自攻螺钉是在自攻螺钉末端(螺纹的末端)设有刮削端。刮削端是在螺钉杆末端沿螺钉纵轴方向制出刮削槽,形成切削刃,此处是类似钻头的结构形式,在拧入螺钉时,要用专用的扳拧机械使螺钉旋转,在刮削端(末端钻头)的作用下,进行钻孔,在螺钉推进过程中,随即攻出内螺纹,整个过程一次完成,效率极高,见图8.24和表8.17。

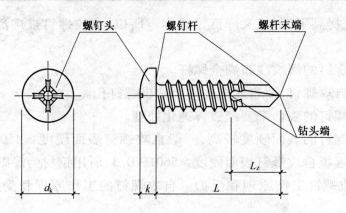

图 8.24 自钻自攻螺钉的基本形式

表 8.17 自钻自攻螺钉形式简表

类别	名称	简图			标准编号
十字槽	盘头自钻自攻螺钉	H型	Z型		GB/T 15856.1—1995
	沉头自钻自攻螺钉	H型	Z型	90°+2°	GB/T 15856.2—1995
	半沉头自钻自攻螺钉	H型	Z型	90°+2°	GB/T 15856.3—1995
六角头	六角头法兰面自钻自攻螺钉				GB/T 15856.4—1995

注:该表类型不全,选用时请查阅相关标准或手册。

自钻自攻螺钉的总体造型形式与自攻螺钉基本相同,但它出现了六角头法兰面型。

8.5.1.3 铆钉连接

铆钉连接是围绕铆钉形成的连接,是属于构件级的有件连接,它的连接件为铆钉。

1. 铆钉的基本造型形式和特点

标准铆钉(以实心钢铆钉为例)的总体形状是:钉杆成圆柱形,钉头多数为半球形,钉杆末端为平齐头。铆钉在施铆前后,体型形式不一样,铆钉的原形——未施铆前,成"T"形,铆钉施铆后,即铆钉的另一端被镦粗后,全铆钉呈现"工"字形,这是铆钉的特点。铆钉的基本形式,见图 8.25。

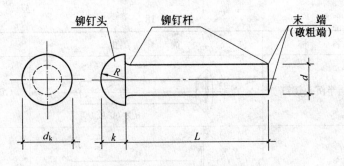

图 8.25 铆钉的基本形式

铆钉全部由金属材料制成,它要求材料具有良好的塑性,常用的有低碳钢、不锈钢、铜合金、铝合金,小铆钉有纯铜或铝的。铆钉属于标准系列产品,有国家标准。

铆钉连接是一种不可拆卸的连接,要拆卸势必损坏铆钉,这是它与螺栓连接或螺钉连接的区别,因此,铆钉连接均用在永久性的固定连接中。

2. 铆钉的分类

铆钉可以按体形形式、施铆方式划分为:实心铆钉、半空心铆钉、空心铆钉、管状铆钉、抽芯铆钉、击芯铆钉和标牌铆钉等七种形式,见表8.18。

表8.18 铆钉形式简表

类别	名 称	简 图	标准编号
实心	半圆头铆钉		GB/T 867—1986
	粗制半圆头铆钉		GB/T 863.1—1986
	粗制小半圆头铆钉		GB/T 863.1—1986
	平锥头铆钉	15°	GB/T 868—1986
	粗制平锥头铆钉	20°	GB/T 864—1986
	沉头铆钉	$a±2°$ a 为 60° 或 90°	GB/T 869—1986
	粗制沉头铆钉	60°±2°	GB/T 865—1986
	半沉头铆钉	$a±2°$ a 为 60° 或 90°	GB/T 870—1986

续表 8.18

类别	名 称	简 图	标准编号
实心	粗制半沉头铆钉	$a±2°$ a为60°或90°	GB/T 866—1986
	120°沉头铆钉	$120°±2°$	GB/T 954—1986
	120°半沉头铆钉	$120°±2°$	GB/T 1012—1986
	平头铆钉		GB/T 109—1986
	扁平头铆钉		GB/T 872—1986
半空心	平锥头半空心铆钉	15°	GB/T 1013—1986
	大扁圆头半空心铆钉		GB/T 1014—1986
	扁平锥半空心铆钉		GB/T 875—1986
	沉头半空心铆钉	$90°±2°$	GB/T 1015—1986
	120°沉头半空心铆钉	$120°±2°$	GB/T 874—1986
	无头铆钉		GB/T 1016—1986

续表 8.18

类别	名 称	简 图	标准编号
空心铆钉	空心铆钉		GB/T 876—1986
	管状铆钉		GB/T 975—1986
抽芯铆钉	封闭型扁圆头抽芯铆钉		GB/T 12615—1990
	封闭型沉头抽芯铆钉		GB/T 12616—1990
	开口型沉头抽芯铆钉		GB/T 12617—1990
	开口型扁圆头抽芯铆钉		GB/T 12618—1990
击心铆钉	扁圆头击芯铆钉	允许制造的钉芯型式	GB/T 15855.1—1995
	沉头击芯铆钉	允许制造的钉芯型式	GB/T 15855.2—1995
标牌铆钉	半圆头标牌铆钉		GB/T 827—1986

注:该表类型不全,选用时请查阅相关标准或手册。

(1)实心铆钉。它的铆钉杆为实心的圆柱形,又分为:半圆头(小半圆头铆钉——粗制)、平锥头、平头、扁平头、沉头、半沉头、120°沉头、120°半沉头等若干种,又有粗制和普通型两类,见表8.18。

　　(2)半空心铆钉。它的钉杆有一端(分布在铆钉末端)成空心状,故而称其为半空心铆钉。它分为:平锥头、扁圆头、大扁圆头、扁平头、沉头、120°沉头和无头等几种。无头铆钉没有铆钉大头,它的两端端头均为半空心形式,施铆时要两端同时进行,见表8.18。

　　(3)空心铆钉和管状铆钉。这类铆钉全杆都是空心的。其中,空心铆钉钉杆为一头封口的空管状;管状铆钉为两端开口的空管状,见表8.18。

　　(4)抽芯铆钉、击芯铆钉和标牌铆钉。这三类铆钉,形式较特殊。

　　①抽芯铆钉。它由铆钉芯杆和套在外侧的铆钉外管两部分组成,芯杆在铆钉枪(钳)的拉动下向外移动,在拉力作用下,使外套管变形、镦粗达到锚固作用。它分为:封闭型扁圆头、沉头,开口型扁圆头、沉头等四种形式,见表8.18。

　　②击芯铆钉。它也是由铆钉芯杆和外套管两部分组成,钉芯杆靠锤击进入套管中,膨开钉套管末端,形成镦粗端,达到锚固作用。它分为扁圆头、沉头两种。

　　③标牌铆钉。只有一种形式,铆钉杆纵向上刻有凹槽,铆钉钉入铆孔后,靠钉杆与铆孔之间的摩擦和稍微镦粗的铆钉末端来实现连接,见表8.18。

3. 铆钉的材质

　　铆钉按材料的硬度划分为:硬质铆钉和软质铆钉两类。硬质铆钉由普通碳钢、优质钢、特种钢、不锈钢制造,软质铆钉由铜、铝或铜、铝合金制造。空心铆钉、管状铆钉和抽芯铆钉多数是用铝合金制成的。其中抽芯铆钉的钉杆外管材料与钉芯杆材料略有区别,钉芯材料硬度高些,易脆断;钉外管材料塑性变形性能好。

4. 铆钉连接的基本形式与受力

　　铆钉连接的基本定位形式与螺栓连接形式基本相同。螺栓的定(限)位造型是由螺栓大头和螺母两个零件组合构成的;而铆钉连接是由铆钉头和经镦粗后的铆钉末端构成的。铆钉末端的镦粗是塑性变形,在施铆力(镦粗力)消失后,变形仍然存在。所以,铆钉无需防松,连接的可靠性比螺栓高。但铆钉连接不可拆卸,是一次性的永久性连接。铆钉连接的连接力(夹紧力)要比螺栓连接低。

　　铆钉连接中的铆钉也必须穿过所有被连材料和构件,为此,要在被连接材料或构配件上要事先钻出铆钉通孔,穿入铆钉后施铆。实心钢铆钉连接的基本形式,见图 8.26。

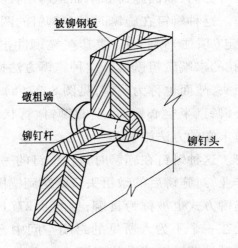

图 8.26 实心钢铆钉连接的基本形式

穿入铆钉的铆孔应与铆钉直径相配合,均要比铆钉直径略大些。为了使铆钉涨满铆钉孔,被铆件的总厚度一般为:$\sum \delta \leqslant 5d$(δ 为每层材料厚度;d 为铆钉直径)。

铆钉在连接中的受力也基本上与螺栓相同,铆钉主要受拉力、剪力。在双面施铆的铆钉中,铆钉承受在施铆(镦粗)过程中由于冲击所引起的压力。所以,在主要承重结构和构造中使用铆钉连接时,一定要分析铆钉的受力状态,并对铆钉的抗拉、抗剪强度进行验算。铆钉的受力直接由铆钉材料强度来抵抗,不像螺栓要通过螺纹的咬合后再传给螺栓。

5. 铆钉连接的施铆

铆钉的施铆就是将露出的铆钉杆设法镦粗,使其起到限位作用。因铆钉连接多数情况是用在金属材料的构件上,所以,它的施铆主要是对被铆(金属)构件及铆钉的处理,以实心铆钉为例,它的施铆过程分下列几道工序。

(1)在被铆构件上做出穿入铆钉的通孔。通孔的做法有两种,一是用冲压方法做冲孔;另一是用钻削方法做钻孔。钻孔比冲孔规整、定位精度高、受力状态好,多用于厚度大于 1 mm 的钢板;冲孔多用于薄钢板。建筑装修施工现场中,用得最多的抽芯铆钉,一般是将被铆的几层构件临时固定后,一次钻出贯通的铆钉孔,这种做法各层通孔对位准确,施工简单。在选用粗装时,钉孔直径(d_0)大于铆钉大径(d)0.2~2.0 mm;精装时,大于 0.1~0.5 mm。使用沉头或半沉头铆钉时,位于表层构件的通孔要做成坡口形式。

(2)穿入铆钉。

(3)施铆,即镦粗铆钉末端。

铆钉的施铆方式可分为：双面施铆和单面施铆两种类型。

①双面施铆铆钉。这种铆钉在施铆时是在铆钉的两端——即在被铆构件的两侧作业，一侧固定（顶住）铆钉头，使其在施铆冲击作用下不移动，另一侧，即在铆钉露出铆孔的末端墩粗铆钉。这种施铆方法操作空间要开阔，操作者能够直接看到墩粗头，故而也称为明铆，见图8.27(a)（双面铆）。双面施铆主要适用于各型实心铆钉、半空心铆钉、空心铆钉、管状铆钉等。双面施铆用锤击或机械冲击铆钉末端的方法施铆。

②单面施铆铆钉。这种铆钉在施铆时只在铆钉的一端——即在被铆构件的铆钉插入一侧进作业，对施铆后的墩粗头只要达到锚固作用即可，不必控制铆头形状，所以，此施铆方式也被称为盲铆，见图8.27(b)（单面铆）。盲铆的施铆铆头完全可以处在一个不为人所见的封闭空间中，这是盲铆的特点。单面施铆主要适用于各型抽芯铆钉或击芯铆钉。

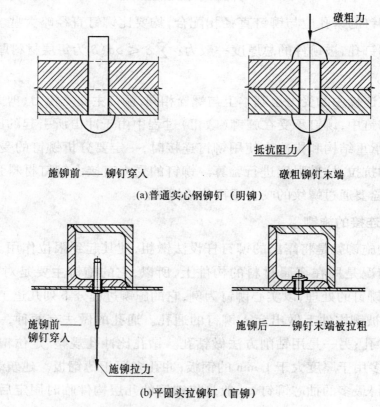

图8.27 铆钉的单、双面施铆

明铆铆钉的墩粗方法有两种：

①热铆。直径大于10 mm的钢铆钉加热到1 000～1 100 ℃的红热状态下穿入铆孔，再用机械铆枪将其墩粗，这就是热铆。热铆时铆钉处于热塑性状态下，铆钉易于变形，施铆冲击力小，铆头不开裂，墩粗头容易形成，铆接质量有

保障。热铆一般用于主承重系统中的钢质实心铆钉。

②冷铆。即在常温下将铆钉末端镦粗(铆钉退火后施铆)。镦粗方法可用手工工具——手锤或榔头,也可用机动工具,汽动、电动铆钉枪或液压铆合机施铆。

抽芯铆钉用拉铆枪(铆钳)施铆;半空心铆钉和管状铆钉施铆时使用胀锥,用手锤锤击胀锥将空心头胀开,形成镦粗端来实现定位,起到连接作用。击芯铆钉在铆钉插入面直接敲击铆钉芯子,使它下沉胀开铆钉末端,形成镦粗端,起到铆接作用。

冲击铆钉末端使其镦粗是施铆过程中的一道重要工序,这就很难避免对全构造系统造成影响,而抽芯铆钉施铆时没有冲击作用,整个施铆过程比较平稳、缓和,对整个构造系统影响较小或没有影响。所以,当整个构造系统难以承受施铆冲击力时,应优先选用抽芯铆钉。

铆钉连接多数情况下是用在各种金属构件上。空心铆钉、管状铆钉因其钉杆断面为管状,承载能力较低,施铆时冲击力也不大,所以多数用在连接软质材料上,如纺织物品、皮革等材料。

6. 铆钉的布置

使用铆钉连接,一般的情况下不是用一个铆钉,都是使用多个铆钉,成组排列。所以,铆钉连接中存在铆钉的布置问题。铆钉的布置要考虑三个问题,一是使每个铆钉受力均匀;二是铆钉孔要保持一定的距离,分布均匀,使铆孔与铆孔之间不因过密而造成材料损伤;三是要保障施铆工具的安放和施铆作业空间。在主要承重钢结构中,对型钢构件上的铆钉排列应按相关《规范》规定。

8.5.1.4 圆钉(铁钉、钢钉)连接

圆钉连接是围绕圆钉(铁钉、钢钉、气动力排钉等)形成的连接,圆钉连接属于构件级的有件连接,它的连接件是圆钉。

1. 圆钉的基本形式和特点

常用的标准圆钉的总体形状为"T"形,"T"形的竖直部分为圆柱形的钉杆,一般圆钉杆上无任何刻痕。(只有地板钉钉杆上有宽螺距的凹陷刻痕,水泥钢钉钉杆上有纵向刻痕)。钉杆一端为钉(帽)头,呈扁圆形,扁圆头直径大于钉杆直径,圆钉的末端呈方锥形或圆锥形尖头。圆钉的基本形式,见图8.28。圆钉均由铁或钢材制成。圆钉也是标准系列产品,有国家标准。

圆钉的特点是:凭借自身体形形状和末端具有的锥状的尖头及全钉的刚度、硬度,在锤击或冲击力作用下,挤入(钉入)被连接的材料或构配件中,从而形成连接。

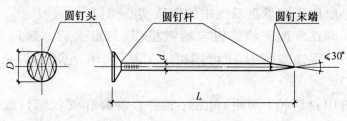

图 8.28 圆钉的基本形式

2. 圆钉的分类

圆钉一般按用途分类,可分成:圆钉(扁圆头)、扁头钉、水泥钉、拼钉、射钉、骑马钉、油毡钉、瓦楞钉、地板钉、汽动排钉和扒钉等,见表 8.19 圆钉形式简表。

表 8.19 圆钉形式简表

名 称	简 图	标准编号	备 注
圆钉		YB/T 5002—1993	
扁头钉			
特种钢钉		WJ/T 9020—1994	亦称高强度钢钉、水泥钉
拼钉			
射钉		WJ/T 9019—1994	
骑马钉			
油毡钉			

续表 8.19

名　称	简　图	标准编号	备　注
瓦楞钉	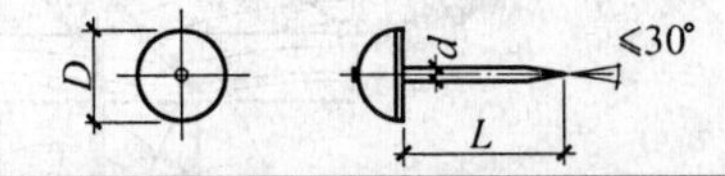		
地板钉	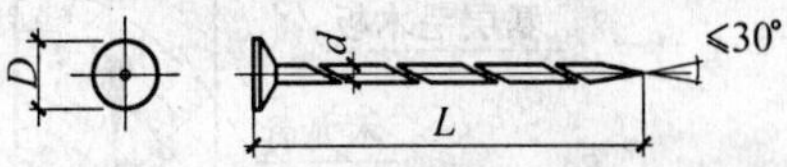		
汽动排钉	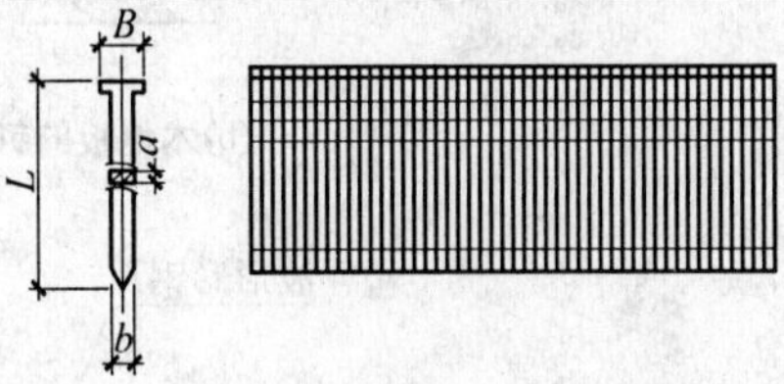		直形钉
	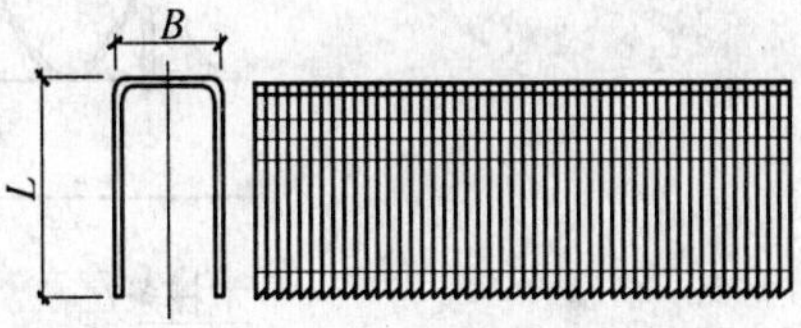		⊓形钉（马钉）
扒钉	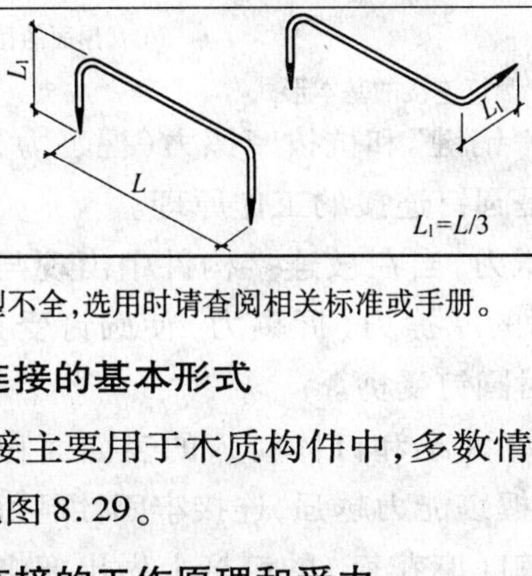		

注：该表类型不全，选用时请查阅相关标准或手册。

3. 圆钉连接的基本形式

圆钉连接主要用于木质构件中，多数情况下是在非承重的构造中或临时性连接中，见图 8.29。

4. 圆钉连接的工作原理和受力

圆钉连接的工作原理，是由圆钉与被连接材料或构配件间形成的定（限）位造型所产生的连接力和构件受外力作用这两方面形成的。

当圆钉被钉入时，它是在手锤冲击力的作用下"破材而入"的，钉体要穿透各层材料或构配件，这实际上就是在材料或构配件中硬挤出一个钉体的占位空间，钉体占位处的材料并没有被取出去，而是被挤压在钉体的周围了，这就形成了被连接构件与钉体之间的一个很紧密的定位效果。圆钉在被连材料中起到了定位的"销键"的作用。

正因为圆钉这种"破材攻入"的挤压作用，这个挤压力是形成钉体与被挤材料之间摩擦力中的主要正压力，而摩擦力是抵抗圆钉拔力的主力，使圆钉不

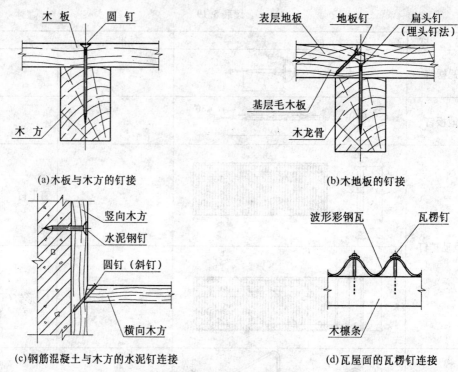

图 8.29 圆钉连接的基本形式

至于自行拔出,起到连接作用。在"销键"和抗拔摩擦力(握裹力)的联合作用下,形成了圆钉的连接作用,这就是圆钉连接的工作原理。

圆钉钉入时瞬间受轴向冲击压力,当在被连接构件中出现与钉轴线平行的拉力时,通过钉与被连接构件间的摩擦力(握裹力)使圆钉受拉;当在被连接构件出现垂直圆钉轴线的拉力时圆钉受剪。

材料中形成的握裹力(挤压力)大小和钉体钉入的表面面积大小成正比关系,所以,圆钉越粗、越长其抗拔握裹能力越强,连接牢固性越好。为了更有效地提高圆钉的抗拔能力,在地板钉(麻花钉)的钉杆上做出宽螺距的螺纹凹线,借以增加抗拔能力。但总体上讲,圆钉的抗拔能远远低于木螺钉。

圆钉在连接中受剪与被连构件厚度和圆钉钉入的深度有关,为此,圆钉连接中对木质构件的最小厚度作了规定,见图 8.30 和表 8.20。

表 8.20 圆钉连接中木构件的最小厚度

木构件连接形式	c	a
双剪连接	$\geqslant 8d$	$\geqslant 4d$
单剪连接	$\geqslant 10d$	$\geqslant 4d$

注:d——圆钉直径;
c——中部构件的厚度或单剪连接中较厚构件的厚度;
a——外部构件的厚度或单剪连接中较厚构件的厚度。

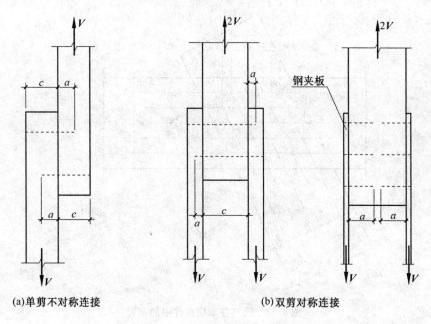

(a) 单剪不对称连接　　　　(b) 双剪对称连接

图 8.30　圆钉在木质构件中的有效钉入深度

在图 8.30 与表 8.20 中 c、a 的取值应是圆钉钉入木构件中的实际尺寸，即钉进入木构件中的有效长度；在未被钉穿透的构件中，钉的实际有效长度应扣除钉尖长度（按钉直径的 1.5 倍计算）；若钉穿透最后构件的表面，也应在构件厚度上减去钉直径的 1.5 倍。

在天然木质构件中，圆钉钉入方向垂直于年轮方向——弦向，对钉的握裹力最高；次之为平行年轮方向——径向；最次是圆钉钉入方向顺着木材纤维方向，即顺纹钉入。

5. 圆钉连接的适应材料

圆钉连接最适应的材料是木材、竹材（必须事先钻孔），包括人造木材。木材的硬度远远低于圆钉硬度，很容易钉入，且压缩后的反弹性能较好，能够保障钉与被连材料之间的握裹力。所以，圆钉连接广泛用于木质材料的构配件中。在砂浆、砖砌体或混凝土中钉入圆钉时，一定要使用材质较强的水泥钢钉，并最好用射钉枪钉入。圆钉连接的构件中可以夹有金属薄板、塑料板（布）纺织物或卷材等。

6. 圆钉的布置

在使用圆钉连接时，可采用排列和齐列、错列或斜列，见图 8.31。钉的最小间距应符合表 8.21 的规定。

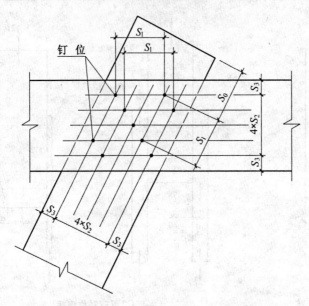

图 8.31 圆钉在木质构件中的布置

S_0—顺纹端距;S_1—顺纹中距;S_2—横纹中距;S_3—横纹边距

表 8.21 圆钉排列的最小间距

a	顺 纹		横 纹		
	中距	端距	中 距		边距
	S_1	S_0	齐 列	错列或斜列	S_3
$a \geqslant 10d$	15d				
$10d>a>4d$	取插入值	15d	4d	3d	4d
$a=4d$	25d				

注:d——钉直径;

a——构件被钉穿透的厚度。

此表引自《木结构设计规范》(GB 50005—2003)。

对于软质阔叶材,其顺纹中距和端距应按表中规定增加 25%;对于硬质阔叶材和落叶松,若无法预先钻孔,则不应采用圆钉连接。在每个独立的圆钉连接节点中,圆钉数量不得少于两颗。

在砂浆、砖砌体或混凝土上使用水泥钢钉或射钉时,钉位应与构件端头保持 30～50 mm 以上的距离,免得钉钉入时对材料造成破坏。

7. 圆钉连接的施工

常用的施工方法是用手锤锤击钉帽,将圆钉钉入被连接的材料或构配件中。此时,圆钉对被钉入的材料产生压缩性胀力,这种压缩性胀力对材料是一种破坏,严重时可能造成材料劈裂、破损,对钉失去了握裹能力,使连接失效。与此同时,若被钉入材料的密实、硬度较大,圆钉很难钉入,如果加大锤击力量,钉体又可能被打弯,失去使用能力。为了避免这些现象发生,故而采取了一个有效措施——即在被钉入的材料上钻孔。钻孔起到两个作用:

(1)孔中材料被剔除了,形成了没有过硬材料的抵抗,为钉提供了钉入空间,减少了对材料的挤压,从而也减小了对材料的压缩性胀力,使材料不至于劈裂、破损;

(2)钻孔对钉体可以起到扶持的作用,能很好地保障钉体在冲击力作用下不至于失稳、弯曲。

为此,当被钉材料或构配件为针叶木质或软质人造木材时,圆钉可直接钉入;如为硬杂木或硬质人造木(硬质纤维板)时,应事先在钉位处钻孔,孔径要略小于圆钉直径,孔深不大于钉长的2/3,且余下的1/3不小于钉直径的4倍。

当连接中夹有金属薄板或塑料板时,无论其位于中间层还是表层,都要钻出通透的孔。当用钉连接固定表面为塑料布、纺织物或卷材时,钉与这些材料之间要增设薄金属(或塑料)垫片。在砂浆、砌体或混凝土上使用圆钉连接,必须选用水泥钢钉或射钉。水泥钉可用人工钉入。使用汽动排钉时,要用排钉枪钉入。

用锤击法钉入圆钉时,被钉入的构件受冲击较大,此时,要在锤击力作用的反方向上,有效地阻止被钉构件的位移,确保圆钉顺利钉入、钉牢,例如:在被钉构件与其对应不可动构件之间增设垫(木)块或支撑。当无法有效地阻断被钉构件的位移时,圆钉连接应改用木螺钉连接。

8.5.1.5 焊接连接

1. 焊接的概念

从焊接的工艺原理上讲,将两件固态材料(该固体材料被称为"母材")的构件分别加热或加压或两者皆用,用填充材料或不用填充材料,使它们在材料的原子或分子级别上相互融合、连接,结成一个整体的技术为"焊接"。所以,焊接连接是材料级连接。一般最常用的方法是加热;在常态下一切可热熔的固态材料(材料加热后可由固态转化为液态,而材质不变的固态材料)都可能实施焊接。如:金属材料、可热融的塑料、玻璃等。目前,建筑工程中所用的焊接技术,主要是对金属材料和可热熔性塑料材料。我们也只讨论这两种材料及构配件。

2. 焊接的分类

焊接连接,是在金属材料或塑料材料中使用的最普遍的一种连接工艺,为此以金属材料为代表,从建筑构造构成原理的角度出发,结合焊接工艺的特点,将其分类划分为以下几种。

(1)按焊接工艺分

①熔焊。熔焊的工艺是对施焊材料——母材加热,不加压,并填充焊接材料——焊条、焊丝或钎料,所以,熔焊是有件连接。它包括:气焊、手工电弧焊、埋弧焊、气体保护电弧焊、电渣焊、铝热焊、电子束焊、等离子弧焊和激光焊等。

②压焊。压焊的工艺是对施焊材料——母材加压,有时也要加热。例如:利用电阻热使材料升温达塑性状态时,在轴向压力作用下,使构件连接在一起。压焊不使用填充焊接材料——焊条、焊丝或钎料,是无件连接。它包括:电阻焊、高频焊、爆炸焊、扩散焊、摩擦焊、冷压焊、超声波焊和旋转电弧焊等。

③钎焊。钎焊的工艺是使用比母材熔点低的其他金属作为钎料材料,将母材与钎料同时加热,其温度控制在高于钎料熔点,但低于母材熔点,使熔融的钎料填充在焊口间隙中,利用液态的钎料润湿母材,实现母材与钎料的原子级的相互扩散,从而实现焊接连接。钎焊俗称烙铁焊。钎焊是有件连接,连接件是钎料。

(2)按焊接中有无填料分

①有填料的有件焊接。有填料的有件焊接是焊接过程中在焊缝位置处要填充焊接必须的材料——焊料,没有焊料的参与焊接连接不能成立。金属焊接的焊料分为焊条、焊丝和钎料三类。焊条、焊丝的材料与母材是同一性质的材料;钎料是与母材不同性质的另一种金属材料,如铜材的母材之间用铅-锡合金钎料。由于有填料的参与,故而称它为有件焊接。焊条、焊丝、钎料是焊接连接的连接件。但这个连接件在施焊前后形态上有所变化,施焊前是条状、金属丝状或块状物,施焊后熔成被连接构件的一部分,失去了原有的形状。这是焊接连接中连接件的特殊性表现。本处论述的为有填料的有件焊接。

②无填料的无件焊接。无填料的无件焊接是在焊接过程中没有充填材料参与而实现的材料原子级的连接,故而称它为"无件焊接",如压焊。无填料的无件焊接在无件连接中叙述。

(3)按焊接的加热方式分

①电加热法。电加热法是用电能加热熔融母材和填充材料,即所谓的电焊。具体的方法有:电弧焊、高频焊、超声波焊等。

②燃气加热法。燃气加热法是用燃烧的高温气体加热母材和填充材料使其熔融,即所谓气焊。气焊用的可燃气体为乙炔气和助燃的氧气,手工操作。

③摩擦加热法。摩擦加热法是将被焊母材之间相互摩擦的机械能转换成热能,并使母材达到热塑状态,相互熔合,完成焊接,即所谓摩擦焊。

④烙铁加热法。烙铁加热法是用直烧方法或电热方法将烙铁加热,再用烙铁接触母材和钎料,使烙铁的热能传给母材和钎料并熔化钎料,完成焊接,即所谓烙铁焊。

3. 焊接连接中的焊缝

焊缝是构成焊接形式、质量的主要方面,所以,焊接连接中必须注重焊缝。

(1)焊缝的概念。在《建筑结构设计术语和符号标准》(GB 50083—1977)(以下简称为《术语和符号标准》)中将焊缝定义为:"钢结构构件、部件或板件经焊接后所形成的结合部分。"这就是说,焊接连接发生在被焊材料或构配件——母材相互接触的连接部位处,这个"相互接触的连接部位"在施焊前就存在。它们的相对位置关系,可以拉开一个微小的距离,也可以没有距离,将两个母材直接靠紧,实际上,在母材相互接触的部位处形成了一个缝隙。而焊接——即对母材的施焊必须是在该部位上。施焊中,在该部位的缝隙及周围都被热熔并填充了焊接材料,施焊后,被热熔的母材及填料冷却、凝固,具有了强度。焊接前的缝隙和焊接后的冷却的热熔母材和填充的焊接材料这两者保障了焊接的实施,完成了焊接连接。我们称这两者统一体为焊缝。由此可见,焊缝产生在施焊后,施焊前母材间缝隙不是真正的焊缝。

（2）焊缝的坡口。在《术语和符号标准》中将焊缝坡口定义为:"在焊件待焊部位加工成一定形状的沟槽。"焊缝坡口是为了使焊接母材之间能够充分融合,使焊料容易充满母材之间的缝隙,有效地增加构件的受焊面积,并规整最后形成的焊缝,对母材受焊部位要作出造型处理,这个处理就是在构件上做出焊接用的坡口。两件母材组合后形成的缝隙基本上成"漏斗"形(外大内小)。它的坡口形式有 I 形、V 形、X 形、K 形、U 形、J 形、L 形等 7 种,见表 8.22。

表 8.22　接头形式及坡口形状的代号表

焊接形式		坡　口　形　式			
代号	名称	代号	坡口名称	符号	简　图
B	对接接头	I	I 形坡口	‖	
		V	V 形坡口	V	
		X	X 形坡口	X	
U	U 形坡口	L	单边 V 形坡口	V	
		K	K 形坡口	K	
T	T 形接头	U①	U 形坡口	Y	
		J①	单边 U 形坡口	Y	
C	角接头	注:当钢板厚度≥50 mm可采用 U 形 J 形坡口			

注:该表引自《建筑钢结构焊接技术规程》(JGJ 81—2002)表 4..2.1-2,引用时略有补充,加上了简图栏。

当焊接连接受力不大时,且母材受焊部位形体比较规整,如为型钢翼缘边、翼缘转折边、钢板(带形钢板)边缘或规整的钢材端头等处,可以不特别加工出坡口,利用构件原形直接焊接,形成无坡口焊缝。

(3)焊缝的接头形式。焊缝的接头形式,是指母材的相对位置关系,它有对接焊缝、角接焊缝、搭接焊缝三种类型。

①对接焊缝。在《术语和符号标准》中(5.8.3)将对接焊缝定义为:两个焊件坡口面之间或一焊件的坡口面与另一焊件表面之间的焊缝,见图8.32。

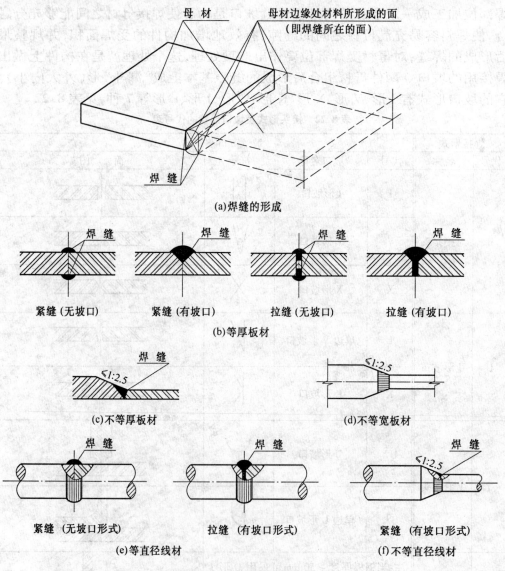

图8.32 对接焊缝的基本形式

②角接焊缝。在《术语和符号标准》中(5.8.4)将角焊缝定义为:两焊件形成一定角度相交面上的焊缝。它又分为两焊件形成90°夹角相交面间的角

焊缝。即直角角焊缝和两焊件形成不等于90°夹角相交面间的角焊缝,即斜角角焊缝两种形式。角接焊缝又分为:锐角和钝角两种,见图8.33。

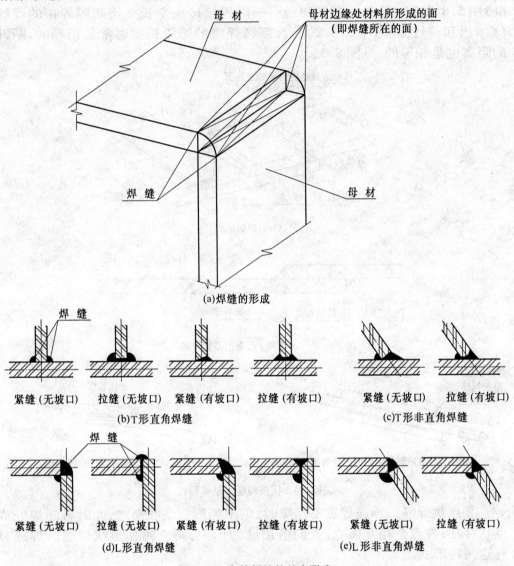

图8.33 角接焊缝的基本形式

③搭接焊缝。当各焊件上下或左右相互靠拢,而靠拢的边缘处材料所在面(即焊缝所在面)是错开的,即中间有一段焊件是相互重叠,在两个焊件的端部或边缘处形成的焊缝为搭接焊缝,该焊缝实际上是角接焊缝,见图8.34。

(4)焊缝的分布形式。焊缝的分布形式是指焊缝在被焊构件上的分布状态。它有以下几种形式:

①线状焊缝。从焊缝的概念上讲,线状焊缝是焊接的施焊处(点)沿母材接触间隙连续的结果;从"缝"的概念上讲,它必然是线形的,所以,焊缝也是线形的。多数的焊缝是线形的,它是焊缝的主要形式。线状焊缝的线形可以

是直线、折线或曲线。它又可分为:连续的直线或曲线焊缝和断续的直线或曲线焊缝。前者为连续焊缝——沿焊接接头全长连续的焊缝(《术语和符号标准》中5.8.2.1);后者为断续焊缝——沿焊接接头全长一定间隔焊接的焊缝(《术语和符号标准》中5.8.2.2)。断续焊缝的每段长度通常是相等的,断开的距离也是相等的,见图8.35。

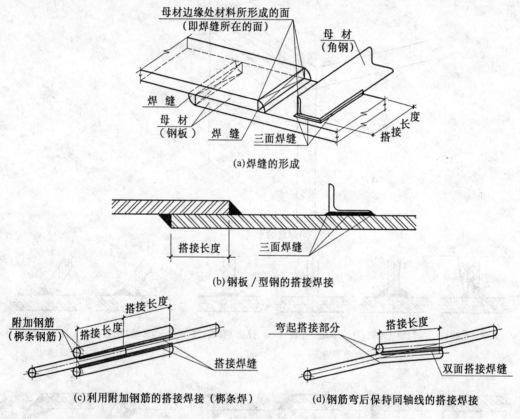

图8.34 搭接焊缝的基本形式

②点状焊缝。当施焊点不连续时,则不能形成线状形式,此时各施焊处成点状存在,各点是相互孤立,人们借用缝的形象,将它称作点状焊缝。焊缝只有这两种形式。

点状焊缝的点,可以是一个点,也可以是多个点,各点是独立的,彼此之间保持一定的距离。点状焊缝一般用闪光焊机工艺完成,属于无件连接,见图8.36。

③围合式焊缝。围合式焊缝也称环形焊缝,它是沿筒形焊件头尾相连的焊缝(《术语和符号标准》中5.8.2.5),也是由两条或两条以上的线状焊缝围绕其中一个母材组合而成,各焊缝之间首尾相接,形成围合焊缝。围合焊缝可以是连续的直线或曲线,也可以是断续的线形形式,见图8.37。

以上三种焊缝又有两种状态,即:

①单面焊缝。在母材的一侧布置焊缝,见图8.38。

第8章 建筑构造的连接及分隔 ·145·

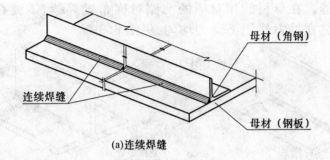

(a)连续焊缝

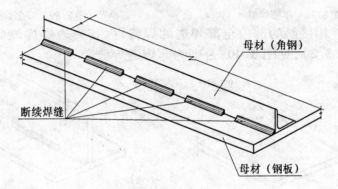

(b)断续焊缝

图 8.35 连续焊缝/断续焊缝

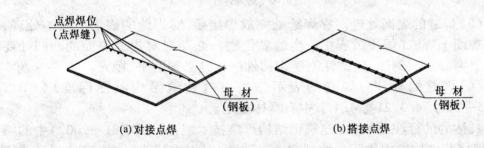

(a)对接点焊　　　　　　　　(b)搭接点焊

图 8.36 点焊

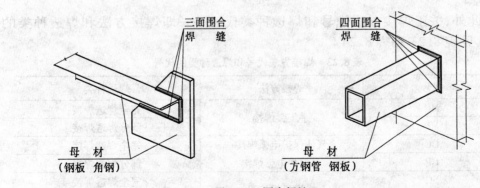

图 8.37 围合焊缝

②双面焊缝。在母材的相对应的两侧对称布置焊缝,该缝在施焊前是相通的。双面焊缝在外力作用下受力均匀,见图8.39。

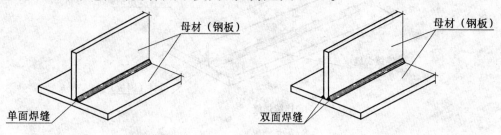

图 8.38 单面焊缝　　　　　　图 8.39 双面焊缝

当两焊件相接触的部位全部焊透的焊缝,称其为透焊焊缝(《术语和符号标准》中 5.8.3.2),见图 8.40;否则为非焊透焊缝。

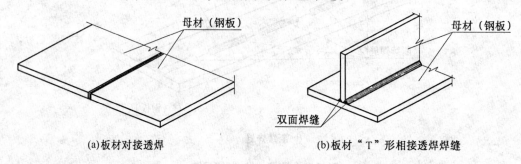

(a)板材对接透焊　　　　(b)板材"T"形相接透焊焊缝

图 8.40 透焊焊缝

(5)焊缝的表面处理。在焊缝处完成焊接后,对焊缝的表面要实施处理,清除表面上焊渣(焊接过程中产生的氧化物),必要时对焊缝表面的凸凹处要进行研磨、抛光,例如:装饰性不锈钢构件的焊缝必须磨平、抛光。

(6)焊缝的标注。焊缝的表示方法,在《建筑结构制图标准》(GB/T 50105—2001)4.3.21 与 4.4 节中有具体规定。

具体的的标注方法在《建筑钢结构焊接技术规程》(JGJ 81—2002)中的第 4 章焊接节点构造中作了具体规定,它反映在对焊接接头、坡口形状和尺寸标记上。

此外,关于焊接方法代号和焊透种类代号——即焊接方法和焊透种类的选择,见表 8.23 和表 8.24。

表8.23　焊接方法代号和焊透种类的代号

代号	焊接方法	焊透种类
MC	手工弧焊接	完全焊透焊接
MP		部分焊透焊接
GC	气体保护电弧焊接	完全焊透焊接
GP	自保护电弧焊接	部分焊透焊接
SC	埋弧焊接	完全焊透焊接
SP		部分焊透焊接

表8.24　焊接面及垫板种类代号

反面垫板种类		焊　接　面	
代号	使用材料	代号	焊接面规定
BS	钢衬垫	1	单面焊接
BF	其他材料的衬垫	2	双面焊接

注：以上两表均匀引自《建筑钢结构焊接技术规程》(JCJ 81—2002)表4.2.1.1、表4.2.1.3。

4. 焊接连接的工作原理及受力

从理论上讲，焊接连接是材料分子、原子间相互融合、连接，最终形成的是等同于母材自身材料的连接机理，因此，焊接连接的工作原理就是靠材料（包括填充材料）自身固态连接强度实现的。所以，焊接连接是材料级连接。

被连构件是通过焊缝处材料连接在一起，所以，焊缝要有足够的强度，并承受各类应力。焊缝可受：拉力、压力、剪力、弯矩和扭矩的作用。影响焊缝强度的因素很多，除与被焊构件的材质、焊条、焊丝或钎料类型及焊接方式、方法有关外，主要与焊缝的长度和焊缝断面——焊脚尺寸（焊缝断面与被焊构件相接部分的高度尺寸）有关。对于主承重结构和重要构造部位的焊缝，要进行受力分析和内力计算，由计算确定的焊缝长度及断面尺寸，并指定焊条、焊丝或钎料的型号。

5. 焊接连接的适应材料

焊接连接的适应材料和构配件，主要是金属材料，其中以钢材为主，包括合金钢、不锈钢；有色金属常用的有：铜和铜合金、铝和铝合金。要根据金属材料的性质、化学成分选择与其相配合的焊条、焊丝及钎料。它的基本连接形式，即焊缝所表现的形式。

可熔性塑料也适于焊接。

6. 金属焊接工艺

这里只讨论金属材料的焊接工艺。在金属的有件焊接连接中，总的来讲，影响焊接工艺的是对母材和填料——焊条或钎料的加热方式，目前，建筑工程中常用的金属焊接工艺有以下几种：

（1）电弧焊。电弧焊是用直流或交流电焊机产生瞬间电弧的高温，对母材和焊条（焊条是焊机的一个电极）进行加热、熔化完成焊接的。它又分手工电弧焊和埋弧自动焊及半自动焊。这类焊接适应的材料面广，钢材、铸铁、铝、铜及其合金均可用电弧焊；另外这些金属材料可以是线材、板材、型材等。电弧焊焊缝形式多样，加热容易，焊接效率高，焊接质量易于保证，对施工环境要求不高，是建筑工程中最多的、最常用的焊接方式。

(2)气焊。气焊是用可燃气体(乙炔气或液化石油气)加助燃氧气混合后,由专用的焊枪喷出并燃烧产生高温熔融母材和焊条,完成焊接,气焊均为手工操作。气焊对被焊材料的热变形影响较小;较适用于中薄厚度的钢板对焊。也是建筑工程中常用的焊接方法。

(3)电阻焊。电阻焊是属于加压熔焊的一种方式,都是由专用焊接机完成的。这些机械有:对焊机、点焊机等。

电阻焊用于钢筋的对接连接时,由钢筋对焊机完成。在对焊机上,使钢筋相互接触的接头端部在短时间内通以大量电流,在电阻作用下,钢筋端部温度急剧升高,当钢筋呈现出热塑性状态时,在钢筋接触面左右,沿钢筋纵轴方向相对加压,使钢筋在热熔状态下,达到材料的原子级融合,实现焊接连接。

电阻焊不使用焊条,是无件焊接连接。

(4)钎焊。钎焊适用于同材质的或异材质的金属之间的焊接,它需要使用焊接钎料。常用的钎料如铅锡合金钎料,俗称焊锡。一般钎料熔点较低,均低于母材熔点,可用烧热的烙铁熔化它,完成焊接。所以,钎焊也可俗称为烙铁焊。钎焊的焊缝强度低,所以,一般只用于薄铁皮的咬口缝或小型容器的焊接,有色金属线材的焊接。钎焊要配合使用焊剂,如强水(盐酸与硝酸的混合液)或松香粉等。

焊接时要注意焊缝位置的选择,以保障焊接工具能够有效操作为限,否则焊接连接不能形成或焊接质量难以保证。另外,焊接时由于对母材加热,母材的热变形要引发温度应力,要注意对温度应力的处理,这方面有关规范有具体规定。

焊接连接的具体操作,应执行现行的有关《操作规程》。

8.5.1.6 砂浆连接

1. 砂浆及砂浆连接的概念

砂浆是建筑工程中使用量大而广的一种建筑材料。它由胶凝材料——水泥、石灰膏和骨料(细集料)材料——普通砂及掺合材料混合后加适量水搅拌而成的可塑材料。砂浆主要用于砌筑、抹面、贴面,也可用于找平(层)、垫(坐)浆、勾缝等处。

在本书第6章中,从物质材料的角度,把砂浆列在可塑材料中;在第7章中,从造型的角度,又把它列入手塑工艺成型的材料。在本章中,又把砂浆归在连接材料中,这其实是从不同的角度来认定砂浆。从物质材料和造型角度认识砂浆,只能对砂浆的构成和特性方面有所了解,至于砂浆在建筑构造中到底起到什么作用并没有涉及。本章中提的砂浆连接就是要讨论它的作用问题。

上面讲到：砂浆主要用于砌筑、抹面、贴面，也可用于找平（层）、垫（坐）浆、勾缝等处。为什么如此？这是砂浆性质决定的。由散材和水配制的砂浆进入建筑构造之后，砂浆要凝固，此时砂浆才由散材（浆料）转为有特定造型的固态材料。与此同时，凝固后的砂浆具有一定的强度和粘结能力，这是因为砂浆原料中有胶凝剂——水泥或石灰和细集料砂子及其他掺合料所至。正因为砂浆具有强度和粘结能力，故而砂浆可以在砌体块材之间承重（主要承受压力）；在基层与块料面层构件之间起粘结用。所以说，砂浆起到了连接作用，为此完全可以将砂浆认定为连接材料。

从更严紧的概念来讲，砂浆是由散材加水搅拌而成的，具有抗压和粘结能力的可塑性连接材料。在建筑工程中，只有砂浆是散材、可塑性质和连接作用三为一体的材料。

很多建筑构造，如各类砖、砌块、石材都是经砂浆连接成为砌体的；各类硬质贴面材料或构件，也是经砂浆连接才成为墙体或地面的表面材料。另外，砂浆也可用于找平（层）、垫（坐）浆、勾缝等处。在这些构造中，如果没有砂浆参与，则形成不了具体的构造。砂浆是砌筑、抹面、贴面等施工中的关键材料。因此，将砂浆定为连接材料不是没有道理的。

砂浆连接是有件连接之一，它的连接件是砂浆，砂浆连接属于准材料级连接。

2. 砂浆连接的特点

做连接用的砂浆表现的特点是：

①砂浆在没有凝结、固化前，没有连接作用，只有在砂浆凝结、固化具有强度之后，才具有连接作用。所以，砂浆的连接作用是在砂浆养生期完成之后。

②因为砂浆是可塑材料中经砌筑、手抹成型的，所以它在连接中也要经砌筑、手抹这道工艺。

3. 砂浆连接的工作原理

砂浆连接作用是由下列三个方面构成的。

①砂浆的自身连接作用。砂浆中所用的胶凝材料——水泥、石灰与骨料材料砂子在水的参与下，形成水化作用，使砂浆在凝结成型后，由散材转化成具有自身不松散的整体材料，这是砂浆自身的连接作用。

②砂浆与被连材料之间的亲合连接作用。砂浆中胶凝材料与被连构件的材料之间，可以形成亲合连接作用，使砂浆充当了连接件，在被连材料或构件间形成连接。为此，砂浆连接中的砂浆原料，必须与被连接材料彼此之间有较强的亲合能力。

③砂浆与被连材料表面的嵌固作用。砂浆在凝固之前可以充填到在被连

构件表面的微小凸凹起伏处,凝固后形成嵌固状,这就是砂浆在凝固后形成的定位造型,它是砂浆连接的重要成分。所以,砂浆连接要求砂浆填充得均匀、饱满,被连构件表面不要过于光滑,必要时可以人为制造粗糙面,如表面搓毛、打毛或划出沟槽等。

以上这三个方面综合形成了砂浆的连接作用。另外,砂浆连接与被连构件用水湿润程度及养护条件等因素有关,最后反映在砂浆的粘结强度上。试验表明,砂浆粘结强度随着它的抗压强度的增大而提高,两者之间是同增同减的关系。所以,砂浆的抗压强度高低也反映了粘结强度的高低。砂浆抗压强度分 M0.4、M1.0、M2.5、M5.0、M7.5、M10、M15、M20 等 8 个等级。

以上这些综合起来,在砂浆的砌筑和贴面中,对于被连构件的定位、稳定和连接作用还是十分明显的。

4. 砂浆的分类

砂浆的类型,按不同的划分条件可分为以下几种。

(1)按砂浆配制的原材料分

①水泥砂浆。水泥砂浆由水泥和砂子按一定配比组成,按需要添加掺合料或外加剂,它的胶结料是水泥,它属水硬性砂浆。

②石灰砂浆。石灰砂浆由石灰(或石灰膏)和砂子按一定配比组成,也可按需要添加掺合料或外加剂,它的胶结料是石灰,它属于气硬性砂浆。

③混合砂浆。混合砂浆由水泥、石灰、砂子三种主要原料按一定配比组成,也可按需要添加掺合料或外加剂,它的胶结料是水泥和石灰。

以上三种砂浆,如无特殊要求所用的细集(骨)料均为普通砂。

(2)按用途性质分

①砌筑砂浆。砌筑砂浆使用在砖石砌体中,充填在被砌构件——各种砖、砌块、石块等材料之间,作为定位、固定连接之用。此时砂浆多数情况下是处在受压状态,故而用抗压强度来标定砂浆标号。另外,在砌体上搭有其他预制构件时,如预制钢筋混凝土梁、砌体洞口的过梁等,而搭接界面上又局部受压时,应在搭接界面上铺垫砌筑砂浆,称之为坐浆或垫浆。砌筑砂浆一般可选用水泥砂浆、石灰砂浆或混合砂浆中的任意一种,并标明砂浆标号。在潮湿的环境或有地下水浸泡的情况下,砌筑砂浆要用水泥砂浆。

②抹面砂浆。抹面砂浆是在砖石砌体、混凝土梁、板、柱等构件表面做一般性的抹面。抹面砂浆依据使用功能不同和环境差异,可选择各类原材料配比的砂浆,在施工时要分层作业。通常情况下,抹面砂浆用原材料的配合比来控制并标定,即标出砂浆配合比。如水泥砂浆——水泥∶砂为1∶1~1∶3;石灰砂浆——石灰∶砂为1∶2~1∶4;混合砂浆——水泥∶石灰∶砂为1∶1∶6~1∶2∶9;石灰石膏砂浆——石灰∶石膏∶砂为1∶0.4∶2~1∶2∶4 等

等。为了增强抹面砂浆与基底构件的连接及抹面层的整体性和抗裂性,可在砂浆中设置钢丝(板)网片(网片与基层构件之间要有连接)。也可在表面层可用麻刀灰膏或纸筋石灰膏。

③贴面砂浆。贴面砂浆专门使用于陶质瓷砖、面砖、地面砖、马赛克、石质板材等在砖石砌体或混凝土的表面贴面上,充填在贴面构件与砖石砌体或混凝土构件之间的黏合连接材料。所以,要求它的粘结强度要高,和易性要好,为此,可在贴面砂浆中掺合一些水溶性胶料。一般贴面砂浆也用配合比控制和标定。贴面砂浆应分层施工,从基层向外逐层增加胶凝材料的成分,直到最后使用 1∶1 的水泥砂浆。在有活荷载及振动荷载作用的地面贴面中,可增加层厚度在 30~40 mm 之间的 1∶3 干硬性水泥砂浆垫层。

④装饰砂浆。装饰砂浆是抹面砂浆中的一种,用在完全暴露的、为人所见的砖石砌体或混凝土表面的抹灰。这种抹面必须体现材料质感和色彩的效果,所以,该砂浆具有一定的装饰作用,故而称作装饰砂浆。为此,要在装饰砂浆中掺合各种颜色的石子和颜料。有些装饰砂浆中砂子用量较少或不用,要用则用白砂或彩砂(人造彩砂)。常用的装饰砂浆有:普通水磨石、彩色水磨石、水刷石、干粘石、剁斧石、拉毛抹面、扒拉灰抹面(用木抹搓出的粗糙抹面,也可做成彩色的)等。装饰砂浆的连接作用主要体现在砂浆对装饰性石子的稳固作用上,例如:干粘石抹面最好在浆料中加入 107 胶,提高干石子与砂浆间的粘结力。装饰砂浆的受力与抹面砂浆相同。装饰砂浆也用配合比标定。

⑤填塞、找平砂浆。填塞砂浆是专门用于填塞某些材料或构件之间形成的缝隙、孔洞或凹陷处之用的。对它的基本要求是填满、填实,为此可用具有膨胀性质的膨胀砂浆。常用的填塞砂浆,如砖石砌体的表面勾缝,用 1∶1 的水泥砂浆。根据需要,填塞砂浆或用标号或用配合比标定。

找平砂浆是用于对某些材料形成的基面表面进行找平处理的,要求它与基面表面有一定的连接能力。找平砂将用配合比标定,如无特殊要求,一般用 1∶3 水泥砂浆。

⑥特种砂浆。特种砂浆是在使用上具有特殊功能要求的砂浆。为保证特殊功能的需要,在砂浆配料中要添加各种掺合料。特种砂浆的种类很多,现列举以下几种。

a. 保温砂浆。保温砂浆与一般砂浆相比,具有较好的保温、隔热作用。它在砂浆中掺合一部分具有保温隔热的轻质多孔散材料,如:膨胀珍珠岩、膨胀蛭石、陶砂等轻质多孔材料。

b. 防水(防潮)砂浆。防水砂浆与一般砂浆相比,具有较好的防止透水和隔潮的作用。它在砂浆中掺合防水粉(剂)(氯化物金属盐类防水剂、金属皂类防水剂)、水玻璃及膨胀剂、有机硅憎水剂等。这些材料都是与水混合后制成制剂,再加入到砂浆中去。

c. 耐热砂浆。耐热砂浆与一般砂浆相比，具有耐高温，不怕火烧等作用，它用矿渣水泥，掺入耐火胶泥（耐火黏土）或辉绿岩粉、石棉绒或红砖屑（粒径小于 5 mm）等散材加水配制而成。

d. 吸声砂浆。吸声砂浆与一般砂浆相比表面硬度较弱，能够吸收一部分声音的能量，起到吸声作用。它在砂浆中掺合锯末、膨胀珍珠岩、玻璃纤维或矿棉等松软材料。

e. 耐磨砂浆。耐磨砂浆与一般砂浆相比耐磨程度较好，它在砂浆中掺合铁屑或金刚砂散料等。

f. 耐酸、碱砂浆。耐酸、碱砂浆具有耐酸碱的腐蚀能力，在砂浆中添加耐酸碱骨料，并使用耐酸碱水泥。

g. 防 X 射线砂浆。防 X 射线砂浆与一般砂浆相比，可以吸收、消减 X 射线的透射计量。它在砂浆中添加钡砂和钡粉（硫酸钡）。

特种砂浆中的掺合料或添加剂的用量，都要与水泥或石灰的用量成一定的比例关系。所以，特种砂浆用配合比标定。

5. 膏浆材料

膏浆材料是一种特殊的砂浆，它也是由散料加水搅拌成可塑材料，形成膏状的浆料，它在所用原料中没有细集料砂子或砂子用量很少，所以也可称为无砂砂浆，如水泥膏（浆）、水泥石灰膏、石灰膏、麻刀（纸筋）石灰膏、石膏膏、石膏石灰膏等等。膏浆材料主要用在墙、柱、梁、板的抹面表层（罩面）或各式线角上，也用在基层底面与抹面砂浆连接的过渡上，如在混凝土表面上抹砂浆时，要先刷一道水泥浆。膏浆材料是砂浆中的一个特例，但它形成连接的机理和功能与砂浆基本相同，所以，把它也列入砂浆系列。膏浆材料也是用配合比标定。

通过以上的讨论分析，对砂浆的材料性质和连接作用，可以明确以下几点：
①砂浆是由多种散材经加水搅拌而成的可塑材料；
②砂浆经手工砌筑、抹塑之后凝固成型；
③砂浆具有一定的连接作用，在连接中充当连接件；
④砂浆除用在砌体和地面构造中之外，砂浆不承重，它的自重荷载加在承受它的基层上。

以上这四点决定了砂浆的性质和作用，它在构造连接中，是一种常用的不可取代的连接性材料或构件。

6. 砂浆连接的形式

砂浆连接的形式主要有砌筑、抹面、贴面、垫（坐）浆、勾缝、填充（塞）等，见图 8.41。

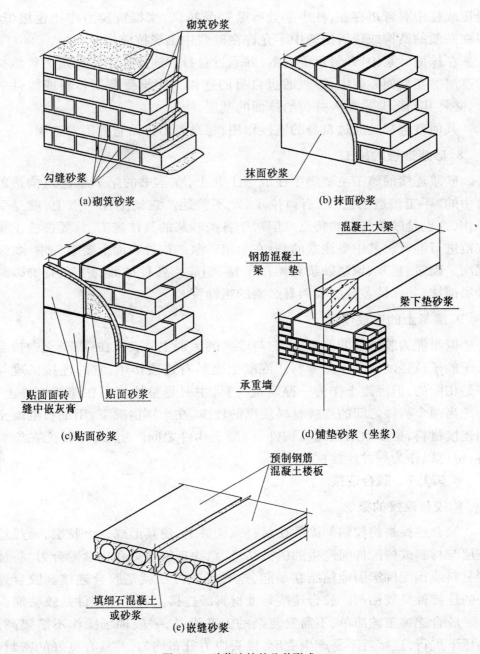

图 8.41 砂浆连接的几种形式

7. 砂浆连接的受力

砂浆作为一种连接材料使用在建筑构造中,它必然要受到力的作用。砂浆在砌体中主要是受压,如果砌体受水平推力(局部的温度胀力引起的水平推力)作用时,砂浆受剪。砂浆的受剪能力非常低。当剪力过大时,砂浆破坏造成砌体水平裂缝,所以尽量避免砂浆承受剪力作用。在砌筑柱中,如果柱偏心受压或柱中有弯矩存在,柱中某处砂浆要受拉,砂浆抵抗拉力作用也极低,所以在一般的结构或建筑构造中不允许在砂浆中出现拉应力。

在抹面砂浆中,砂浆承受自重,并通过自身的连接作用将自重力传给抹面的基层。在贴面砂浆中,砂浆通过自身的连接作用承受贴面材料或构件的重量,并将其与砂浆自重一并传给抹面的基层。

其他砂浆都是通过自身的连接作用,将自重力传给它的附着基层。

8. 砂浆连接的施工

砂浆连接的施工主要集中在成形工艺上,在本书的第7章建筑构造的造型中的"手工塑造工艺"已有讨论了,此不赘述。它集中在一点上,就是手工操作,这也是砂浆施工的特点。但对于各类砂浆的具体施工,只要按施工操作规范进行即可。其中要注意的是:在承接砂浆的构件表面上要事先淋水,使其湿润。砌筑、坐浆、填塞砂浆要摊得平整、饱满。各种抹面、贴面、装饰砂浆要分层铺抹,并保持各分层表面有必要的粗糙度。

9. 混凝土的连接作用

以水泥为胶结剂的混凝土,它与砂浆的区别主要表现在:混凝土中掺合有大于砂子粒径的石子作为骨料。混凝土也具有连接作用,它的连接机理与砂浆是相同的,但混凝土作为一种建筑材料,主要是整体使用在建筑构件上,作为充当两个构件之间的连接材料使用的较少,在个别情况下,用细石混凝土充当连接材料,也多数用在砖石构件、混凝土构件之间。所以,混凝土在原则上讲,也可以作为一种连接材料。

8.5.1.7 胶合连接

1. 胶合连接的概念

胶合连接是将胶粘剂涂敷在材料或构件上,使其形成一个胶层,通过这个胶层与材料或构配件间产生的机械结合力、物理吸附力和化学键合力,将被连接材料或构配件牢固地粘结在一起,这种工艺方法就是胶合连接。胶合连接中的连接件是胶粘剂。胶合连接是准材料级连接。它的连接件是胶粘剂。

胶合连接工艺简单,不需要复杂的工艺设备,一般现场操作不需要高温、高压下进行,连接后不易产生变形,接头应力分布均匀,并具有良好的密封性、电绝缘性和耐腐蚀性,是建筑构造中,尤其是建筑装修、装饰构造中不可缺少的一种连接形式。近年来发展的较快。

2. 胶粘剂的概念

胶是一般的俗称,正式名称为胶粘剂或胶合剂,它是构成胶合连接的主要材料,在构造连接中把胶粘剂作为一种连接件,归入到有件连接中,没有胶粘剂的参与形成不了胶合连接。所有的胶粘剂都是非金属材料,多数为人工合成的。

3. 胶粘剂的组成和分类

胶粘剂由粘料(基料)、固化剂、填料、稀释剂和其他外添加剂,如增韧剂、增塑剂、抗老化剂偶联剂等组成。多数胶粘剂在常温下或经加热、加溶剂或加水后具有可流动的性质,基本上成乳状液状态。上述这些成分不一定在所有的胶粘剂中都齐备,但作为基料的粘料必须有。由于组成成分不同,胶粘剂的性能和适用范围也有所差别。

胶粘剂的分类可以按不同的标准划分。

(1)按粘料性质分为:有机类和无机类两大类,见表8.25。

(2)按外形式分为:溶液型、乳胶型、膏糊型、粉末型、薄膜型和固体型等。

①液型和乳胶型。均为液态的,但溶液型较乳胶型的流动性要好;

②膏糊型。为无固定形状的膏状物;

③粉末型。为固态粉末,使用时加液态溶剂溶成液态胶液;

④薄膜型。为已定形的薄膜胶层,胶结时在一定的压力下,胶膜靠自身的黏着力完成胶合连接,胶膜不发生固化作用,可以反复使用,称它为压敏性胶带,即市场上出售的单、双面不干胶胶带。

表8.25 胶粘剂的分类表

类别及类型			粘料名称或胶名称
有机类	合成类	树脂型 热固性	酚醛树脂、间苯二酚甲醛、脲醛、环氧树脂、不饱和聚酯、聚异氰酸酯、聚丙烯酸双酯、有机硅、聚酰亚胺、聚苯骈咪唑、聚氨酯
		树脂型 热塑性	聚酯酸乙烯酯、聚氯乙烯—醋酸乙烯酯、聚丙烯酸酯、聚苯乙烯酰胺、纤维素、氰基丙烯酸酯、饱和聚酯
		橡胶型	再生橡胶、丁苯橡胶、丁基橡胶、氯丁橡胶、氰基橡胶、聚硫橡胶、硅橡胶
		混合型	酚醛、聚乙烯醇缩醛、酚醛—氯丁橡胶、酚醛—氰基橡胶、环氧—酚醛、环氧—聚酰胺、环氧—聚硫橡胶、环氧—氰基橡胶、环氧—尼龙
	天然类	葡萄糖衍生物	淀粉、可溶淀粉、糊精、阿拉伯树胶、海藻酸钠
		氨基酸衍生物	植物蛋白、酪朊、血蛋白、骨胶、鱼胶
		天然树脂	木质素、单宁、松香、虫胶、生漆
	沥青		沥青胶
无机类	硅酸盐类		
	磷酸盐类		
	硼酸盐		
	硫酸胶		
	硅溶胶(胶体二氧化硅)		

注:本表引自何平主编《装饰材料》东南大学出版社出版2003年3月第1版。

⑤固体型。使用前是固态的颗粒或棒状,使用时加热熔化。

(3)按固化形式分为:溶剂挥发型、化学反应型、热熔型和厌氧型等。

(4)按固化后强度特性分为:结构型、次结构型和非结构型三大类。结构型胶合连接的胶结强度最高,次之为次结构型,最差的是非结构型。

(5)按使用用途分为:建筑结构胶,建筑装修、装饰用胶,密封防漏用密封胶,以及建筑铺装材料用特种胶。

4. 胶合连接的工作原理和受力

胶合作用的形成是靠涂敷在被连接材料或构件之间的胶层,胶层是否能够将被连接材料或构件牢固地连接起来,主要取决于胶接面的结合力,这种力表现在三个方面:

(1)机械粘结力。胶粘剂涂敷在材料的表面后,以分子扩散形式渗入到材料表面凹陷处和表面孔隙内,胶粘剂在固化后如同镶嵌在材料内部的连接销,这就是胶在固化后与被连材料之间形成的定位性作用。正是靠这种机械锚固力和定位作用将材料粘结在一起形成连接。根据被黏材料的表面不同,渗入情况又可分为两种:

①孔穴型。孔穴型是胶粘剂渗入被胶材料表面的微孔中,固化后产生机械键合力,形成连接作用。

②纤维型。纤维型是胶粘剂固化后与材料的表面纤维可以形成类似增强纤维复合材料的表面层,使材料表面强度有所提高,最终起到连接作用。

(2)物理吸附力。胶粘剂分子和材料分子间存在物理吸附力,即范德华力将材料粘结在一起。

(3)化学键力。某些胶粘剂分子与材料分子间能发生化学反应,即在胶粘剂与材料间存在有化学键力。化学键是物质材料分子中相邻原子之间通过电子而产生的相互结合作用,它是构成物质材料强度的根本。如环氧树脂胶固化后分子中含有羟基(—OH),它与玻璃、陶瓷、金属材料的氧化层的氧原子形成氢键,这种键合力参与到胶合中,最终形成了胶合连接。

正是因为胶合连接存在有发生在材料层面上的化学键结合力,所以,把胶合连接归在准材料级的连接中。化学键结合力的强度高于物理吸附力,而且对抵抗不利因素的侵蚀能力也很强。胶粘剂中的偶联剂就是提高化学键作用和耐腐蚀性能的添加剂。

以上这三个力共同作用形成了胶结力,但不同的胶结剂和不同的被黏材料中,这三个力的作用可能不是同时发生的,当这三个力同时发生作用时,胶结力即胶结强度最高。

胶合连接的受力、传力发生在胶结界面上,它可以承受并传递拉力、压力、剪力、弯矩及扭力。它的受力作用状态表现为：拉伸、剪切、撕裂和剥离四种状态，见图8.42。这些力在胶结界面上表现为胶结的抵抗剥离能力等。

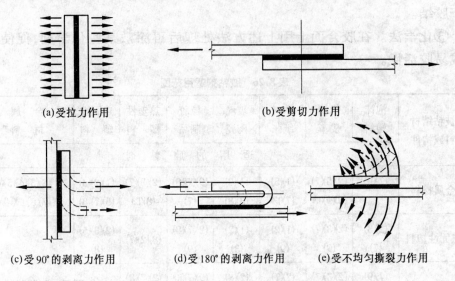

图8.42 胶合连接的受力(拉伸、剪切、剥离、撕裂)

5. 胶合连接的适用范围

胶合连接可以在同质材料和异质材料之间进行胶合，从材料的角度来讲，可以说它适合于各种材料。它在建筑工程施工现场的施工操作较为简单，不必在高温、高压下进行，不需要复杂的设备，而且胶结接头应力分布均匀，不易发生变形，因此，胶合连接被广泛地使用在建筑构造中。尤其是在建筑装修构造中，可以说它是目前建筑装修中不可缺少的一种连接方式，它使很多过去难以实现的构造形式变得简单易行、轻而易举，且质量有所提高，形式也多样化了。但是，不同的胶粘剂对不同的材料表现出不同的胶合效果。胶粘剂适用范围，见表8.26。

6. 胶合连接的施工

胶合连接的施工，必须达到构造牢固、安全、可靠，它的关键是选择胶合接头形式、处理胶合界面和选择胶粘剂三个方面。

（1）选择胶合连接的受力接头。胶合接头是被黏构件彼此之间接触处的造型形式，包括接触界面的形状。选择的原则是：尽量增大彼此接触面积，此面尽量保障涂胶方便、均匀、迅速。一般常用的接头形式有：搭接、套接、嵌接等形式，见图8.43。

（2）处理胶合表面。材料或构配件的胶合表面就是它的涂胶表面，涂胶表面对胶合连接质量有直接影响，在涂胶前对其必须做出处理。处理的方法一般常用的有：

①清洗法。用清水或其他化学溶剂清洗除掉表面的油污、污物锈蚀等。

②机械法。用研磨、喷砂或机械加工的方法,使表面具有一定的粗糙度,便于胶结。

③化学法。在胶合面上用上述方法处理后再涂敷某些化学剂,促使表面形成易胶活性。

表 8.26 胶粘剂适用范围

被粘结材料或构件	泡沫塑料	织物皮革	木材纸张	玻璃陶瓷	橡胶制品	热塑性塑料	热固性塑料	金属材料
	适 用 的 胶 黏 剂							
金属材料	(7)(9)	(2)(5)(7)(8)(9)(13)	(1)(5)(7)(13)	(1)(2)(3)(8)	(9)(10)(8)(7)	(2)(3)(7)(8)(12)	(1)(2)(3)(5)(7)(8)	(1)(2)(3)(4)(5)(6)(7)(8)(13)(14)
热固性塑料	(2)(3)(7)	(2)(3)(7)(9)	(1)(2)(9)	(1)(2)(3)	(2)(7)(8)(9)	(8)(2)(7)	(2)(3)(5)(8)	
热塑性塑料	(7)(9)(2)	(2)(3)(7)(9)(13)	(2)(7)(9)	(2)(8)	(9)(7)(10)(8)	(2)(7)(8)(12)(13)		
橡胶制品	(9)(10)(7)	(9)(7)(2)(10)	(9)(10)(2)	(2)(8)(9)	(9)(10)(7)(8)			
玻璃、陶瓷	(2)(7)(9)	(2)(3)(7)	(1)(2)(3)	(2)(3)(7)(8)(12)				
木材、纸张	(1)(5)(2)(9)(11)	(2)(7)(9)(11)(13)	(11)(2)(9)(13)					
织物、皮革	(5)(7)(9)	(9)(10)(13)(7)						
泡沫塑料	(7)(9)(11)(2)							

注:(1)环氧—脂肪胺胶 (2)环氧—聚酰胺胶 (3)环氧—聚硫胶 (4)环氧—丁腈胶 (5)酚醛—缩醛胶 (6)酚醛—丁腈胶 (7)聚氨酯胶 (8)丙烯酸酯类胶 (9)氯丁橡胶胶 (10)丁腈橡胶胶 (11)乳白胶印 (12)溶液胶 (13)热熔胶 (14)无机胶

注:本表引自何平主编《装饰材料》东南大学出版社出版 2003 年 3 月第 1 版。

(3)选择胶粘剂。在选择胶粘剂时要考虑以下几点。

①按被胶材料性质(金属、非金属、刚性的、柔性的卷材及受力状态等)选择胶粘剂;

②按胶合连接后最终使用环境(环境的温度、湿度)选择胶粘剂;

③按胶合的施工工艺(在固化时是否要加热、加压等要求)选择胶粘剂。

在工程现场施工,当胶合固化时需要加压时,应考虑加压措施,一般的方法是用简单的卡具或夹具加压。胶合连接的具体施工操作,应执行现行的有关《操作规程》。

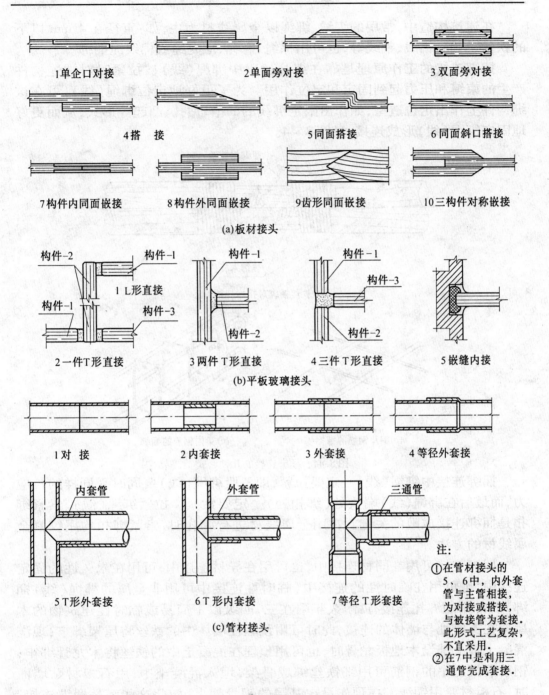

图 8.43 胶合连接的接头形式

8.5.1.8 捆绑连接

绑扎连接是用绑线或绑绳,将被连接构件捆绑在一起,形成连接;绑扎连接是构件级连接,绑线或绑绳为连接件。这个连接件是柔性的,它的刚度很小,甚至没有,这是捆绑连接的特殊之处。

在建筑构造中，常用的绑线、绑绳以金属线材为主，如：直径在4 mm以下的铁丝、钢筋、铝线、铜线等，也可用棕绳、麻绳、尼龙绳或棉线绳捆绑。

捆绑连接的工作原理是靠在绑扎过程中绑绳（线）被拉紧时对被连构件产生的束缚和压力起到固定和定位作用。为了更好地定位绑绳（线），可在被绑构件上作出定位造型，如作出限定绑线的凹槽、钻孔、凸起等形式，从而更好地固定绑绳（线）形成连接，见图8.44。

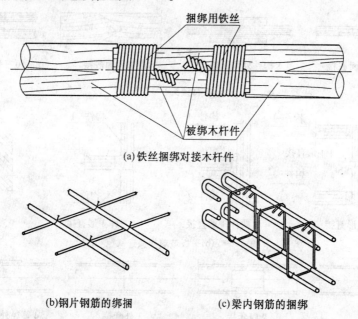

图8.44 捆绑连接的几种形式

捆绑连接中绑绳（线）一定要拉紧，即各股绑绳（线）要同时受同样的拉应力，而最后在绑绳（线）端头处（绑扣处）一定要索紧。拉紧绑绳（线）、索紧绑扣是捆绑连接成败的关键。在用金属线材进行绑扎时，索紧绑扣均用绞紧金属线材的方法。

捆绑连接可用在同材连接中，也可用在异材连接中；可用在永久性的固定连接中，也可用在临时性的连接中（临时性连接中可用非金属的绑绳（线）捆绑）。常用的绑扎连接有：耐久年限在三、四级以下简易或临时性建筑物的木屋架在支座处与墙体的连接，此时可用预埋在墙体中的铁丝将屋架绑牢；现浇混凝土板上铺设木地板龙骨时，也可用预埋在混凝土中的铁丝将木龙骨绑牢；钢筋混凝土中的钢筋可用细铁丝绑成骨架，埋入混凝土中；用石板材贴墙面时，石板材要用铜线绑在预先设在基层的钢骨架上，如此这些都是捆绑连接，见图8.45。

捆绑连接的具体方法很多，没有统一的规范和标准。在具体的施工中，工人师傅们创造了很多行之有效的好方法，如用双股铁丝形成扣环再绞紧的绑法，是一种很可靠的绑法，见图8.46。钢筋混凝土中的钢筋全是用这种绑法，实践证明它是可靠的。

第8章 建筑构造的连接及分隔

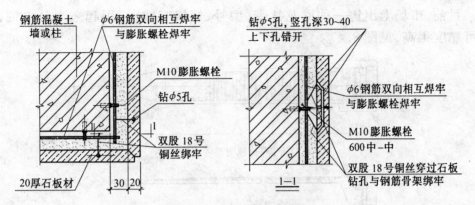

图 8.45 贴面石板材的捆绑

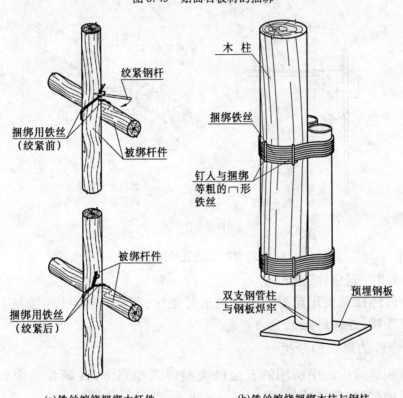

(a) 铁丝缠绕捆绑木杆件　　(b) 铁丝缠绕捆绑木柱与钢柱

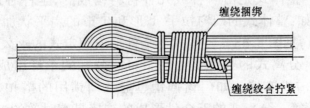

(c) 铁丝缠绕捆绑钢丝束

图 8.46 单、双股铁丝捆绑

目前,市场上出售一种尼龙扎带,型号、规格有数种,用起来十分方便,捆绑可靠度很高,见图8.47。

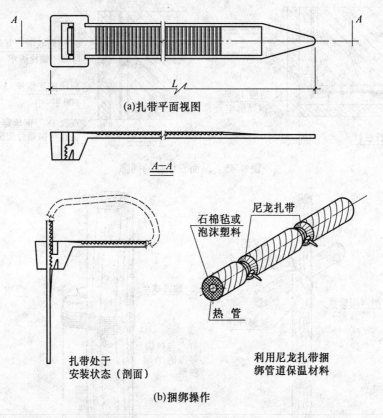

图8.47 尼龙扎带捆绑

8.5.1.9 五金件连接

五金件连接是使用定型的五金件进行连接,所以,五金件连接是有件连接的构件级连接,连接件是五金件。

1. 五金件的形式和分类

建筑和建筑构造中所用的五金件类型形式相当多,在第6章中曾提到五金件的三种类型,现分述如下:

(1)整体式。整体式是由一种或几种材料构成的,全件各部分是一个不可分割的整体。如:整体式的门窗拉手、L形和T形的扁平状加固连接铁件等(俗称"三角铁"),见图8.48。整体式五金件形成固定式的永久性连接。

(2)分离式。分离式的全件是由两个可以分开的单件组成,在形成连接作用时相互搭靠构成连接。如门窗插销、风钩、门锁用的搭扣、门扇碰珠、碰头、门扇固定器等等。分离式的五金件形成的连接是有时效的,当连接件分开时,没有连接作用(此时五金件没有处于工作状态),只有在五金件中的部件相互搭靠时(此时五金件处于工作状态),才能发挥连接作用。见图8.49。

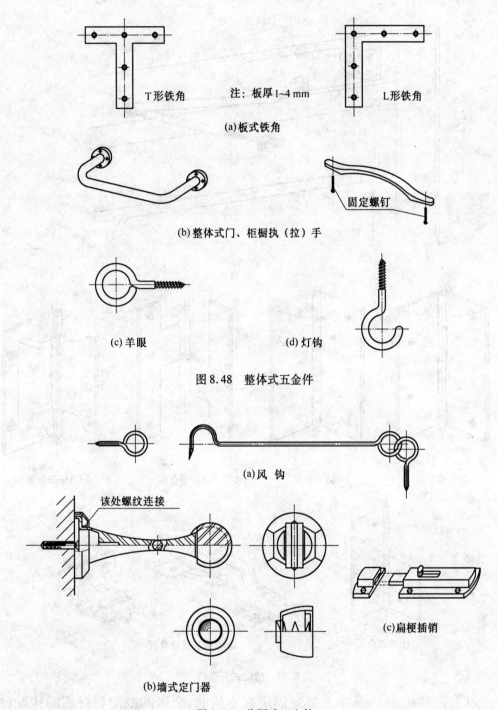

图8.48 整体式五金件

图8.49 分隔式五金件

（3）活动式。活动式五金件在构造上具有活动性，是一个小的机构形态。如门窗合页、窗扇风撑、开窗连杆及开窗机、闭门器等，见图8.50。活动式五金件形成的连接是活动连接。

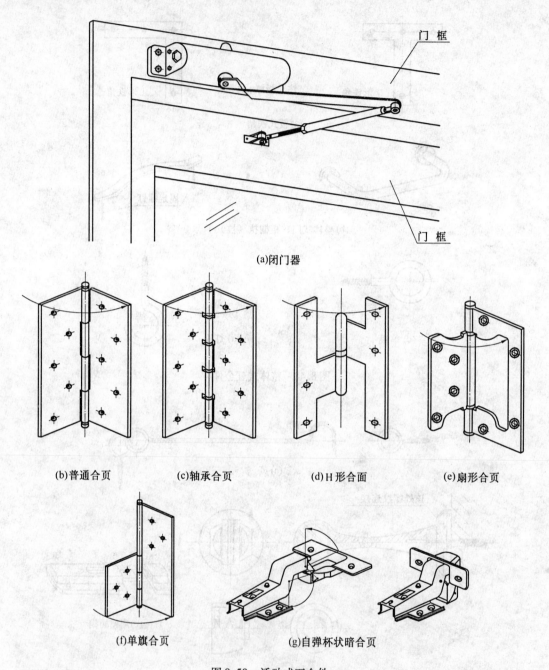

(a) 闭门器

(b) 普通合页 (c) 轴承合页 (d) H形合面 (e) 扇形合页

(f) 单旗合页 (g) 自弹杯状暗合页

图 8.50 活动式五金件

  以上各型五金件，基本上都要固定在木质的、金属的或塑料材质的构配件上，它们与这些构配件的连接，通常是用木螺钉、自攻螺钉或小型螺栓连接，个别情况在金属构配件上可使用焊接连接。其中窗扇风钩是靠设在风钩上的螺纹自攻到木构件中的，属于无件连接中的螺纹连接。由此可见，五金件各部分的自身连接可能是同材连接，也可能是异材连接，与其他构配件的连接也是如此。

2. 五金件的受力

五金件在构造中要受到力的作用,这些力有的来自外荷载,有的来自五金件自重,也有的来自建筑使用过程中人的推拉作用。这些力由两方面来承受:

(1)由五金件本身来承受。这就靠五金件的材料性质、强度、刚度和构造形式来保障,它是五金件产品设计和质量保证的内容之一。

(2)靠五金件与其他构件的连接来保障。它是五金件与其他构件连接设计和施工的质量问题,是靠建筑构造来解决的。很多五金件预留的螺栓、螺钉安装孔的数量和规格,都有决定安装后受力、稳定、牢固的意义,设计中要予以注意。

3. 五金件的更换

五金件在建筑使用过程中是一种易损构件,经常要更换。所以,它与其他构件的连接要选用可拆卸连接,常用的是螺栓和螺钉连接。

4. 五金件的装饰效果

五金件除了具有连接作用外,它的装饰效果非常突出,一般五金件的造型形式都比较讲究,具有很好的美观性,常常起到画龙点睛的作用。在某些方面又可以体现出人们的现代审美观念。所以,在五金件的选型和与其他构配件的连接方式上都要注意,保障和发挥五金件的装饰效果。

8.5.2 无件连接

无件连接是在连接构造中没有第三者——连接件参与所形成的连接形式。它有下列几种形式。

8.5.2.1 榫卯连接

榫卯连接基本是用在木质构配件上,所以也可称其为木榫连接。榫卯连接是无件连接中的构件级连接。

我国古典木构架建筑体系中的木构件,无论是承重构件,还是非承重构件,几乎全部都是由榫卯连接而成,实践证明,木榫连接可以构成主承重结构体系。

1. 榫、卯连接的概念

榫卯连接是由榫头与卯孔的造型所形成的连接,是被连材料的相互穿插、包容的连接。

榫卯连接是利用金属切削刃具分别在两个木构件上做出榫头和卯孔(也可称榫孔)。榫头一般位于木构件的端头,它是实体造型,卯孔是虚空造型。榫入后形成材料的相互穿插、包容性的连接。榫卯的基本形式,见图 8.51。这其中榫头与卯孔的形状和尺寸配合十分重要,原则上,榫头的实体形状和外廓尺寸要与卯孔的围合形状和内部尺寸完全吻合、一致,它的尺寸配合公差在理论上讲应该是±0.00,即机械工程中的紧密配合。榫头铆入卯孔中要四周紧密,不能有松动。

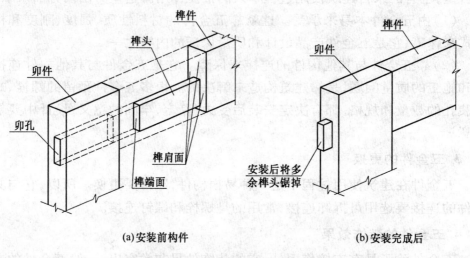

图 8.51 榫卯的基本形式

设有榫头的构件称为榫件,设有卯孔的构件称为卯件;如果榫头与卯孔同时出现在一个构件同一侧上,将构件纵向边缘处具有实体的称为卯件,见图8.60。

2. 榫头、卯孔造型

榫头、卯孔的造型是指单独形成一个或连续形成多个榫头、卯孔的造型形式。榫头的造型集中反映在实体造型上;卯孔的造型则反映在处理虚空造型上。

(1)榫头造型。独立的榫头一般设在构件的端头或一个侧边,它是一个凸出的实体造型,一端与榫件或卯件相连,见图8.52。榫头具有长度(L)、宽度(A)、厚度(B)三向尺寸。

榫头横断面必须小于榫件横断面。榫头长度(L,L_0)理论上等于卯孔深度,但在明榫中,一般是将榫头做得长一点(L_0),尤其是用手工加工榫件时,连接完成后,将长出的榫头锯掉、整平($L=L_0$)。在暗榫中,榫头长度等于或小于卯孔深度;在半暗式的马牙榫、燕尾榫中,榫头长度等于卯孔深度,这样可以使榫头露明的部分缝隙配合紧密,有利于美观。

榫头与卯孔紧密相接的界面称为榫接表面,简称榫面。榫头最外端表面为榫端面。榫卯连接完成后,除暗榫和半暗式的马牙榫、燕尾榫之外(这些榫端面榫入后都是不可见的),榫卯连接后,榫端面均可见,见图8.52。

榫头的横断面常见的是矩形(包括正方形)和长圆矩形(长圆矩形——矩形的短边由直线改为半圆曲线),也可是圆形,纵断面(纵断面在榫根处与榫件相连)常见的为矩形和梯形。

第8章 建筑构造的连接及分隔

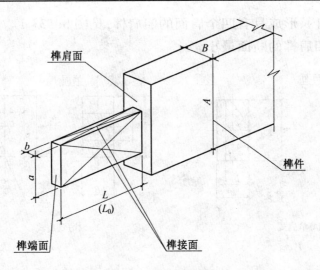

图 8.52 榫头的造型
A—榫件宽度；a—榫头宽度；B—榫件厚度；b—榫头厚度；
L—榫头安装后实际长度；L_0—榫头制作长度，$L_0 > L$

榫头横断面，一般都比榫件的横断面要小（特殊情况下，可以用榫件的横断面作榫头横断面，如圆杆榫件），这个变小处的"过渡"面，在榫件上为横断面，称为榫肩面（犹如人的肩头），简称榫头的"肩"，见图8.52。

由于榫肩面数量和位置的不同，形成四种形式的榫头，分别是：

①单肩榫。单肩榫在榫头的宽度或厚度方向上选择其一，向断面中心收小，此时榫头断面中心与榫件断面中心不在同一轴线上，形成只有一个肩面的单肩榫，见图8.53(a)。

②双肩榫。双肩榫有两种形式，一是在榫头的宽度方向上两侧同时向断面中心收小（收小尺寸通常是两侧相等，也可不相等），使榫头宽度小于构件宽度；二是在榫头的宽度和厚度两个方向同时各有一侧向断面中心收小，使榫头偏在构件横断面的一角，此时在断面中心其他方向上，榫面与榫件表面在同一平面内，形成有两个肩面的双肩榫，见图8.53(b)。

③三肩榫。三肩榫在榫头的三面上收小，有两种形式，一是在榫头的厚度方向上两侧同时向断面中心收、宽度方向上一侧向断面中心收，使榫头偏在构件宽度方向上的一侧；二是在榫头宽度方向上两侧同时向断面中心收、厚度方向上一侧向断面中心收，使榫头偏在构件厚度方向上的一侧。两侧收的尺寸可以相等（形成对称形状），也可以不等（形成非对称形状）。最终形成有三个肩面的三肩榫，见图8.53(c)。

④四肩榫。四肩榫在榫头的四周对称地（也可以不对称）向断面中心收小，一般情况是宽度方向收小的尺寸大于厚度方向。此时榫面与榫件表面均

不在同一平面内,形成具有四个肩面的四肩榫,见图8.53(d)。在相同断面尺寸的榫件中,四肩榫的断面最小。

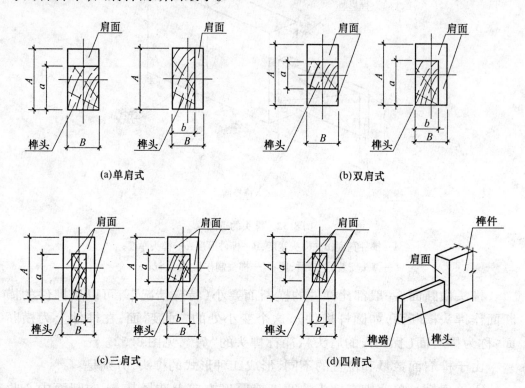

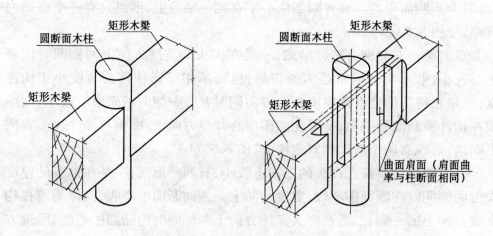

(e)曲面式(柱状圆曲面型)榫肩

图8.53 榫头的肩面形式

以上这些榫头形式,在榫头与构件间形成一个、两个、三个或四个过渡面,这个过渡面都与榫件及榫头表面相连,对这个过渡面称其为榫的肩面。在平行双榫和连续多头榫中,榫头之间又形成一个肩面,这个肩面是由于榫头增多形成的,称其为附加肩面,对标定肩面的数量没有影响,所以肩面最多为四个。当卯件的断面为矩形时,肩面为平面;当卯件断面为圆曲形时,肩面为曲面,见图8.53(e)。

榫头的肩面在榫、卯连接及榫头造型中起到定位作用,肩面的多少、各肩面是否都处在同一平面内及肩面的平整度等,都对榫连接的质量、牢固性和外表美观有直接影响。

(2)卯孔造型。独立的卯孔一般设在卯件中间或端部位置上,它是一个虚空造型。卯孔具有深(L)、宽(a、a_1、a_2)、厚(b)三向尺寸,卯孔与榫头紧密相接的孔内界面称为卯接面,简称卯面。其中如果存在着与榫头端面相对的实体面,称该面为卯孔底面简称孔底,见图8.54。

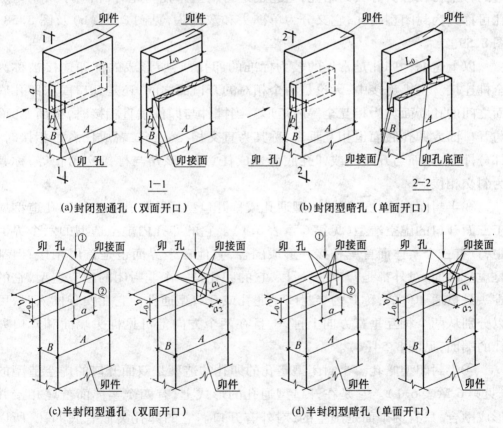

图8.54 卯孔的造型

A—卯件宽度;a—卯孔宽度;B—卯件厚度;b—卯孔厚度;L_0—卯孔制作深度,封闭型通孔时=卯件宽度(A),封闭型暗孔时<卯件宽度(A);→表示榫入方向,箭头①②表示两个垂直方向任选其一榫入

由于卯孔表面和卯孔底面的位置和数量的不同,形成了四种形式的卯孔。分别是:

①封闭型通孔。封闭型通孔的卯孔造型是双面开口的虚空造型(见第6章表6.1)。孔中有四个附在实体上且首尾相连的卯接面,其他两个界面上没有实体材料,处在彼此分开的相对位置上,并与外部空间相连接,这样一来使卯孔成了通透的,故称其为封闭型通孔,它又分为单榫头和双榫头,见图8.54(a)及图8.56、图8.57。

②封闭型暗孔。封闭型暗孔的卯孔造型是单面开口的虚空造型(见第6章表6.1)。它是在封闭型通孔形式上再封闭一个开口,使其只有一个对外开口,开口的对应面是卯孔底面,也是个实体面。所以这种形式的卯孔不是通透的,是有封底的,称其为暗孔,但它也是封闭型卯孔。此时,相对于封闭型通孔可称其为封闭型暗孔,它又分为单榫头和双榫头,见图8.54(b)及图8.58、图8.59。

以上这两种卯孔是常见的较为标准的卯孔,它所形成的榫卯连接被称为全榫连接。全榫连接中,无论是两个相对的开口面之间,还是开口面与卯孔底面之间的孔断面均为相互全等的矩形。当榫件与卯件垂直相接时,榫面、卯面与开口面或卯孔底面也相互垂直,称其为直交相接。当二者成任意角相接时,部分榫面、卯面与开口面或卯孔底面也成任意角,该角与榫接交角相等,称其为斜交相接。

③半封闭型通孔。半封闭型通孔或称开口型通孔卯孔。它的卯孔造型属于三面开口的虚空造型(见第6章表6.1)。它的卯孔内虚空造型的六个界面中,只有三个实体面首尾相接并形成围合,其他三个界面也是首尾相接,但都是虚空的面,对外都是开口的,所以,它的卯孔是一个非封闭的虚空造型,它的榫头是贯通卯件的,称其为半封闭型通孔或开口型通孔。它在安装榫入时,可以分别从两个相互垂直方向上榫入,且在两个方向上可见榫头端面和开口卯孔的端面,见图8.54(c)。

④半封闭型暗孔。半封闭型暗孔的卯孔的造型是双面开口的虚空造型的(见第6章表6.1)。它是在开口型通孔的形式上,有四个实体面首尾相接并形成围合,只有两个面是虚空的,对外有开口。它的卯孔类似有底卯孔,所以它的榫头不贯通卯件,安装后见不到榫头端面,称这种卯孔为半封闭型暗孔或开口型暗孔。它在安装榫入时,只能从一个方向上榫入,且见不到榫头端面,见图8.54(d)。

以上这两种卯孔是发生变化的卯孔,它所形成的榫卯连接被称为半榫连接。半榫连接中,相对的两个开口面或之间,为相互全等的矩形(形成露明式马牙榫、扣榫、直角型承插榫)或等腰梯形(形成露明式燕尾榫);单一的开口面与其相对的卯面也为全等的矩形(形成半暗式马牙榫)或等腰梯形(形成半暗式燕尾榫)。

3. 榫头、卯孔的布置

榫头、卯孔的布置,是指榫头、卯孔在榫件和卯件上的分布位置和数量,它有四种情况:

(1)单榫。单榫在榫件或卯件上分别只设一个榫头和卯孔,形成一个独立的单榫,见图8.55(a)。

(2)平行式双榫。平行式双榫是在榫件的厚度方向上左右平行同时设两个尺寸完全相同的榫头,在卯件的厚度方向上也同时设两个左右平行,且与榫头尺寸相配合的卯孔,形成平行式双榫,见图8.55(b)。

(3)连续式多榫。连续式多榫是在榫件宽度方向上前后或上下连续设两个以上的多个榫头,同样在卯件上也设与榫头相对应的多个卯孔,形成连续式多榫,见图8.55(c)。根据具体的连接形式,选择卯孔的形式——封闭型或半封闭型卯孔。

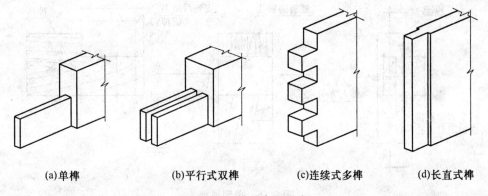

(a)单榫　　　　(b)平行式双榫　　　　(c)连续式多榫　　　　(d)长直式榫

图8.55　榫的布置形式

连续式多头榫如果与开放性卯孔相配合时,实际上是榫、卯同时设在一个构件上,形成榫卯混合形式,它在两个方向上可见榫头端面,形成了榫头端部露明形式,如后文将要提到的露明式马牙榫、露明式燕尾榫等等。

(4)长直式榫。长直式榫的榫头是在榫件长度方向上将单头榫头延至榫件的边缘,形成了一个通长的长直式榫头,同样相对应的卯孔也是长直的,实际上卯孔变成了卯槽,见图8.55(d)。长直榫头是构成企口榫、承插榫主要形式。

4. 各型榫卯连接形式

榫卯连接的形式种类很多,下面就建筑上常用的几种形式,分别叙述。

(1) 单明通榫。单明通榫简称单通榫或单榫,它属于全榫中最典型的一种榫卯。它只有一个榫头和一个卯孔,它的卯孔是封闭型通孔。单明通榫的特点是:

①单榫头、单卯孔;

②卯孔通透,榫头全部贯穿卯件;

③安装连接后,榫头端面与卯孔轮廓线可见。

当榫件厚度(B)与卯件厚度(B)相等时,榫头只能是四肩型、三肩型或在宽度方向上收成双肩型。当卯件厚度(B)大于榫件厚度(B)时,榫头可以选任意一种肩型,见图 8.56。

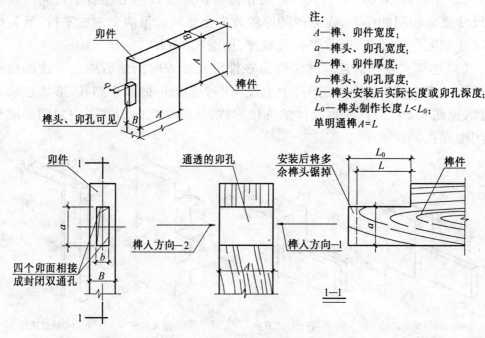

图 8.56 单明通榫

(2) 双明通榫。双明通榫简称双通榫或双榫,它也属于全榫中的一种。它是在单明榫基础上,在构件厚度(B)方向上再增加一个相互平行的、同样尺寸的榫头和卯孔,它的卯孔也是封闭型通孔,形成双榫卯。双明通榫在两榫之间增加了一个榫肩。此外,其他方面与单明通榫相同,见图 8.57。

(3) 单暗榫。单暗榫属于全榫中的一种,它的卯孔是封闭型暗孔,不通透,在榫入方向的对面一侧是封闭的,即卯孔有封底。它的特点是:

①单榫头、一端封闭的单、暗卯孔;

②榫头不贯穿卯件,此时榫头的长度要略小于卯孔深度;

③安装连接后,榫头端面与卯孔轮廓线不可见。

单暗榫多用于美观要求较高的装修构造中,见图 8.58。

第8章 建筑构造的连接及分隔

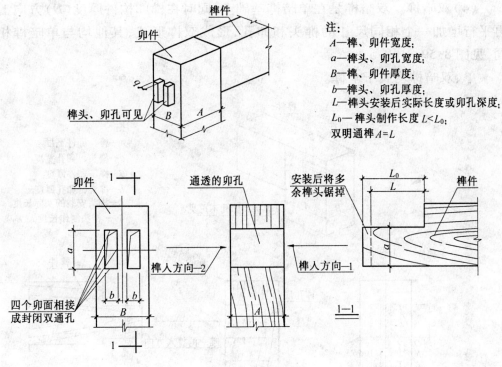

图 8.57 双明通榫

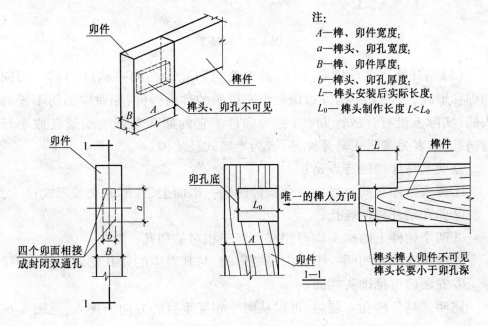

图 8.58 单暗榫

(4)双暗榫。双暗榫是在单暗榫基础上,同时在榫卯构件厚度(B)方向上再平行增加一个相同尺寸的榫头和卯孔,形成双榫形式,其他均与单暗榫相同,见图8.59。

单、双暗榫均属于全榫。

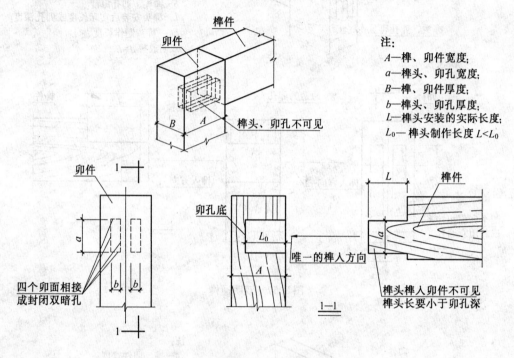

图 8.59 双暗榫

(5)马牙榫。马牙榫是半榫,是榫头与卯孔设在同一构件的同一端面上的榫卯形式,习惯上将构件边缘处设有榫头的称为榫件;相对应的将不设有榫头的(实际上设有开放性卯孔)称为卯件。它的卯孔是开放型通孔或半开放型暗孔,前者为露明式马牙榫,后者为半暗式马牙榫。

露明式马牙榫的特点是:

①榫头与卯孔同时设在一个构件的同一端面上,并形成交替形式;
②卯孔是开放型通孔;
③两个构件上的榫头均可相互贯穿于相对的卯孔;
④榫头在榫件的同一平面内是矩形的,与其对应的卯孔轮廓也是矩形的;
⑤安装后可见榫头端面。

露明式马牙榫在安装时,可以从两个相互垂直的方向上榫入,见图8.60。

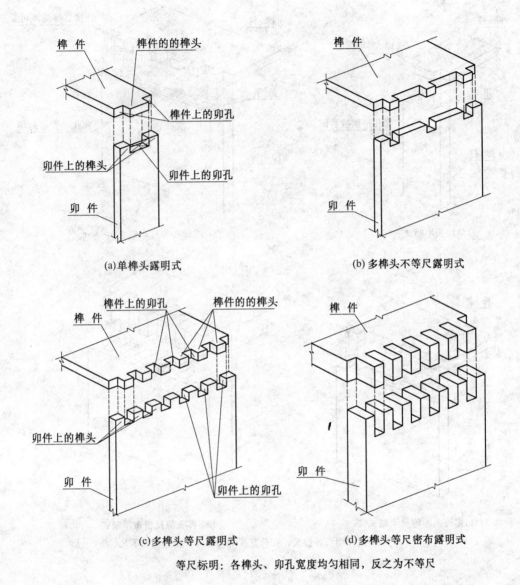

(a) 单榫头露明式　　　　　　(b) 多榫头不等尺露明式

(c) 多榫头等尺露明式　　　　(d) 多榫头等尺密布露明式

等尺标明：各榫头、卯孔宽度均匀相同，反之为不等尺

图 8.60　露明式马牙榫

半暗式马牙榫是在露明式的基础上，将卯件上的卯孔作成半开放型暗孔，使其遮挡榫头端面，形成榫件上榫头不露明（不可见）。这是它的最突出的特点，其他特点与露明式马牙榫相同，见图 8.61。半暗式马牙榫只能在一个方向上榫入。

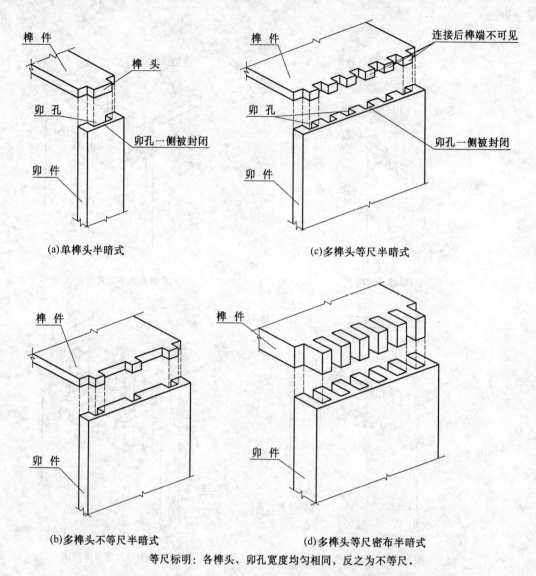

(a)单榫头半暗式 (c)多榫头等尺半暗式

(b)多榫头不等尺半暗式 (d)多榫头等尺密布半暗式

等尺标明：各榫头、卯孔宽度均匀相同，反之为不等尺。

图 8.61 半暗式马牙榫

（6）燕尾榫。燕尾榫也属于半榫，也是榫卯设在同一构件的同一端面上的榫卯形式。它的卯孔是开放型通孔或半开放型暗孔，前者为露明式燕尾榫，后者为半暗式燕尾榫。

它是在马牙榫的基础上，将榫头在榫件的同一平面内的矩形改为梯形，形成方台形实体榫头，由此而使开放性的卯孔轮廓也由矩形变为梯形了。因为它的外露榫面及卯孔形状极似飞燕尾巴形状，故而形象地称其为燕尾榫，见图8.62。正因为这种梯形的榫面和卯孔开口，连接后定位作用极强，在榫件的纵向上抗拔能力强而可靠，是木构件的榫卯连接中克服榫卯松动、拔出的有效形式之一。

第8章 建筑构造的连接及分隔

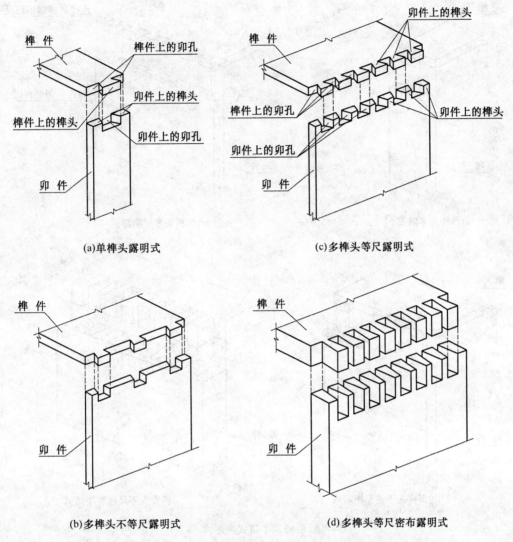

(a)单榫头露明式　　(c)多榫头等尺露明式

(b)多榫头不等尺露明式　　(d)多榫头等尺密布露明式

等尺标明：各榫头、卯孔宽度均匀相同，反之为不等尺。

图8.62 露明式燕尾榫

露明式燕尾榫的特点与露明式马牙榫相比，除了前者榫头为梯形的，后者为矩形的之外，其他均相同，但露明式燕尾榫的抗拔能力极强，它的安装只能从一个方向上榫入。

半暗式燕尾榫它是在露明式燕尾榫的基础上，将卯孔作成半开放型暗孔，使其遮挡卯件上榫端面，形成榫件上榫头不露明（不可见），这也是它最突出的特点，其他特点与露明燕尾榫相同时，见图8.63。半暗式燕尾榫只能在一个方向上榫入。

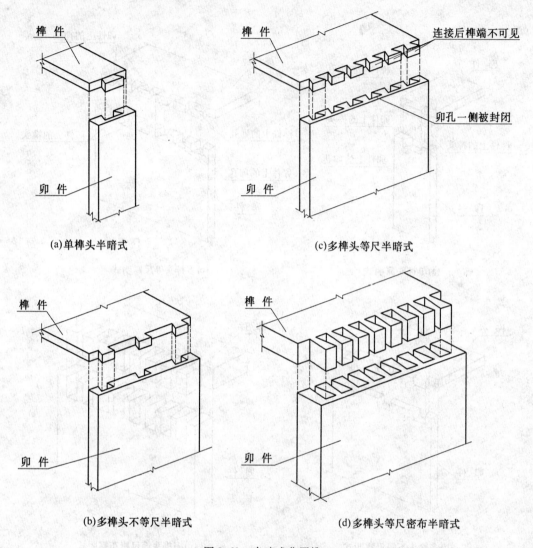

图 8.63 半暗式燕尾榫

马牙榫、燕尾榫多用于木板材在端头处的 L 形相连接。

(7)企口榫。企口榫是一种专为板材长方向拼接的榫卯连接形式,也是一种半榫,它的卯孔也是开放型通孔。它分为单企口型、双企口型两种基本形式。

单企口型的榫卯造型是四面开口型,它的榫头和槽(孔)也是同时出现在同一构件上,它的板与板接触界面为直角"Z"字形,见图 8.64(a)。单企口榫在出平面方向上没有定位约束,为此单企口榫接要在榫卯接触面上使用胶合连接,或用圆钉将相接的一个构件固定在基层其他构件上。

双企口榫,它的卯孔(可称为卯槽)造型是三面开口型,板与板的接触界面为相互对应的凸凹面,它的最大特点是:在多块板材纵向相拼接时,处在中间位置上的板材如果板的左边缘设榫头,那么相对的右边缘就必须设卯槽(孔),榫头与卯孔分别处在相对的端面上,而且二者在尺寸上必须相配合。处在最边缘的两块板材,最外边无须设榫头和卯槽(孔),见图8.64(b)、(c)。单企口在出平面上有定位约束。它的变化形式为曲线型双企口榫,见图8.64(d)。

企口榫的最大特点是:在多块板材纵向相拼接时,处在中间位置的板材,如果板的左边缘设榫头,那么相对的右边缘就必须设卯槽(孔),榫头与卯槽(孔)分别处在相对的边缘面上,而且二者在尺寸上必须相配合。处于最边缘的两块板材,最外边无须设榫头和卯槽。

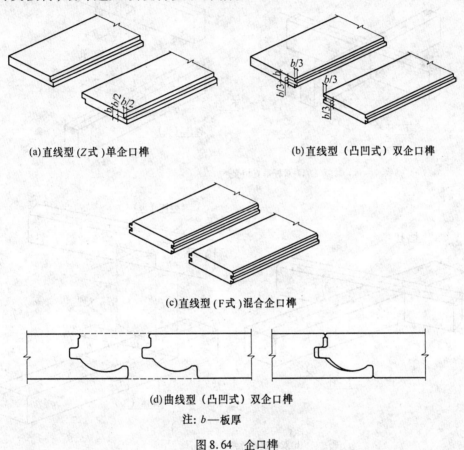

(a)直线型(Z式)单企口榫　　(b)直线型(凸凹式)双企口榫

(c)直线型(F式)混合企口榫

(d)曲线型(凸凹式)双企口榫

注:b—板厚

图8.64　企口榫

(8)扣榫。扣榫多用于杆形构件,它是由两个或三个(一般不超过三个杆件)等高度且断面相同的杆件,在同一平面内相交于同一点上的榫接。它的榫、卯多数出现在杆件中间位置处。榫头为保留的杆件实体形体部分,卯槽(孔)为杆件去掉的虚空部分。实体与虚空的高度之和要等于杆件断面的总高度,这样就能保证最终的交接面平齐(在同一平面内)。

当两杆相交时,并保证最终的交接面平齐,位于最上层的杆件上1/2为实体的榫杆,下1/2为挖空的卯槽,下层杆件与此相反。当三杆在同一点相交时,位于最上层的杆件上1/3为保留的实体榫杆,下2/3为挖空的卯槽;位于中间层的杆件,上1/3和下1/3为挖空的卯槽,中间的1/3为保留的实体的榫杆;位于最下层的杆件上2/3为挖空的卯槽,下1/3为保留的实体的榫杆。卯槽的最小处宽度等于相交的杆件断面宽度。平面方向按相交角度确定,见图 8.65。该图是等断面的双杆、三杆成等角度(90°、60°)相交的扣榫解析图。图 8.66 是将扣榫与企口榫组合在一起构成的木井筒结构。

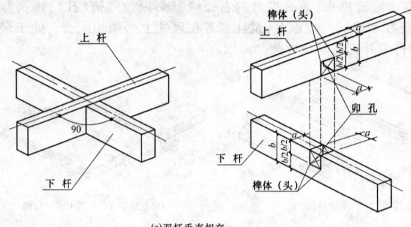

(a)双杆垂直相交

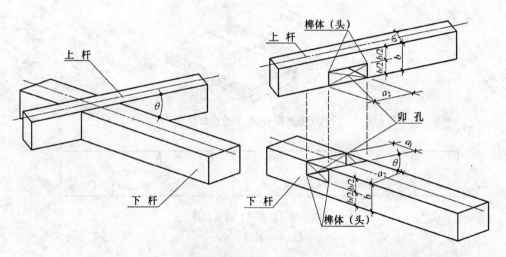

(b)双杆成任意角相交

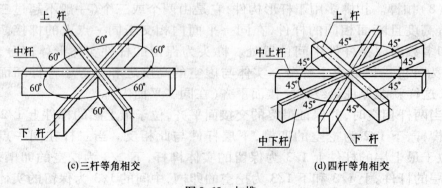

(c)三杆等角相交　　　　　　(d)四杆等角相交

图 8.65　扣榫

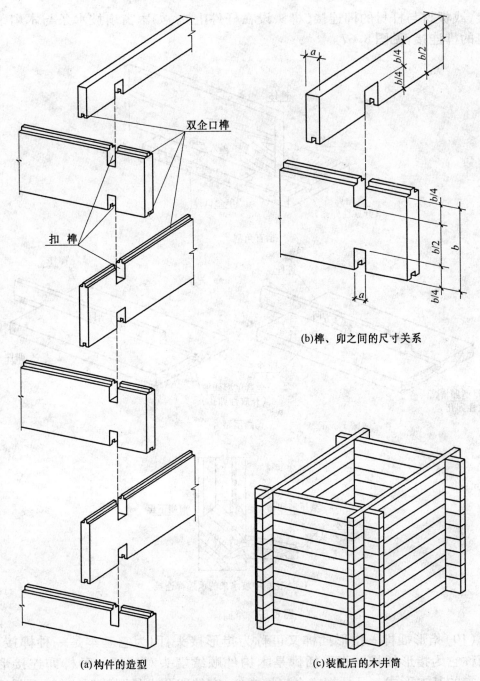

图 8.66 由扣榫连接构成的木井筒结构

（9）承插榫。承插榫是在单暗榫基础上变化形成的，它的卯孔（实际上是卯槽）在构件边缘的两端成开口形式，所以它的卯孔也三面开口的虚空造型，横断面可成矩形、方形或燕尾形。榫头是在杆件的纵向长方向上设，断面与卯孔相配合。安装时榫头从一端插入卯槽中。承插榫多用于板材与板材的 T 形榫接,或板材与杆材的榫连接(榫头设在杆件上)。如木窗扇披水条与木扇下横梃的榫连接,见图8.67。

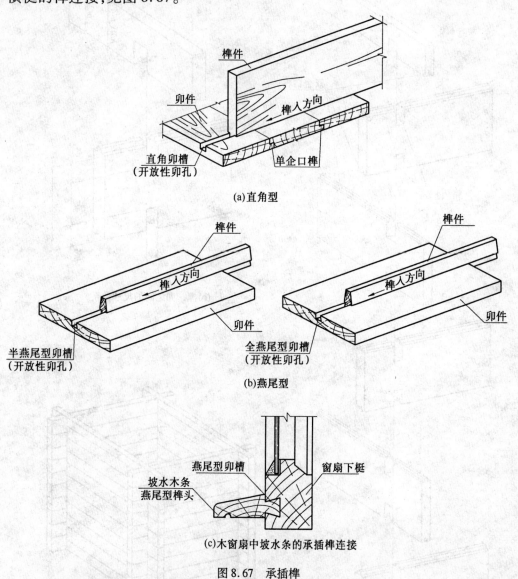

图8.67 承插榫

(10)指形插榫。指形插榫又可称为指形接头,因为它基本是一种榫接,故而称它为指形插榫。指形插榫是木构件顺纹端头对接的一种榫卯连接形式。它的基本形式与马牙榫或企口榫类似,它的卯孔也是开放型的(三面开口型),但它的榫卯面是连续的多个"之"字形折面,其"之"字尖角小于30°。指形插榫在榫入方向的反方向上还是出平面的方向上均没有定位约束能力,所以选用时必须使用胶合剂,如用在木板长向的端头胶合对接,或在胶合木梁中使用,见图8.68。

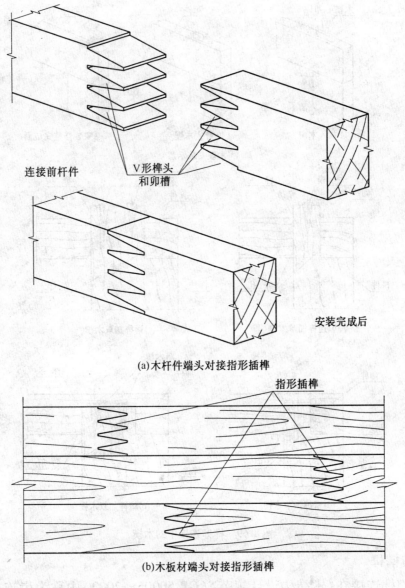

图 8.68 指形插榫

以上这些榫、卯连接只是木质材料中无件连接的一种形式,它可以在此基础上再变化;也可以将不同的榫卯形式组合在一个木构件上,形成具有多种形式的榫卯连接。图8.66就是一个将扣榫与企口榫组合在一起构成的木井筒结构。

为了增强榫连接的牢固性,可以在榫头铆入后再打入一个尖劈状木楔,利用木楔撑胀榫头增强榫头与铆孔间的紧密性,从而防止榫连接松动。木楔可以蘸上胶液打入,称为胶楔,见图 8.69。

以上这些榫卯形式是一般木构件中常见的,还有一种榫连接形式是专门适用于各型木屋架的,那就是齿槽榫。

· 184 ·　建筑构造构成原理

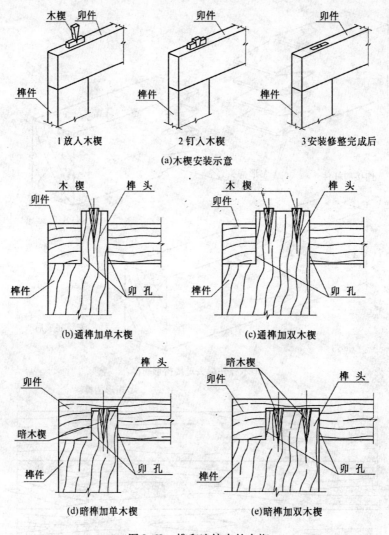

图 8.69　榫卯连接中的木楔

5. 齿槽榫

齿槽榫连接在《木结构设计规范》(GB 50005—2003)中称为齿连接(最早也称作齿槽连接)。

齿槽连接是适应于木屋架构造的一种连接形式,它的构造造型形式(定、限位造型)与木屋架的受力特点结合在一起,形成了齿连接形式的特征,所以,齿槽连接专门用于木屋架中。但是,齿槽连接所用的材料及造型工艺上与木榫卯有一定的相似之处,为此把它归在榫连接中。

齿槽连接造型的最大特点是,它的定(限)位作用只起到承担屋架弦杆间的轴向压力,屋架除下弦杆全杆受拉之外,其他各木质杆件全部是受压件(受拉杆件用钢杆),因此,在屋架正常工作条件下,外部荷载在不超过极限时,作用力越大齿槽连接越稳定。齿槽连接不能承受拉力,在拉力作用下齿槽连接失效。

在木屋架上以齿槽连接的节点主要分布在木屋架的端节点(支座节点)、腹杆节点、脊节点、下弦跨中节点等处,见图 8.70。

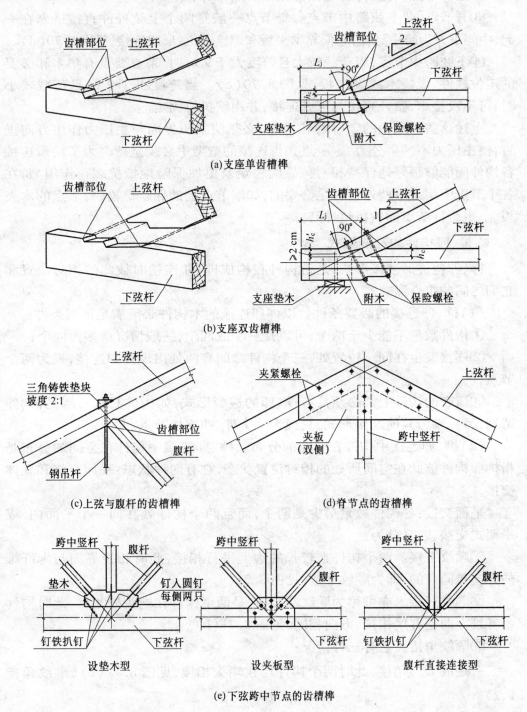

图 8.70 木屋架的齿槽榫

①端节点,即支座节点,它又分为单齿和双齿两种,见图8.70(a)、(b)。

②腹杆节点,即腹杆与上弦杆相接节点,见图8.70(c)。

③脊节点,即上弦跨中节点。脊节点一般是两个上弦杆件直接搭靠在一起,中间下方为跨中竖杆,它们靠木夹板和螺栓定位,形成连接,见图8.70(d)。

④下弦跨中节点,当荷载较大且跨度大于9 m时,节点要设有垫木和必要的定位铁件,设垫木或设夹板,见图8.70(e)。当跨度小于9 m且荷载较小时,可不设垫木,腹杆直接与下弦连接,并用铁扒钉固定。

上述这些节点中的定(限)位造型,必须使主压界面与主压力作用方向垂直,使主压力不产生分力,这一点在齿连接的造型中必须坚持。为了使齿连接各构件间能够很好地保持相对位置的稳定及更加保险地抵抗载荷作用力,在各个节点上增设一些连接件是必要的,如端节点上的保险螺栓、脊节点的木夹板、上下腹杆节点的铁扒钉、圆钉等。

6. 榫、卯构件的连接形式

榫、卯构件的连接形式,是指构件在构成榫、卯连接时彼此的相对位置和它们之间的组合形式。

(1)榫、卯连接的必要条件。以榫卯连接的木构件必需满足下列条件:

①构件数量不能少于两个,可以是三个或四个,一般情况最多为四个;

②连接发生在同一位置处,三个构件之间有两处出现榫卯连接,视为两个节点;

③所有的构件上都必须具有榫、卯的造型形式,如构件只有一端是榫、卯造型,另一端为其他连接形式,只视为一个榫、卯连接节点。

(2)榫、卯连接中构件在空间的分布。榫、卯连接中构件在空间的分布是指榫卯构件彼此在空间所处的相对位置状态,它有两种状态:平面交接和立体交接。

平面交接:各构件数量最少是两个,而且两个构件处在同一个平面内,成平面式交接,它又分为:

①顺纹平接。两个构件在较长的边上平行相接,此时相接界面与木纤维的方向是同向的,即为顺纹平接,见图8.71(a)。

②顺纹对接。亦可称为顺纹端接,它是两个构件在端头处相接,此时构件木纤维方向是首尾相接,方向相同,见图8.71(b)。

③顺纹角接。它有三种情况:

一是成L形角接,此时两个构件均在端头相接,见图8.71(c)(顺纹角接1、2)。

二是成T形角接,此时一个在构件中部相接,另一个构件在端部相接,见图8.71(c)(顺纹平接3、4)。

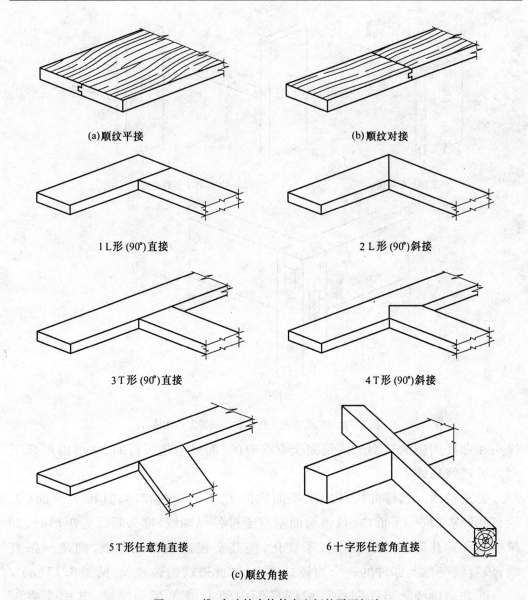

图 8.71 榫、卯连接中构件在空间的平面相连

三是两个构件全在中间部位相交(成扣榫形式)此时,构件木纤维方向相互交叉,或相互垂直或成任意角,见图 8.71(c)(顺纹平接 5、6)。

立体交接:当交接的各构件数量为两个时,而且两个构件的主面(如木板材的板面),不在同一平面内;如果是三个构件,至少有一个构件的主平面与其他两个构件的主平面不在同一平面内,即成空间三维分布,见图 8.72。

(3)榫、卯连接中界面的迹线。当榫卯连接形成后,交接的界面迹线在构件的表面上是可见的。这条迹线与榫卯构件在榫肩面及卯孔处的断面形状有关,这条可见线可以人为地控制。为了取得需要的交接迹线形式,适当地变化

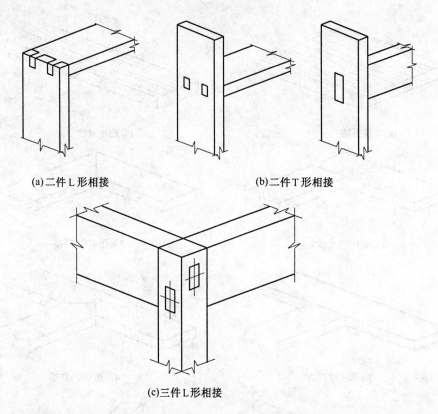

(a)二件L形相接　　(b)二件T形相接

(c)三件L形相接

图 8.72　榫、卯连接中构件在空间的立体相接

榫头和卯孔周围的造型形式是完全有必要的,而且也是可行的,它可以形成下列几种迹线形式:

①边迹线。当榫卯构件成同平面内的 L 或 T 形角接时,其榫头肩面(无论有几)均在同一平面内,且该肩面垂直于榫件纵轴线,榫头断面为矩形时,如果榫头和卯孔周围的造型形式不变化,使其交接迹线自然形成,则是一条直线,该直线必然与卯件的一个边棱线重合,称此迹线为边迹线,见图 8.73(a)。

②非边迹线。当榫卯构件成同平面内的 L 或 T 形角接时,其榫头肩面(无论有几)在同一平面内,且该面与榫件纵轴线成不垂直的任意角时,此时变化榫头和卯孔周围的造型形式,使其交接迹线不在榫卯构件的边线上,而是落在了构件的中间部位或端头部位上,称该线为非边迹线。非边迹线在 L 形角接时,往往处在构件相交角的中分线上,是一条位于构件端部的斜直线。当构件为 T 形角接时,该线是一条折线,其折点位于榫件总宽度的中分线上,其两端均位于构件交角的中分线上,见图 8.73(b)。

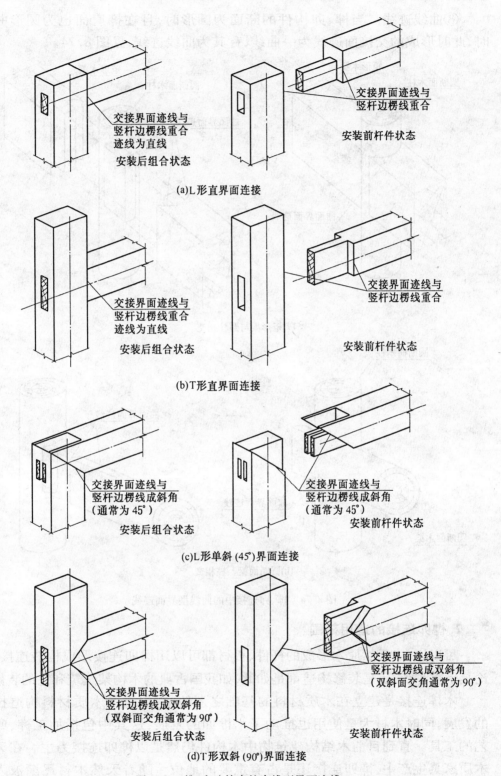

图 8.73 榫、卯连接中的直线型界面迹线

③曲线迹线。当榫、卯构件的断面为圆形时,且在榫肩面也为圆形曲面时,此时形成的交接面迹线为一曲线,称其为曲线迹线,见图8.74。

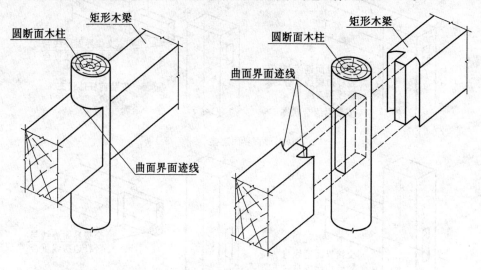

(a)矩形梁与圆柱相交

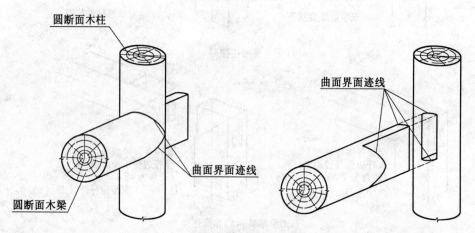

(b)圆断面梁、柱相交

图 8.74 榫、卯连接中的曲线型界面迹线

7. 榫卯连接的适用范围

可以说,由天然原木形成的杆件、板材都可以用榫卯连接形成构造连接,无论是承重系统,还是装修构造都是如此,如我国古典的木构架建筑和它的装修。

木榫连接是建立在木质材料的基础之上的,它促进了木质材料构造技术的发展,同时木材大量使用也推动了木榫卯的发展,这其中包括加工榫、卯工艺的工具。直到目前木结构建筑物中木构件仍然是以榫卯连接为主。在天然木质家具生产中,榫卯连接还是占有重要的地位。随着天然木材逐渐被人造木材所替代,木榫连接也给螺栓、螺钉等连接形式让出了部分空间,但它们终究代替不了榫卯连接。

综合以上讨论,可以将其归纳成一表格,见表8.27、表8.28。

表8.27 木榫卯连接形式一览表

序号	榫铆名称	矩形榫头	梯形榫头	榫头数量			榫头肩数					榫后形式			简图
				单榫	双榫	多榫	单肩	双肩	三肩	四肩	多肩	露明	半暗	全暗	
1	明通榫	√		√	√		√	√	√	√		√			图8.56、8.57
2	暗通榫	√					√	√	√	√				√	图8.58、8.59
3	马牙榫	√				√					√	√	√		图8.60、8.61
4	燕尾榫		√			√									图8.62、8.63
5	企口榫	√		①	②							√			图8.64
6	扣榫						√								图8.65
7	承插榫	√		√			√					③			图8.67
8	指形插榫	④			√										图8.68
9	齿槽榫	√		√			√					√			图8.70

注:①系指单企口榫;②系指直线型(F式)混合企口榫;③系指榫入末端榫头露明;④系指三角形榫头。

表8.28 木榫卯连接形式及适用范围

类别	榫卯形式	连接形式		板材与板材相接				杆材与杆材相接				板材与杆材相接			
				长向平接	端头对接	L形角接	T形角接	端头对接	L形角接	T形角接	交叉角接	L形角接	T形角接	L形长向平接	L形平接	T形平接
全榫连接	通榫	单通榫	平接		√	√	√		√	√		√	√			
			插接			√	√		√	√		√	√			
		双通榫	平接			√	√		√	√		√	√			
			插接			√	√		√	√		√	√			
	暗榫	单暗榫	平接			√	√		√	√		√	√			
			插接			√	√		√	√		√	√			
		双暗榫	平接			√	√		√	√		√	√			
			插接			√	√		√	√		√	√			
半榫连接	马牙榫	露明式马牙榫接				√										
		半暗式马牙榫接				√										
	燕尾榫	露明式燕尾榫接				√										
		半暗式燕尾榫接				√										
	企口榫	单企口榫接		▽												
		双企口榫接		▽												
	扣榫	双杆相交榫接									√					
		多杆相交榫接									√					
	承插榫	通长承插榫接						√						√	√	√
	指形榫	"之"字形榫接			▽			▽								

注:"√"表示适应的榫连接形式;"▽"表示榫连接的同时要在界面上加胶连接。

8. 榫连接的受力

榫连接的在外力作用下的受力和对这些力的抵抗，总的来讲是靠材料的强度、刚度承担的，其中构件的定位（限）性造型也是起到关键性作用的。在作用力的分布上，主要集中在三个方面。

第一方面集中在榫头和卯孔的局部，此时可能出现胀紧压力，当榫卯连接过于紧时，这些应力会更大。这些力都需要靠材料强度来抵抗。

第二方面集中在榫卯连接后每个组合构件上。从理论上讲，榫卯连接的T形、L形或"十"字交叉处会出现弯矩。榫头的实体造型部分的断面应能承受这个弯矩，当这个弯矩传给卯孔时，对卯孔是局部受力。总之，这些力都要靠材料强度来抵抗，使整个构造受力和相应的变形控制在允许范围内。

第三个方面集中在榫卯的抗拔受力上。在与榫卯的安装方向及正常受力方向相反的方向上出现拉力的作用时，该拉力为榫卯连接的拔出拉力，抵抗拔出拉力的作用力为抗拔力。抵抗榫卯拔出的措施，首先应尽量避免榫卯连接中出现拔出方向上受拉力作用。其次，增设榫卯造型间的定位措施，即选用燕尾型榫卯，还可以靠增加榫头与卯孔间的摩擦阻力来抵抗拔力。增加榫卯间的摩擦阻力的措施有：在榫头上钉入胀紧木楔，包括在暗榫中增设暗楔，从而提高榫连接的抗拔能力，见图8.69。还可在榫卯连接的接触界面上涂胶，利用胶合力提高抗拔力。再次，就是借助于具有连接能力的五金件来加固榫卯连接，提高它的抗拔能力，如用嵌入式的L形、T形偏铁件（三角铁）提高榫卯连接的抗拔能力（此五金件还有传递和抵抗弯矩的作用），见图8.48。

木榫卯构件的造型本身可以说主要是定位性造型，它们彼此之间都起到了定位作用，使整个木榫卯构造在力的作用下成为结构形态。所以，木榫卯连接的造型十分重要，尤其是彼此的造型尺寸必须达到精确配合。

由于木材在生长过程中形成的纤维方向——即木材的纹理方向不同的影响，木材在不同的方向上抵抗受力的强度也不同。受力方向与纤维生长方向一致的称为顺纹受力，受力方向与纤维方向垂直的称为横纹受力。榫头的纵向最好选用与顺纹方向一致。卯孔的开口方向，最好与顺纹方向垂直，这样可以充分利用木质材料承受外作用力的特性。

9. 木榫连接的施工

木榫连接的施工从总体上可分为两种情况：一是由榫连接构成的独立构件或配件，可以在预制加工厂利用机械集中成批量生产，如木门窗构配件等；二是在施工现场进行木榫连接施工，它多数是以手工操作为主，利用手工工具，如手工锯、刨、凿、铲、钻等及相关配套工具等，也可使用手提式电动木工工具。它的工艺流程不十分严格，可由操作工人自行安排，但必须遵守有关施工操作规程。目前现场施工的木榫连接多数集中在木装修方面。

木榫连接的构件总体造型处理有它的规律性，尤其是利用机械加工时，所以在设计上应该考虑为加工工艺提供方便和可行。

木榫连接要使用经干燥后的木材，干燥后的含水率应控制在15%左右。主承重结构中应以针叶的红、白松为主。非承重结构中或非重点部位的木装饰可以用桦木、椴木等阔叶树种，少数高级木装修可用较高级的杉木、水曲柳、红木等树种。

8.5.2.2 承插连接

1. 承插连接的概念和特点

承插连接是一个构件插入到另一构件中形成的连接。它完全靠构件的构造造型使其彼此相互穿插、贯通、套接、包裹（包括弯折彼此相关的一个构件所形成的包裹）并形成相对固定的位置关系，连接时彼此两个构件之间没有其他连接件参与，所以，承插连接是无件连接中的构件级连接。

承插连接构件的造型，彼此之间必须具有定（限）位性作用，这种定（限）位造型有的是限制构件两个方向的位移；有的是限制构件三个方向的位移，但它必须使构件间能够相对稳定。为此，它的构造造型要附有一些特殊处理，如设置卡口、挡头、凸棱、凹槽、弹簧片（珠）等，这些造型虽然尺度微小，但必须设，这是承插连接的最大特点。

一般情况，承插连接安装时用力不大，不需要借助任何机具设备，完全靠人工手工安装，多数是按直线方向插入，或伴有小角度的转动（一般转动角不超过90°）。所以，承插连接安装简单、易行，这也是承插连接的一个特点。

与此相反，如果出现了与安装作用力相反方向的力时，承插连接很容易脱开，使承插连接失效。这个相反方向的力也不大，所以，承插连接很容易拆卸。承插连接可以形成可拆卸连接形式。

承插连接第三个特点是它充分利用材料的特性，尤其是具有弹性的材料，如各种软硬质塑料、硬质橡胶等。这些材料在承插的瞬间，产生塑性变形，承插完成后，变形恢复，使定（限）位造型发挥作用，形成有效连接。所以，承插连接不用脆性或硬度大又不易变形的材料。

常见的承插连接如：室内吊顶、隔墙板中的轻钢龙骨连接、塑料门窗的玻璃压条与扇框的连接、塑料踢脚板的连接、滑槽式推拉门窗的扇与框的连接等等。

2. 承插连接的分类

承插连接，按连接的分类可分为永久（固定）性的、可拆卸的和活动性的三大类。

按承插连接的构造和彼此定位的状态，可将其分为：完全型承插连接和不完全型承插连接。

（1）完全型承插连接。被连接的构件彼此在正负三向（$\pm X$、$\pm Y$、$\pm Z$），全都具有定位约束，构件在任何方向上都不产生位移，这种承插连接是完全型承插连接，见图8.75。

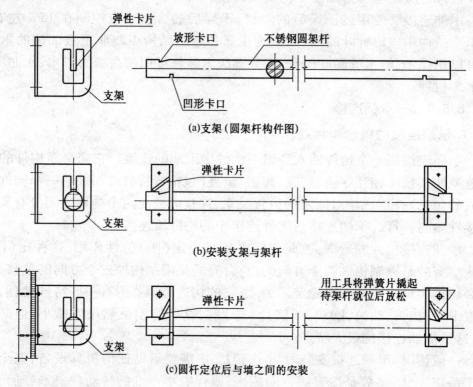

图8.75 完全型承插连接

（2）不完全型承插连接。被连接的构件彼此在正负两向上（$\pm X$、$\pm Y$或$\pm X$、$\pm Z$或$\pm Y$、$\pm Z$）具有定位约束，在第三个方向上没有定位约束，即在这个方向上构件彼此之间不具有定位造型。这种承插连接是不完全型承插连接，见图8.76。

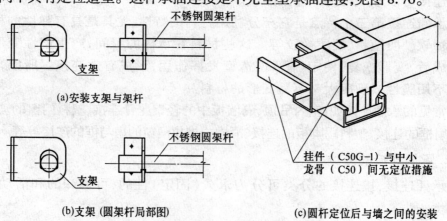

图8.76 不完全型承插连接

承插连接对位移的约束,是指发生在连接处的位移,约束也是指由连接构造造型提供的保证措施。这种保证措施,包括构造上设置的卡口、挡头、凸棱、凹槽、弹簧片(珠)等。完全型承插连接的可靠性高于不完全型承插连接。

在具体的构造中,承插构件可能受与其相接触其他构件的约束,不产生位移,此时承插构造对位移的约束(定位措施)可以简化。

另外,只有一个或正或负方向上约束———一般是在重力方向上有约束,这种连接归在搭接连接中,详见后述的搭接连接。

活动性的承插连接是构件承插后,形成的不是完全固定位置的连接,而是把构件的位置限定在一定的范围内,构件在此范围内可以运动,成为一种机构形态。例如:推拉门窗扇插入滑动槽中,滑动槽对它起到限位作用。五金件中的各式插销、风钩、锁用搭扣、抽芯合页等,都是具有限位造型的活动性承插连接作用。图 8.77 是轻钢龙骨吊顶的承插连接;图 8.78 是隔墙用轻钢龙骨的承插连接;图 8.79 是塑料件的承插连接。

3. 承插连接的受力

承插连接对外力作用的方向性要求非常严格,当它受力方向与使它稳定的重力作用方向不一致时,承插构件可能发生移动,使承插连接失效。所以,控制承插连接的外力作用方向至关重要。

承插连接的受力发生在承插的界面处。当承插构件之间受力方向与重力作用方向一致且上下排列时,若下构件有下支座,下构件受压;如下构件无支座,为悬吊形式,此时,上构件受拉。当水平排列时,按实际发生的状态,连接界面处有可能产生压力或其他应力。当承插构件受到与承插安装时的送入方向相反的拉力作用时,无定位装置的承插连接可能被拉出,使连接失效。当具有定位装置和措施时,定位装置抵抗这个作用力,使连接保持在安装位置上。承插连接界面处不能传递,也不能承受弯矩。

在活动性的承插连接中,承插的界面处要承受引起活动的作用力。

承插连接的构件受力,由材料的强度、刚度来抵抗,其中构件的构造造型和定位措施起关键性作用,它是保证承插连接稳定、安全的主要措施。

4. 承插连接的施工

承插连接在建筑装修中使用较多,它的施工操作较为简单,在装修中一般是以人工手工作业为主。在结构中使用的承插连接,如:预制装配式的钢筋混凝土柱与基础杯口处的承插,插入就位后,要用硬木楔临时固定,然后浇注细石混凝土形成永久性固定连接。

承插连接这种形式,从原理上讲在其他连接中也存在,如:木榫插入到卯孔中、螺栓、螺钉插入螺孔中、铆钉插入铆孔中等都是承插。但是它们最终形成的连接不属于承插连接。为什么会出现这种情况?这说明构造连接内在的、普遍意义上的规律性,是具有相互兼容的性质,它体现了事物存在、发展的辩证关系,是值得我们注意的。

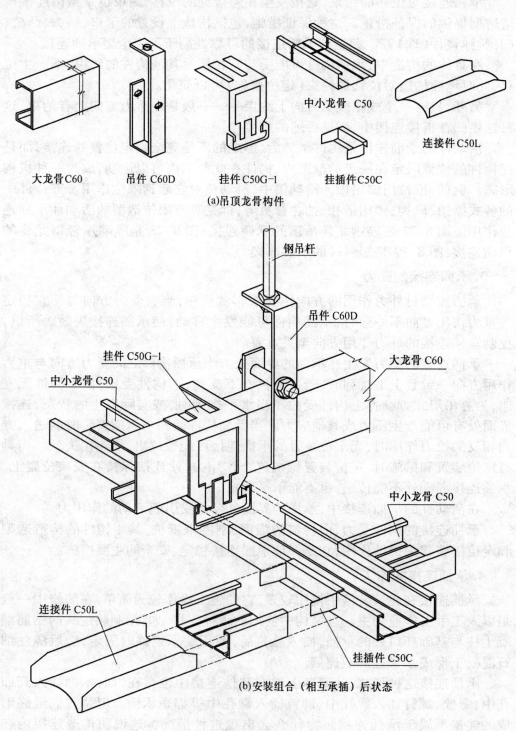

图 8.77 轻钢龙骨吊顶的承插连接

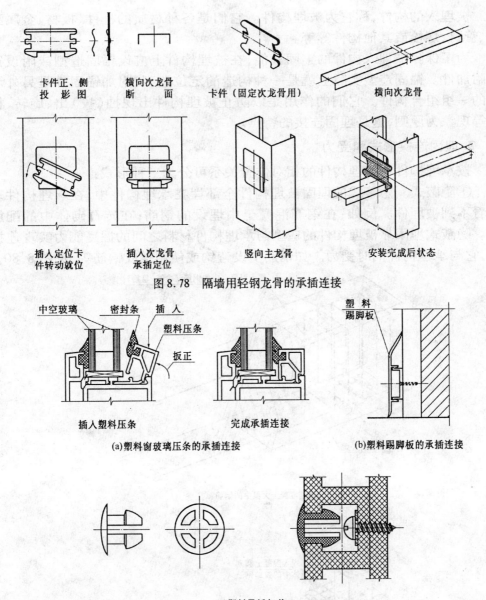

图 8.78 隔墙用轻钢龙骨的承插连接

(a) 塑料窗玻璃压条的承插连接

(b) 塑料踢脚板的承插连接

(c) 塑料承插扣盖

图 8.79 塑料件的承插连接

8.5.2.3 埋固连接

1. 埋固连接的概念和特点

埋固连接是将一个构件在施工现场的施工过程中埋入到另一构件中,形成永久性固定连接,这种形式的连接被称为"埋固连接"。埋固连接是无件连接中的构件级连接。埋固连接,在同材或异材之间均可使用。

接受埋入的构件,我们称它为承埋构件,它们是在施工过程中形成的造型实体,例如:砖石砌体、可塑材料的混凝土,少数也可在手塑施工的砂浆层中埋设。

被埋入的构件,称它为被埋构件。它们是各种材质的杆件、板材、金属型材、管材、螺栓或其他构件等等。

为了保障被埋入构件的牢固性能,在被埋构件上应设锚固造型或附设锚固附加件。锚固造型实际上就是一种构造的定位造型,附加锚固件是另外增设的一组组合构件。它们的作用是以防止被埋构件出现抽(拔)出、旋转、松动等现象为原则,这是埋固连接的特点。

2. 埋固连接形式和受力

按承埋构件与被埋构件的相对位置关系可分为三种形式:

①隐蔽式。隐蔽式的埋固被埋构件全部埋在承埋构件中,在承埋构件表面看不到被埋件。例如:在钢筋混凝土中埋设的钢筋;在砖石砌体中的配筋等。隐蔽式埋固靠被埋构件的造型与承埋构件材料之间的握裹能力实现连接的,它与承埋构件同时受力。如钢筋上设弯钩或使用螺纹钢筋等,见图8.80。

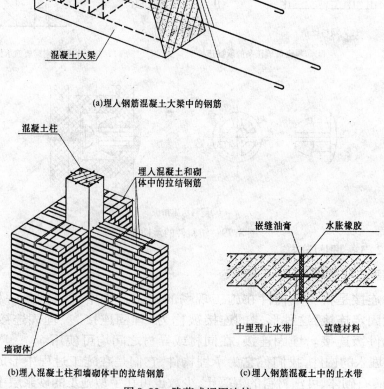

图 8.80 隐蔽式埋固连接

②露明式。露明式的埋固被埋构件有一个面是露明的,在承埋件上可以看到这个表面,而且该表面与承埋构件表面取平,这个露明面为再次连接提供条件。例如:在砌体或混凝土中预埋的露明铁件、防腐木砖、防腐木块等。露明式埋固,要靠被埋构件的定位造型或设在被埋件上的锚固附加件实现连接牢固。它的受力状态要根据再次连接情况而定,见图8.81。

③悬出式。悬出式的埋固被埋构件有一部分埋在承埋构件中,另一部分突出承埋构件,形成悬挑形式。例如:在砖石砌体上、混凝土实体上埋设各类材质的悬臂梁、悬挑板、楼梯踏步板、小型立柱(栏杆柱)等。悬臂式埋固,也是靠被埋构件的造型或设在被埋件上的附加件实现连接牢固的,见图8.82。悬出式埋固连接在结构上属于固接,它的受力主要发生在悬臂处,它除可以承受拉力、压力、剪力外,还可以承受和传递弯矩。对于悬出尺寸较大或载荷较大的悬挑结构要进行材料强度计算和抗倾覆验算。

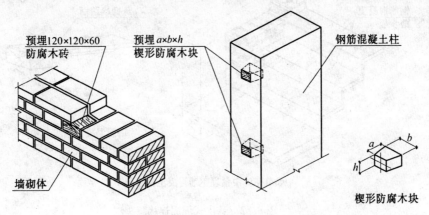

(a)砌体或混凝土中预埋露明木砖/木块

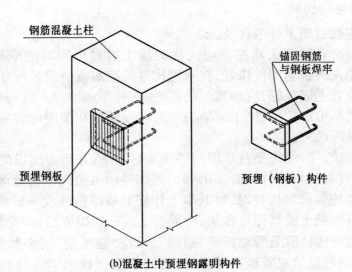

(b)混凝土中预埋钢露明构件

图8.81 露明式埋固连接

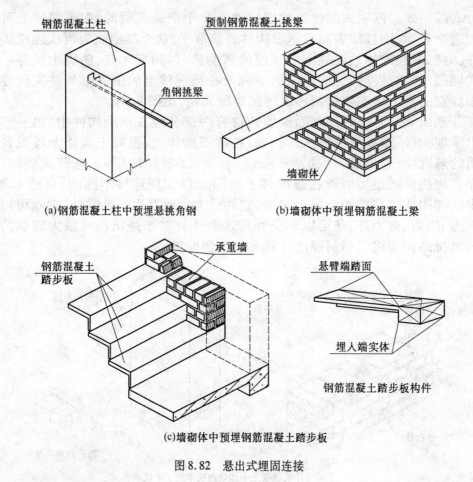

图 8.82 悬出式埋固连接

3. 埋固连接的施工

埋固连接的施工分两种情况。

①同埋法。同埋法是在承埋构件的施工过程中同时完成被埋构件的埋设。它要预先将被埋构件作好,在承埋构件的砌筑或浇筑过程中,将被埋构件放在指定位置上固定好,再砌筑或浇筑,一次性完成埋设。这种埋设对任何一种埋固形式都可以使用,施工简单、易行,埋设质量和牢固性容易得到保障,是常用的一种埋设方法。

②后埋法。后埋法是在承埋构件施工过程中,在指定埋设的位置处,先预留出一个洞(按被埋构件和必需的锚固附加件的占位尺寸确定洞的长、宽和深度),待需要埋设被埋构件时,将其事先作好的被埋构件放入预留洞中,再向洞中填塞细石混凝土或高标号砂浆,待混凝土或砂浆凝固后,即完成了埋设。如在钢筋混凝土楼梯段上后埋楼梯栏杆。后埋法施工简单,多数情况是用在悬出式埋设,但埋设填塞质量不易保证,与同埋法比较牢固性差些,在较为重要的构造中不易选用。

在砖石砌体中做埋固连接,可以做两次埋入,第一次先将被埋构件埋入混凝土预制块中,待预制块完成养生后,第二次再将混凝土预制块砌筑到砌体中(此时预制块上要设拉结筋,砌筑时拉筋埋入到砌体中)完成最终埋设,见图8.83。如果在钢筋混凝土中做金属件的埋固连接,最好将被埋件的锚固构件(拉结钢筋)与混凝土中的钢筋连接在一起。

图 8.83 后埋式埋固连接

8.5.2.4 螺纹连接

1. 螺纹连接的概念

螺纹连接是将具有连接能力的螺纹分别设在彼此连接的两个构件上,通过螺纹使它们彼此咬合在一起,形成连接。它与螺栓、螺母之间的连接原理相同,但相互直接连接的两个构件不是螺栓和螺母,所以,它不是螺栓连接,也不是螺钉连接,而是螺纹连接。

它的特点是将螺纹设在彼此连接的构件上了。多数情况下,螺纹连接出现在金属构件之间,个别的在木质、塑料、玻璃钢或陶瓷构件上也用螺纹连接。

螺纹连接是无件连接中的构件级连接。它还是可拆卸连接形式之一。

2. 螺纹连接的形式

形成螺纹连接的构件形式是多种多样的,它的关键是如何选择内、外螺纹设在那个构件上。一般情况下,外螺纹设在相对较小的、具有独立造型形式的构件上;内螺纹设在相对的被连构件上,设内螺纹构件往往是在实施连接前就固定了的构件,但相反的情况也有,见图8.84。

在金属材料中可用机床加工内、外螺纹。小直径的内螺纹,可以先钻孔然后用丝锥攻出螺纹。木质材料的螺纹,要在木旋床上旋出螺纹;塑料和玻璃钢的螺纹也可用机床旋出,或在注模时铸出;在陶质材料上的螺纹是在焙烧前由胎具塑出。这些材质的螺纹,一般都是成圆形的尖角状,且螺距较金属材料的要大些。螺纹连接也可以增设金属的平垫片、弹簧垫片或柔性的软塑料垫片、橡胶垫片等。

金属管材的对头连接通常是用螺纹连接。它用的是一种特殊形式的螺纹,即:60°密封管螺纹(GB/T 12716—2002)、55°密封管螺纹(GB/T 7306—2000)和55°非密封管螺纹(GB/T 7307—2001)等形式。管螺纹的特点是,有一段设有螺纹的管外表面与管子纵轴线成1∶16的锥度,见图8.85。管螺纹适用于管型构件的对接接头,管阀门、旋塞及其他管材附件等与管的连接。

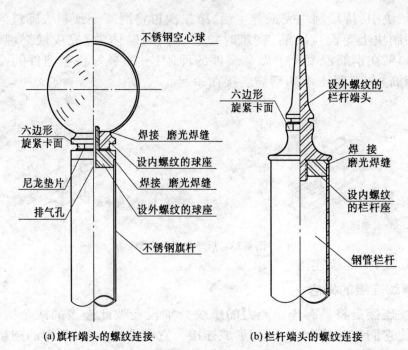

(a) 旗杆端头的螺纹连接　　(b) 栏杆端头的螺纹连接

注：使用单头呆扳手或活扳手拧紧

图 8.84　螺纹连接列举

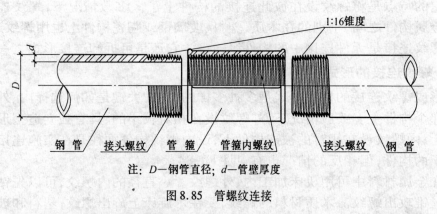

注：D—钢管直径；d—管壁厚度

图 8.85　管螺纹连接

3. 螺纹连接的工作原理和受力

螺纹连接的工作原理与螺栓连接相同，它们都是靠分别设在两个构件上内外相配的螺纹，在旋拧中起到相互咬合的作用来实现连接的。螺纹连接的受力也与螺栓连接相同。

4. 螺纹连接的拧紧措施

螺纹连接也必须拧紧，拧紧工具基本上与螺栓相同。它的拧紧是发生在可转动的那个构件上。根据构件的总体造型，选择在某个部位上做成六角形、方形或带卡口等造型形式，并注意留有放置拧紧工具的空间。如用手动旋紧时，被旋件上可以做成滚花或刻线形式，此时要适当地兼顾构件的形象造型，见图8.86。管螺纹的旋拧用专用的管钳。

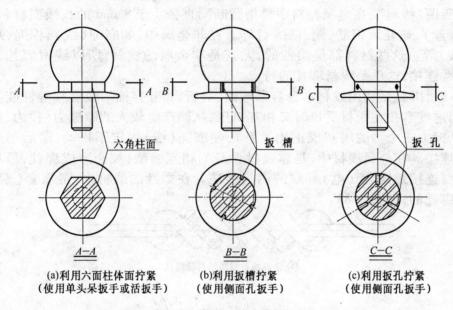

(a) 利用六面柱体面拧紧
（使用单头呆扳手或活扳手）

(b) 利用扳槽拧紧
（使用侧面孔扳手）

(c) 利用扳孔拧紧
（使用侧面孔扳手）

图8.86 螺纹连接的拧紧处理

8.5.2.5 压焊连接

压焊连接也是焊接连接的一种，但它不使用焊条或钎料，故属于无件连接的一种。压焊连接主要使用在同质金属材料之间、可热熔的塑料材料之间及玻璃之间的连接。压焊连接是材料级连接。

金属压焊连接常用的焊接法有电渣焊、电阻焊、闪光焊、摩擦焊、冷压焊和高频焊等。它们是利用电能（电阻或电弧瞬间产生的高温）转换成热能对母材加热，根据焊接工艺和焊接机的不同，选择加压或不加压，将母材熔化并融合成一体，待冷却后形成连接。压焊连接常常用在钢筋对焊、钢筋网点焊、薄钢板点焊等处。

可热熔塑料的压焊，要使用专用设备，如专用于塑料门窗的杆件焊接的塑料焊接机，它对塑料母材局部加热，使其达到热塑状态，然后撤掉焊机加热芯片随即加压，实现热熔压焊连接。在现场施工的塑料管材（PPR、PVC管），使用塑料管电热熔器，其焊接工艺与塑料焊接机相同，但加压是由人工完成的。

压焊连接的机理与有件焊接连接相同，都是材料上的融合，属于材料级的连接。所以，它的连接是较为牢固的，可以承受拉、压、剪力和弯矩的作用，多用于永久性固定连接。

8.5.2.6 线材绑扎连接

线材绑扎连接与有件连接中的捆绑连接相类似，但此时线材不是连接件，线材本身成了被连接的构件，形成了线材与线材之间的或线材与一个型材构件之间的绑扎连接，线材绑扎不存在中间的连接件，利用线材本身进行绑扎，所以，线材绑扎是无件连接中的构件级连接。这种形式的连接被称为线材绑扎连接。线材绑扎实际上也是线材接长的一种方式。

所谓"线材",在金属材料中是指圆断面直径小于8 mm的长线型材料,如铁线(丝)、热轧圆钢筋、铜、铝线材等。在非金属中,如麻绳(线)、棕绳、尼龙绳(线)等。这些材料都是柔性的,尤其是非金属的线材,所以线材绑扎连接是柔性连接,这也是线材绑扎的特点。

线材绑扎是利用线材本身容易弯曲、对折,相互穿插形成套扣等性能实现的,而这些套扣在线材受拉时又相互挤压,从而产生较大的摩擦力(拉力、挤压力、摩擦力三个力的增减成正比关系),使绑绳(线)固定不松动,最后形成绑扎式连接。在金属线材中,是靠线材自身的相互缠绕,绞合形成绑扎,最典型的线材连接是铜、铝(电)导线的简易接法。在柔性的线材中,是靠套(索)扣形成绑扎的,见图8.87。

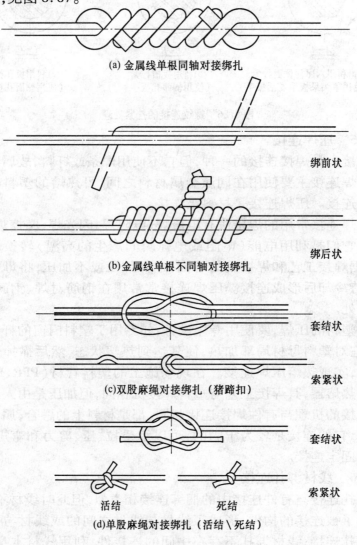

(a) 金属线单根同轴对接绑扎

(b) 金属线单根不同轴对接绑扎

(c) 双股麻绳对接绑扎(猪蹄扣)

(d) 单股麻绳对接绑扎(活结\死结)

图8.87 线材的绑扎

在有件连接的捆绑连接中,最后对绑绳(线)的固定,即最后索紧绑线、绑绳的端头,实际上这个索紧头就是线材绑扎连接。无论在有件连接的捆绑连接中,还是在无件连接的线材绑扎中,它都是保障绑扎形成和具有可靠性的关键。

线材绑扎,线材只受轴向拉力作用。在拉力作用下,套扣处局部线材受挤压力,同时线材之间存在摩擦力。轴向拉力、局部挤压力、线间摩擦力三者增减成正比关系。

线材绑扎连接由于它的可靠性较差,除金属(电)导线接头外(导线接头处还可另加锡焊),基本上不用于永久性固定连接上,临时性连接可用。但是,它也不失为一种连接形式。

8.5.2.7 咬合连接

咬合连接也可称为咬口连接,它只适用于金属薄板材料,材料的局限性较大,所以,咬合连接也可称为金属薄板咬合连接。它是利用金属薄板可以冷弯、折叠的性质,使其折叠后再相互搭接、咬合在一起形成的连接,这种形式的连接被称为咬合连接,它的基本形式见图 8.88。咬合连接是无件连接中的构件级连接。

用于咬合连接的金属薄板,厚度在 0.35～1.5 mm,均为平板,如黑、白铁皮、镀锌铁皮(板)、马口铁(皮)、薄铝皮、薄铜皮等。

薄金属板材的折叠、相互搭接、咬合就是咬合连接的定位造型。同时这种造型也具有改性性质,增加了薄板在折叠处的刚性。

以黑铁皮屋面为例,咬合连接的形式有一次折叠的单咬口和两次折叠的双咬口等形式。

另外,使用咬合连接组成的金属薄板构件还有管形构件和容器等,如铁皮材料的落水斗、落水管(包括弯头)、铁皮容器及某些咬合的铁皮泛水等。

咬合连接中的金属薄板,在连接界面上只能承受和传递微弱的拉力。在容器型的板材对缝咬口连接中板材受拉,靠板材材料本身强度和刚度来抵抗变形。

金属薄板咬合连接制成的单一独立构件多数是在加工厂中生产,工程现场施工的是由板材组成的组合构件。它一般经过放样划线、裁割、初折和最后组合安装(咬紧)几个工序完成咬合连接。在加工容器型构件时,咬合后缝隙表面可以再用铅锡钎料进行补焊,从而提高咬合缝的抗漏(水)密封性。金属薄板咬合连接的施工要执行有关施工操作规范。

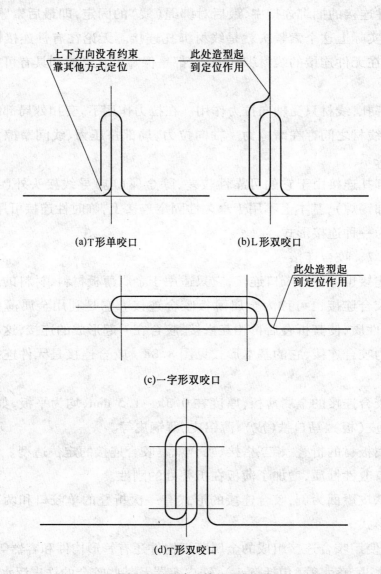

图 8.88 咬合连接的基本形式

8.5.2.8 亲合连接

亲合连接是没有胶结剂的胶连接,它利用在材料的某些属性,如在溶剂或高温作用下,与另一种材料形成相互具有嵌固作用或物理、化学亲合能力,使材料连接起来,称这种形式的连接为亲合连接。例如:某些橡胶性质的卷材,在高温下软化与抹面砂浆之间形成的连接。沥青制品材料,在冷底子油(用石油稀释的沥青溶液)的参与下或在高温烘烤之下,均能与砂浆基层形成连接,都属于亲合连接。亲合连接是无件连接中的准材料级连接。它的受力状态基本与胶合连接相同,但连接粘结强度远低于胶合连接。一般只用于橡胶类或沥青类卷材的连接上。

8.5.2.9 搭接连接

搭接连接是将一个构件搭在另一构件上,靠上层构件的自重(自重的方向是垂直向下的)或传递下来的荷载压力使其稳定,但在水平方向上要设有限位造型措施,限制上构件的左右或前后的位移,此外两构件间无任何连接措施,这种形式的连接被称为搭接连接。

搭接连接是无件连接中的构件级连接。例如:黏土瓦坡屋面中黏土瓦直接搭挂在挂瓦条上,形成搭接连接;我国古代的木构架建筑,立柱与柱底的石础间,也是直接将立柱放在石础的上表面,靠柱的重力和柱所承受荷载的双重作用下达到稳定,此处是搭接连接;又如:广场地面或路面的方砖与砂垫层的搭接就是搭接连接,见图8.89。

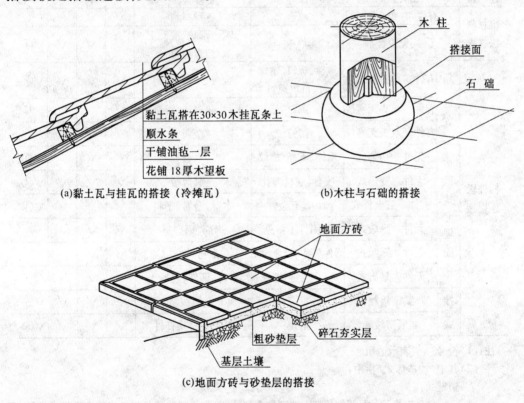

(a)黏土瓦与挂瓦的搭接(冷摊瓦)　　(b)木柱与石础的搭接

(c)地面方砖与砂垫层的搭接

图8.89　搭接连接列举

搭接连接在重力作用下稳定之外,还要有水平位移的约束,这个约束是靠设在构件上的限位造型来保障。如黏土瓦搭在挂瓦条上,瓦上凸起的挡头限制了瓦的下滑,左右又靠设在瓦上的凸凹造型再次形成搭接,它限制了瓦的左右位移。石础与立柱的左右位移,靠设在凹面周围凸起边缘或中心的"石笋"、铁销键等插入木柱中心的凹槽(此处为承插连接)的定位作用。当多个相互靠紧的构件与另一构件搭接时,搭接的最外周边要有定位措施,其他搭接构件可不做定位造型处理。

搭接连接主要靠重力作用和定(限)位造型来实现稳定,所以,它主要传递重力引起的压力,而搭接的两个构件中,位于下方的构件承受压力作用。

由于搭接连接受力的局限性和连接的牢固程度较弱,所以,在较为重要建筑中使用的很少,尤其在抗(防)震建筑中,要绝对避免使用。

以上是在建筑构造中常用的各型连接方式,它们之间是有相互交叉的。为了明确某些概念,将其再次分类、综合,并用列表的方式来表述,见表8.29。

表8.29 建筑构造连接方式综合一览表

连接级别	构造形式		连接方式	适应材料	连接时效性			
					永久	固接	临时	可拆
材料级连接	有件连接		焊条焊、钎焊	金属、塑料	√	√		
	无件连接		压焊	金属、塑料	√	√		
准材料级连接	有件、有胶合剂		胶合	各种材料	√	√		
	无件、无胶合剂		砂浆、亲合	砖石、砌块、混凝土沥青卷材	√	√	√	√①
构件级连接	销键式	有件 单头有螺纹	螺栓、螺钉、木螺钉、自攻螺钉	金属、木材、塑料	√	√	√	√②
		有件 单头无螺纹	圆钉	木材、砖砌体、混凝土	√	√		
		有件 双头无螺纹	铆钉	金属	√	√		
	造型式	无件 切削式	木榫、承插、螺纹	木材	√	√		√③
		无件 变形式	咬合、线材绑扎	金属薄板	√	√		√④
		有件 五金件式	捆绑、五金件	木材、金属、塑料	√	√		√④
	埋固式	无件 隐蔽式	埋固件不可见	钢筋、钢型材	√	√		
		无件 露明式	埋件露明与受埋件平	木材、铁件	√	√		
		无件 悬出式	埋件悬出	木材、钢件、混凝土	√	√		
	接触式	紧密接触	线材绑扎	金属非金属线材、绳索	√	√	√	√⑤
		非紧密接触	搭接	瓦及各材质杆件	√	√	√	√⑤

注:(1)符号"√"表示适用。
(2)其中"构造形式"栏中:
销键式:
单头有螺纹的是指螺栓杆上造型带有螺纹;单头无螺纹的是指钉杆造型不带有螺纹,且连接后也只有单头;双头无螺纹的是指钉杆上造型不带有螺纹,且连接施铆后形成双头。
造型式:
切削式是指造型的基本方法是由切削获得的;变形式是指造型的基本方法是由改变原有造型获得的;五金件式是指连接是由五金件实现的。
埋固式:
埋固式栏的适用材料是指被埋材料,承埋材料主要是砌体、混凝土和砂浆。
(3)①使用泥浆连接时为可拆连接;②使用任何连接件时均为可拆连接;
③使用螺纹连接时为可拆连接;④使用捆绑连接时为可拆连接;
⑤使用线材绑扎或搭接连接时为可拆连接。

8.6 建筑分隔

建筑分隔作为一个独立的、明确的概念是从建筑构造系统的角度提出来的,它是针对建筑构造的系统对建筑物进行分隔。就"连接"和"分隔"词意来讲,二者是相对应的或对立的,但就建筑本身来讲,这两个概念有各自独立的意义。从构成建筑构造构成原理的完整性上来讲,有必要对它进行讨论,建筑构造构成原理称它为建筑分隔。

1. 建筑分隔的概念

所谓"分隔"就词意上讲,是将整体割裂开、分隔离开,形成相对独立的两个或两个以上的部分。从这个意义上讲分隔与连接是一对相对的概念。

从建筑构造系统的整体上讲,建筑构造的连接是将构成建筑构造的最基本元素——材料和构配件组成一个构造的整体——节点,这些节点再连接,最终组成了建筑物。连接是促使建筑物从小向大发展的。从建筑构造的系统性上讲,这些大、小部分之间是上下层次关系。

建筑分隔,从分隔的对象上讲,它包括两个方面:

①对建筑构造系统进行分隔,将大的系统分成较小的系统。例如:利用变形缝将一栋建筑物分成两个部分,这两个部分是各自独立的。

②对材料(此时的材料是在构造中处于工作状态下的,不是原始状态下的材料)或构件的体量进行分隔,使大体量(大尺度)的材料或构件体量(尺度)变小,但材料、构件的性质和功能不能改变;或者对连接进行分隔,使连接关系减弱或消除。例如:利用 20 mm 厚的木板将 100 mm 厚的现浇混凝土地面垫层进行分隔(分仓捣制)。

从分隔的结果来讲,前者分隔的结果是得到了两个或两个以上的、各自独立的、不具有上下层次关系的平行系统,但系统的规模变小了。后者分隔的结果也是得到了两个或两个以上各自在构造中独立的材料或构件,各构件之间也是不存在上下层次关系,也是相互平行的,但材料或构配件的体量小了。由此可见,建筑分隔的实质是对系统规模和材料、构配件体量的分隔。所以,建筑的分隔不是建筑构造连接的"逆向"。也就是说,不是将构造的连接再分隔成它的组成元素——材料和构配件。如果将构造系统再逆向分隔成材料和构配件,构造系统不复存在,这有悖于下面将要讨论的"建筑分隔的作用",这就是建筑分隔的概念。

建筑分隔与建筑构造的系统有直接关系。首先,它体现在建筑中最明显的就是在建筑中设置的变形缝,即伸缩缝(温度缝)、沉降缝和防震缝(抗震缝)对建筑物的分隔。其次,是对材料、构配件的分隔。

以上这些分隔,尤其是变形缝的设置,不是所有的建筑物都要设变形缝。它不是构成建筑物的一个"自然构造单元"。建筑分隔是一种技术措施。

建筑分隔和它的缝都是人为设置的,由设计确定的,这也是建筑分隔的特点。

2. 建筑分隔的作用

建筑分隔的作用,主要是在建筑构造系统中起到自我调整的作用。这种自我调整的目的是适应环境变化,保证系统的完好性,这就是系统的适应性。它针对的是引起系统变化的各种不利因素,使系统不至于破坏,保障正常工作。引起系统的各种不利因素,主要是作用在系统上的各种力和由此引起的变形。

系统的自我调整可以从两个方面进行:一是加强连接的牢固性,使构造的材料强度和连接方式能够抵抗某些不利的作用力。另一个是明确不利作用因素可能发生的部位,对这些力不作抵抗,将它释放到系统外,并使由此引起的变形控制在允许使用范围之内。这就是金虹教授在她主编的《建筑构造》教科书中论述变形缝时所提出的"阻"和"让"的两种不同措施。"阻"的任务就落在建筑构造连接的肩上了;"让"就是由建筑分隔来承担。

建筑构造系统的自我调整能力和需要,是由构造系统的规模和构造方式决定的。当系统的规模大到一定的程度,引发系统不利的应力和应变也要加大,再用连接的方式来抵抗这些应力和变形,很难取得良好的效果,此时则要作出分隔,使不利的应力释放掉,并控制应变不超过允许范围。

另外,构造的构成形式也对分隔有影响。构造连接的整体性稍差些的构造形式,对释放那些不利应力更有利,此时,分隔缝设置的范围可以适当的放大些。例如:构造连接的整体性稍差些的瓦材屋盖、木屋盖或楼盖、轻钢屋盖的伸缩缝的距离(100 m)要比构造连接的整体性较好的整体式或装配整体式(有保温层或隔热层的屋盖、楼板 50 m)大些。建筑分隔缝设置的尺寸范围和构造形式,在建筑物的各类《结构设计规范》中有明确规定。这个规定的范围则标明,不是在所有的建筑物中都必须进行分隔,而是针对建筑的结构类型,当建筑物的构造系统超过规定的尺寸范围,才需要做出分隔。

3. 形成建筑分隔的条件

形成建筑分隔的条件与形成建筑连接的条件类似,它包括三个方面:

(1)必须具有物质材料。建筑的分隔是针对具体构造实施的,所以,必须有具体的材料和构配件参与;

(2)必须形成分隔缝。分隔必然在分隔处形成一个完整的分隔界面,在两个相邻的分隔界面间形成一个"缝",称这个缝为分隔缝隙。所以,分隔缝的出现就体现了建筑的分隔的存在。

(3)分隔之间没有力的相互作用。建筑的分隔彼此之间不能出现相互之间力的作用,也就是说,位于分隔缝两侧的构造系统或构配件,不能相互之间有力的传递。系统的作用力必须在系统内得到平衡,不能传给与其相邻的系统或构配件,这一点在分隔中十分重要。

4. 建筑分隔的分类

建筑的分隔可按以下几个方面进行。

(1) 按构造系统分

①系统性分隔。系统性分隔是对全建筑物进行分隔,被分隔出的部分依然保持着构造系统的性质,即仍然是一个完整的构造系统。如建筑中设的变形缝,都是系统性分隔。

②构件性分隔。构件性分隔是对构造中的某些材料或构件进行分隔,分隔的结果是形成了较小体量的材料或构件。例如:对现浇混凝土垫层分仓捣制的分隔;对混凝土散水坡分段浇注的分隔等。

(2) 按分隔的状态分

①全缝分隔。全缝分隔在分隔界面处形成一道通透的缝隙,该缝隙贯通全建筑物,缝中可以填充松软材料,但不能传递各种力。通缝和不传力是全缝分隔的特征,它可以出现在系统性的分隔中。如建筑中的各类变形缝都属于全缝分隔,它是将建筑物墙(包括地下室墙)、承重系统的梁、柱、楼板、楼地面、顶棚、屋面系统等全部分隔开。但在温度缝或抗震缝中,基础可以不做分隔。沉降缝在基础上要设分隔缝,并与上部墙体、楼板、屋面的分隔缝处在同一位置上。一般全缝分隔的变形缝宽度不小于 20 mm,局部不小于是 10 mm,大的可达到 70~80 mm 或更大,如抗震缝,见图 8.90。

②半缝分隔。半缝分隔是对被分隔(主要是材料)的部位处,作一部分分隔,剩余部分不作分隔,它主要使用在构件性分隔中。如在墙面上做 20 mm 厚的砂浆抹面时,表面做成宽 15~20 mm,深 10 mm 的凹槽形分隔缝,留下 10 mm 厚的砂浆不分隔,这种分隔就是半缝分隔,见图 8.91。半缝分隔的缝隙也可以在抹面层砂浆凝固后,再用无齿锯将面层厚度的一半裁开,形成半缝分隔。

半缝分隔,缝在施工中只形成了一半。当抹面砂浆凝固后,由于砂浆的干缩,抹面层上要产生裂缝,处于半缝中的砂浆断面小于抹面砂浆的厚度,收缩应力集中于此处,由于此处较薄,抵抗收缩变形能力低,收缩裂缝则很容易出现在此处,而这个裂缝却隐蔽在已形成的半分隔槽线中了,这有利于抹面的整齐美观。实际上半缝分隔是将那些难以避免产生的裂缝控制起来了,使它不至于影响建筑的使用和美观。

半缝分隔的特征是抵抗拉应力能力弱,破坏后失去传力能力。

(3) 按有无分隔件分

①有件分隔。有件分隔是在分隔缝中充填了专为分隔用的材料或构件。这些材料或构件在设计上不考虑传力作用,只起分隔作用。分隔用的材料或

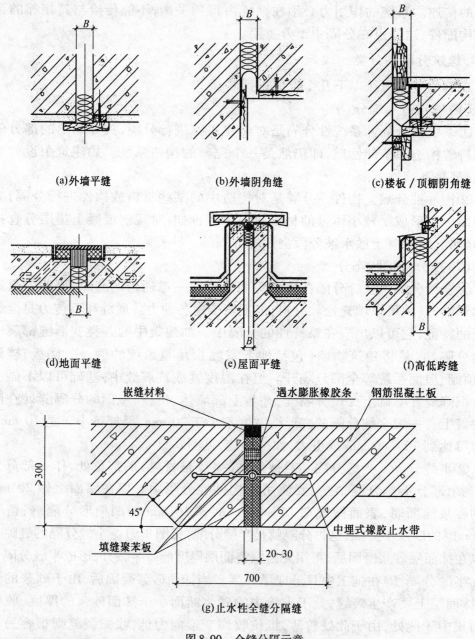

图 8.90 全缝分隔示意

构件一般是某种材质的板材或卷材,如缝中充填防腐木板(厚 15～20 mm)、聚苯乙烯泡沫塑料板(苯板,厚20 mm)、玻璃条(板)(厚 3～4 mm)、黄铜板(厚 2～3 mm)、硬质塑料板(厚 2～4 mm)、沥青卷材、油毡纸、塑料布等。有件分隔是用在构件上的分隔,如现浇混凝土垫层、混凝土散水坡的横向分隔,都是用 20 mm 厚的木板在浇注混凝土时放在分隔缝处,又如:在现浇的水磨石地面面层,用玻璃条或硬质塑料板条、黄铜板条做分隔,形成有件分隔,见图 8.92。

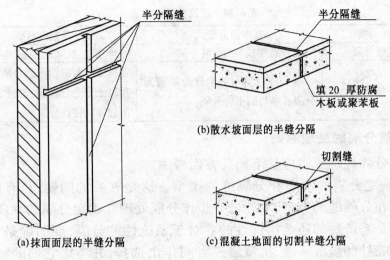

图 8.91 半缝分割示意

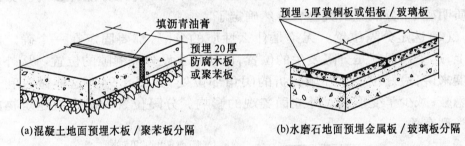

图 8.92 有件分隔

②无件分隔。无件分隔是在分隔缝中不填充任何作为分隔之用的材料或构配件,无件分隔的分隔缝是空缝,如前面提到的抹面层上的半分隔缝,系统分隔的温度缝、沉降缝、防震缝。但实际施工中,系统分隔缝中有时也要充填一些材料或构件,如填沥青麻丝、矿棉毡、聚苯乙烯泡沫塑料板等,这些材料对形成缝或控制缝的尺寸不起作用,它不能传递分隔缝左右的各种内力或外力,它们的作用是充填、占位、保温、防水,故而不视为形成分隔缝缝宽的必备材料或构件,见图 8.93。上述分类可以归纳到一起形成表格,见表 8.30。

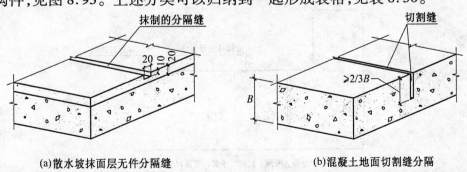

图 8.93 无件分隔

表8.30 建筑分隔分类表

分 类	基本构造形式	分割缝列举
系统性分隔	无分隔件参与的全缝分隔	伸缩缝、沉降缝、防震缝
构件性分隔	有分隔件参与的全缝分隔或无分隔件参与的半缝分隔	抹面砂浆的凹槽形分隔缝、捣制混凝土分仓分隔缝、现浇水磨石分隔缝等构件性分隔

5. 建筑分隔的处理原则

建筑分隔处理原则应从下列几方面考虑。

（1）确定分隔的性质和分隔缝的类型。这是首要的问题，只有确定了分隔的性质和分隔缝的类型，才能进一步作分隔处理。确定分隔的性质，就是要明确分隔是系统性的还是构件性的。对于系统性的分隔，要明确是针对的哪种情况，在温度缝、沉降缝、抗震缝三者间作出选择，并考虑它们的相互兼顾。对于构件性分隔要明确构件受何种因素影响，确定有无分隔件参与。分隔的性质明确了，分隔缝的类型也自然确定了。

（2）选定分隔位置。无论是什么性质的分隔，都要固定在一个确定的位置上，这个位置就是分隔发生的位置，也就是要设分隔缝隙的位置。从外墙的角度来讲，最好位于在外墙转折的阴角部位处，见图8.94。这样做有利于缝的隐蔽，减少了变形缝对外立面美观的影响。分隔位置的确定与建筑物的结构类型有关。

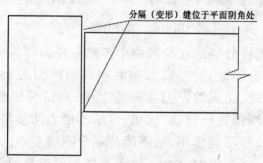

(a) 分隔（变形）缝位于平面阴角处

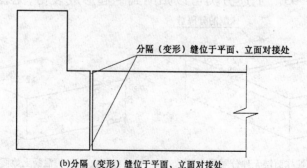

(b) 分隔（变形）缝位于平面、立面对接处

图8.94 分隔缝位于墙面阴角处

(3)选定分隔缝宽度和构造方案。这就是在具体的分隔位置上选定分隔缝的宽度和具体的构造处理方案。如果是系统性的分隔,它涉及室内外墙体、楼板、楼地面、屋顶及室内顶棚在内的各处缝的构造处理及缝宽确定。如果是构件性的分隔,要在全缝分隔、半缝分隔、有件分隔还是无件分隔的各种缝型上做出选择并确定缝宽。

6. 系统性分隔的位置和缝宽

(1)伸缩缝。伸缩缝又称温度缝,它受建筑的环境温度影响。当环境温度上升时建筑物会膨胀,当环境温度降低时建筑物会收缩。这种胀缩在建筑物的长向上反映最敏感,即在长向上产生增长或收短的变形,这个变形的应力就是由于温度变化引发的,故而称作温度缝。为了克服温度应力引起的变形所带来的不利影响,要将建筑物分隔开,使温度应力释放出来,不至于造成建筑和建筑构造的破坏,为此而设的分隔缝称为伸缩缝或温度缝。

温度缝,除基础处于土中,受温度影响较小,可以不作分隔(断开),其他裸露在自然地面以上的构造系统包括墙体、楼板、顶棚(包括吊顶棚)、屋顶(包括悬挑部分)等全都要断开。断缝宽度一般保持 20~30 mm。

建筑物的连续水平长度或宽度、建筑物的结构形式、建筑所用材料的性质(温度或热敏感性)和构配件的构造连接方式等都与温度变化有直接关系,所以,建筑结构设计规范《砌体结构设计规范》(GB 50003—2001)、《混凝土结构设计规范》(GB 50010—2002)中对不同结构体系设置伸缩缝的间距和缝宽度都作了具体的规定,见表 8.31、表 8.32。

(2)沉降缝。由于地基土在建筑物的压力作用下会产生压缩变形,使建筑物下沉,而这种压缩与下沉在整个结构系统范围内,有可能是不均匀的,产生不均匀下沉所带来的相应变形、位移,势必给结构系统造成附加应力,当结构系统材料或构件承受不了这个附加应力时,就会造成结构系统破坏。为了消除这个附加应力,最有效的办法是消除不均匀下沉。为此,将地基土承载范围缩小,在小范围内土壤的不均匀压缩出现的几率较小,可以有效地防止建筑物的不均匀下沉。这种缩小地基土承载尺寸范围的办法,就是从基础开始将建筑物全部分隔开,也就是设置沉降缝。沉降缝可以有效地消除由于建筑物不均匀下沉给结构带来的附加应力。在《建筑地基基础设计规范》(GB 50007—2002)7.3.2 中明确规定有下列情况时宜设置沉降缝。

①建筑平面的转折部位;
②高度差异或荷载差异处;
③长高比过大的砌体承重结构或钢筋混凝土框架结构的适当部位;
④地基土的压缩性有显著差异处;
⑤建筑结构或基础类型不同处;

⑥分期建造房屋的交界处。

表8.31 砌体房屋伸缩缝的最大间距　　　　　　　　　　　m

屋盖或楼盖类别		间距
整体式或装配整体式钢筋混凝土结构	有保温层或隔热层的屋盖、楼板	50
	无保温层或隔热层的屋盖	40
装配式无檩体系钢筋混凝土结构	有保温层或隔热层的屋盖、楼板	60
	无保温层或隔热层的屋盖	50
装配式有檩体系钢筋混凝土结构	有保温层或隔热层的屋盖	75
	无保温层或隔热层的屋盖	60
瓦材屋盖、木屋盖或楼盖、轻钢屋盖		100

注:1. 对烧结普通砖、多孔砖配筋砌块砌体房屋取表中数值;对石砌体、蒸压灰砂砖和混凝土砌块房屋取表中数值应乘以0.8的系数。当有实践经验并采取有效措施时,可不遵本表规定。
2. 在钢筋混凝土屋面上挂瓦的屋盖应按钢筋混凝土屋盖采用。
3. 按本表设置的墙体伸缩缝,一般不能同时防止由于钢筋混凝土屋盖的温度变形和和砌体干缩变形引起的墙体局部裂缝。
4. 层高大于5 m的烧结普通砖、多孔砖、配筋砌块砌体结构单层房屋,其伸缩缝间距可按表中数值乘以1.3。
5. 温差较大且变化频繁地区和严寒地区不采暖的房屋及构筑物墙体的伸缩缝的最大间距,应按表中数值予以适当减小。
6. 墙体伸缩缝应与结构的其他变形缝相重合,在进行立面处理时,必须保证缝隙的伸缩作用。

本表引自《砌体结构设计规范》(GB 50003—2001)表6.3.1。

表8.32 钢筋混凝土结构伸缩缝最大间距　　　　　　　　　m

结构类别		室内或土中	露天
排架结构	装配式	100	70
框架结构	装配式	75	50
	现浇式	55	35
剪力墙结构	装配式	65	40
	现浇式	45	30
挡土墙、地下室墙等结构	装配式	40	30
	现浇式	30	20

注:1. 装整体式结构房屋的伸缩缝间距按表中现浇式数值取用。
2. 框架-剪力墙结构或框架-核心筒结构房屋的伸缩缝间距可根据具体的布置情况取表中框架结构与剪力墙结构之间的数值。
3. 当屋面无保温或隔热措施时,框架结构、剪力墙结构的伸缩缝间距按表中露天栏的数值取用。
4. 现浇挑檐、雨罩等外露结构的伸缩,缝不宜大于12 m。

本表引自《混凝土结构设计规范》(GB 50010—2002)表9.1.1。

房屋不均匀下沉会使下沉处的墙身造成倾斜,倾斜最顶端的水平位移与倾斜墙高成正比。在缝的两侧,倾斜墙面会形成彼此之间的挤压,为了消除或减小这种挤压,适当加宽沉降缝的宽度是必要的。所以,沉降缝宽度要比伸缩缝宽一些。沉降缝宽度见表8.33。沉降缝可以兼作温度缝,但缝隙宽度必须按沉降缝要求确定。沉降缝设置后,应相应设置永久性沉降观测点,做好沉降观测记录。

表8.33 房屋沉降缝的宽度 mm

房屋层数	沉降缝宽度
二~三	50~80
四~五	80~120
五层以上	不小于120

注:此表引自《建筑地基基础设计规范》。

(3)防震缝。"体型复杂、平立面不规则的建筑,应根据不规则程度、地基基础条件和经济等因素的比较分析,确定是否设置防震缝……。"(引自《建筑抗震设计规范》(GB 50011—2010)第3.4.5)

在地震发生时,振动波由地震中心向四周扩散,当振动波到达建筑物时,地基土连同建筑基础随之发生振动。振动的纵波使建筑物上下振动,横波使建筑物水平振动。由于建筑物整体刚度和质量的不均匀,产生在建筑物上不同部位的振动幅度和振动周期就有所差异。这种振动的差异,是造成建筑构造破坏的根本原因。它引起建筑物开裂、折断、局部破坏,甚至倒塌。为了防止这种现象的出现,在适当的位置将建筑物分隔开,在被分隔的范围内,使建筑物的刚度、质量尽量趋于一致,从而减少或消除由于振动差异引起的破坏。这种分隔就是设置防震缝。

在应该做地震设防的建筑中,要充分考虑设置防震缝。

防震缝设置应符合下列要求:

(1)当在适当位置设防震缝时,宜形成多个较规则的抗侧力结构单元。防震缝应根据抗震设防烈度、结构材料种类、结构类型、结构单元的高度和高差以及可能的地震扭转效应的情况留有足够的宽度,其两侧的上部结构应完全分开。

(2)当设置伸缩缝和沉降缝时,其宽度应符合防震缝的要求(GB 50011—2010中第3.4.5条规定)。

钢筋混凝土房屋需要设置防震缝时,应符合下列规定:

(1)框架结构(包括设置少量抗震墙的框架结构)房屋的防震缝宽度,当高度不超过15 m时不应小于100 mm;超过15 m时,6度、7度8度和9度分别每增加高度5 m、4 m、3 m、和2 m,宜加宽20 mm;

(2) 框架-抗震墙结构房屋的防震缝宽度不应小于本款(1)项规定数值的70%,抗震墙结构房屋的防震缝宽度不应小于本款(1)项规定数值的50%,且均不宜小于 100 mm;

(3) 防震缝两侧结构类型不同时,宜按需要较宽防震缝的结构类型和较低房屋高度确定缝宽(GB 50011—2010 第 6.1.4 条规定)。

多层砌体房屋有下列情况之一时宜设置防震缝,缝两侧均应设置墙体,缝宽应根据烈度和房屋高度确定,可采用 70~100 mm:

(1) 房屋立面高差在 6 m 以上;

(2) 房屋有错层,且楼板高差大于层高的 1/4;

(3) 各部分结构刚度、质量截然不同(GB 50011—2010 中第 7.1.7 条规定)。

在单层钢筋混凝土柱厂房中厂房体型复杂或有贴建的房屋和构筑物时,宜设防震缝;在厂房纵横跨交接处、大柱网厂房或不设柱间支撑的厂房,防震缝宽度可采用 100~150 mm,其他情况可采用 50~90 mm(GB 50011—2010 中第 9.1.1 条 3 款规定)。

但是,防震缝的设置,也不是在所有的设防建筑物中都有必须设置。在(GB 50011—2010)的条文说明中 3.4.5 指出:

体形复杂的建筑并不一概提倡设置防震缝。由于是否设置防震缝各有利弊,历来有不同的观点,总的倾向是:

(1) 可设缝、可不设缝时,不设缝。设置防震缝可使结构抗震分析模型较为简单,容易估计其他地震作用和采取抗震措施,但需考虑扭转地震效应,并按本规范各章的规定确定缝宽,使防震缝两侧在预期的地震(如中震)下不发生碰撞或减轻碰撞引起的局部损坏。

(2) 当不设置防震缝时,结构分析模型复杂,连接处局部应力集中需要加强,而且需仔细估计地震扭转效应等可能导致的不利影响。

由此可见,防震缝不是在所有的设防建筑中都必须设的。应该是在设防级别控制下,做出合理的平、立面体型,调整建筑总体刚度,均匀地分布建筑材料的质量等来获得最佳的抗震效果。在这里,建筑分隔的"阻"与"让"要作出合理地选择。

7. 构件性分隔

构件性分隔主要集中在砂浆、混凝土这类可塑性材料中,而且多数选择的是有分隔构件存在的。这类分隔,应从下列几方面考虑:

(1) 确定分隔性质。首先要明确形成分隔缝的性质,是全分隔还是半分隔;是有件性的还是无件性的分隔缝。

(2) 确定分隔缝隙的间距。确定分隔缝的间距,实际上是控制分隔后的构件大小。

对于墙面上的抹面砂浆主要用于外墙面,分隔缝的范围要根据立面要求决定,竖向高度最好不超过 3 m,横向最好不大于 6 m,并要与门窗洞口的边线勾通,形成有规律的分隔。分隔缝为无分隔件的半缝分隔。

对于地面的基层、抹面层,一般是用有件性分隔。室内地面的分隔缝间距可在 3 m 左右;室外地面最大不要超过 6 m,并要四周接通。

(3)确定分隔缝的宽度和分隔件的材质。确定分隔缝的间距之后,就要确定分隔缝的宽度和分隔件的材质。在有件分隔的分割缝宽度与分隔件的材质有直接关系,也可以说是由分隔件的厚度决定了分隔缝的宽度。选用玻璃条板、硬质塑料板或黄铜板等做分隔件时,一般用 2～4 mm 厚的板状材料。使用木板或硬质聚苯乙烯泡沫塑料板做分隔件时,一般选 20 mm 左右的板材。

无件分隔的缝宽通常选用 15～20 mm 左右,缝深 10 mm。后期切割的无件分隔缝,缝宽 3～5 mm,缝深不小于为被切割构件总厚度的 1/3。

建筑分隔缝的施工,应按有关的施工操作规范进行。

8. 建筑分隔缝与建筑中出其他缝的区别

建筑物中除了分隔缝之外,还会出现其他性质的缝,如在搭接连接中的,接触处要出现缝,这条缝可能是一条线状或面状的缝,它不是人为刻意设置的分隔缝,它是由搭接连接自然形成的;再如活动连接中也要出现缝,这些缝统称为其他性质的缝。其他性质的缝与建筑分隔缝的区别见表 8.34。

表 8.34　建筑分隔缝与其他性质缝的区别

区别项目	建筑分隔缝(伸缩缝、沉降缝、防震缝)	其他性质缝(主要为搭接缝)
缝的方向	以竖向缝为主	水平方向缝或任意方向缝
缝的宽度	设计、施工控制缝的宽度	构件相互靠紧,缝的形式及宽度自然形成
缝的间距	受有关设计规范或规定控制	由构造形式自然形成
传力状态	不传递任何力	传递压力或其他作用力
缝内填充物	多数缝内有填充物	缝内无填充物或很少有填充物

第9章 建筑构造的表面处理

9.1 建筑构造表面处理的概念

世界上一切有形物体都存在着表面,表面是物体与其存在的周围空间相接触的部分,我们称它为物体的表面。物体的表面,在空间上只有二维尺度,是一个纯几何意义上的面。

建筑构造的表面——包括虚空造型的表面,实际上有两种类型:一类是具有完整功能的一个独立的构造实体的表面;另一类是构造的最基本元素——每一种材料和每一个构配件的表面。建筑构造构成原理研究讨论的就是这两类表面,即构造实体表面和材料、构配件的表面。

对于这两类表面的研究,是为了对其进行处理,即构造的表面处理。所谓表面处理,就是改变构成构造实体的表面部分和材料或构配件的表面在构造中的原生状态,而处理的目的是为了保护表面内部的材料并使其达到功能要求。

建筑构造的表面处理,是建筑构造的施工技术之一。

9.2 建筑构造的表面构成

构造中建筑材料和构配件形成的表面,必须具有以下几个条件:

(1)必须有材料和构配件参与,没有这些具体物的存在和参与,就不能形成表面;

(2)表面必须附着在某一种实体材料和构配件上,没有附着物的建筑构造表面是不存在的;

(3)表面必须是具有二维空间尺度的几何面;

(4)构造中的表面是有限的,即有边界限制,是可以度量的。

9.3 建筑构造表面的分类和性质

9.3.1 建筑构造表面的分类

1. 按几何意义分

从几何意义上讲,面可分为:平面、曲面两大类。

(1)平面。平面可以看做是一条直线,在线外方向(不是在该直线的延长方向)上作直线运动所得的轨迹面,该轨迹面为平面,见图9.1。

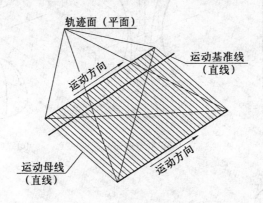

图9.1 平面及其生成

平面是二维的。任意两个或多个平面均可以相互重合,从这个意义上讲,平面只有一个,所以平面是唯一的。它们之间的差别表现在面的范围大小和边缘形状,如三角形平面、正方形平面、矩形平面、梯形平面、多边形平面、圆形平面、扇形平面、环形平面、椭圆形平面或任意曲线形平面等等。

(2)曲面。它是平面内的任意一条曲线或空间的任意一条曲线,沿平面外一直线或一空间曲线作平动运动(平动,运动线上的各点都以同一方向、同一速度作运动。运动只有线速度,没有角度变化。)或该曲线以一直线为轴(也可以一定点为圆心)转动所得的轨迹面,该轨迹面为曲面,曲面是三维的。

曲面有:球面、椭球面、双曲面(单叶双曲面、双叶双曲面)、抛物面(椭圆抛物面、双曲抛物面)、锥面和柱面(椭圆锥面和柱面、圆锥面和柱面、双曲和抛物柱面)等,见图9.2。

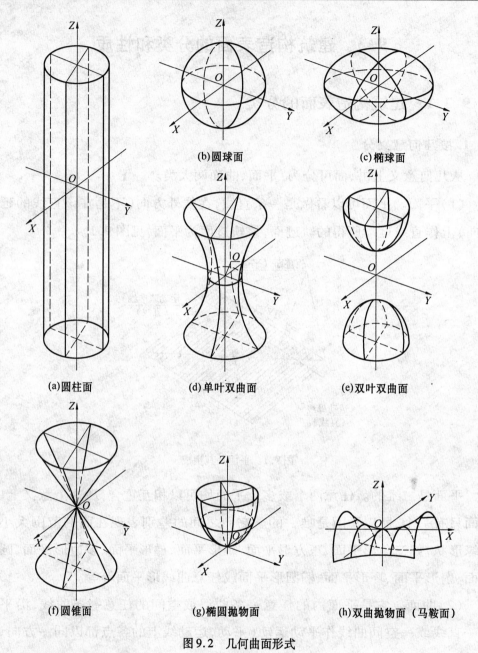

图9.2 几何曲面形式

2. 按建筑实体表面的形式分

建筑实体物的表面比几何学意义的面较为简单,建筑常出现的表面形式有:

(1) 平面表面。该实体的表面是平面,如地面、墙壁面、顶棚或吊顶表面、平板玻璃面、平板瓷砖面、各类装饰板面、各类金属板面等。

（2）曲面表面。该实体的表面是曲面，常常出现的曲面有：圆柱面、圆锥面、圆台侧曲面、圆环表面、球面和椭球面（空心球或空心椭球的内外表面）、双曲面（马鞍面、双曲抛物面）等等，见图9.3。

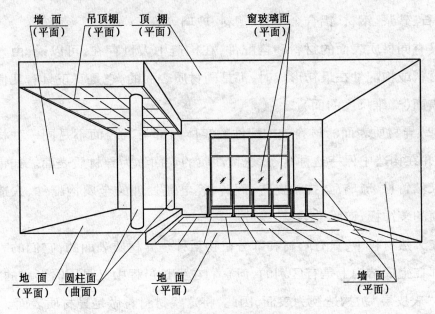

(a)室内表面例举

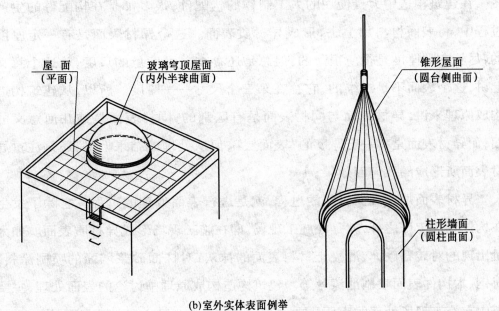

(b)室外实体表面例举

图9.3 建筑中的平面与曲面表面

以上这些表面，均可以分布在建筑构造实体上或构配件上。

3. 按材质构成分

（1）同材质表面。材料或构配件的实体内部与其表面是由同一种材料构成的，并在构造中保持了这种状态，这种性质的表面称其为同材质表面。如木材、砖石、砂浆、钢材、铝合金型材、塑料、玻璃等等。

具有同材质表面的材料和构配件，在构造中大量存在，可以说，由人工合成的材料或构配件在最初形成时，都是同材质表面的，它是真正具有几何意义上的表面(二维尺度的面)。

（2）异材质表面。材料或构配件的实体内部与其表面不是同一种材料构成的，并在构造中保持这种状态，这种性质的表面称为异材质表面。如带表皮层的天然竹材、琉璃瓦、挂釉瓷砖、面砖、经电镀处理的金属构配件、人造的带有饰面的装饰板、镀膜玻璃、贴膜玻璃等等。

在天然材料中，只有竹材和部分植物秸秆是异材质表面的，它们的表皮层与内部在生成结构上是有区别的，但它们在生长过程中又是同时形成的"表面层"。"表皮层"被构造视为表面，因此，将这些材料看做是异材质表面。

在建筑构造中大量使用的人工制作的构配件，很多都是在构配件的生产过程中，将表面材料加上去，形成异材质表面。这个异材表面是有一定厚度的，尽管它的厚度是很薄很薄的，但总是还存在着可度量的尺度，从这个意义上讲，这个表面不是二维的，它存在第三个尺寸——厚度。所以，从建筑构造构成原理来讲，异材表面与同材表面是有区别的，同材表面是纯几何意义的面；而异材表面是有一定厚度的"表面层"，但从处理的结果上讲，还是注重异材表面所形成的几何面效果。

异材表面加填表面材料的过程，就是进行表面处理的过程。它除了发生在构件生产工厂之外，就是在施工现场，即在施工现场形成异材质表面。如大量出现的对砖石砌体、混凝土材料表面的抹灰；对抹面砂浆墙面的喷刷涂料；对钢、木构件表面喷刷油漆等等。建筑构造构成原理中讨论的表面处理，主要集中在施工现场处理的表面。

4. 按表面所处的位置分

（1）不可见表面。该表面是建筑物在正常使用过程中，不经常或根本就不能为人们所见到的表面,这种表面为不可见表面,它是由于空间组合或构造形式所造成的。例如:在坡屋面的闷顶中各构造材料或构配件的表面;埋在土壤中的基础、墙身砌体表面;空心柱的空腔中的材料表面等等,都是不可见的表面。不可见表面根据情况可以做处理,也可不做处理。

(2)可见表面。该表面是建筑物在正常使用过程中,能够经常被人所见到的表面,这种表面为可见表面,也可称为露明表面。例如:建筑室内外总体或细部的各处表面。可见的露明表面基本上都要做处理。但某些同质表面材料可不做处理,如:可见的玻璃、塑料、铝合金和不锈钢的表面可不做处理。

9.3.2 曲面的可展性质

在比较平面与曲面和双曲曲面时,可以发现某些曲面沿面的转折部位或弯曲半径经过转折、取直,最终都可以完全铺展在同一平面内,这就是曲面的可展性质。

曲面的可展性在微分几何学中有严格的定义。在建筑构造中出现的可展曲面较为简单,可以将其理解为:一个曲面经转折、取直之后,曲面上的各点均可以与平面上相对应的各点同时相互重合,而展后的面积与原曲面面积相比较没有扩大或缩小,我们称这个曲面是可展的。如果曲面上的各点不能同时与平面上的相对应各点相互重合,我们说这个曲面不可展。比如:将一个圆柱在一平面上滚动一周,圆柱表面上各点在平面上留下的印迹和范围,就是圆柱曲面的展开面,此时曲面转换为平面了。这其中:展后的平面面积与原曲面面积相比较没有扩大或缩小。是可展面的成立的必要条件。这个必要条件,从构成表面的材料来讲,则意味着在展开的过程中没有材料的拉伸或压缩变形。

建筑物中可展曲面的类型有:各形柱面(圆柱面、椭圆柱面、双曲柱面、抛物柱面)、各形锥面(圆锥面、椭圆锥面)。实际上,圆台或椭圆台的侧面,是在圆锥面或椭圆锥面上截取的一部分,是可展的曲面,见图9.4。

柱面表面展开后得矩形平面,锥形表面、圆台侧表面展开后得扇形平面。

除可展曲面外,其余的曲面均不可展,如球面、马鞍面、圆环面、双曲扭曲面等等,见图9.5。

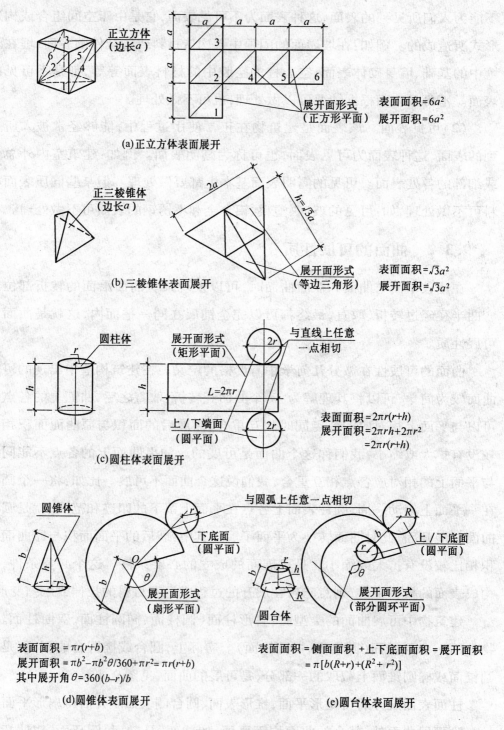

图9.4 可展曲面

曲面的可展与不可展的性质,在建筑构造中的材料选择和构造的表面处理都占有重要的地位。

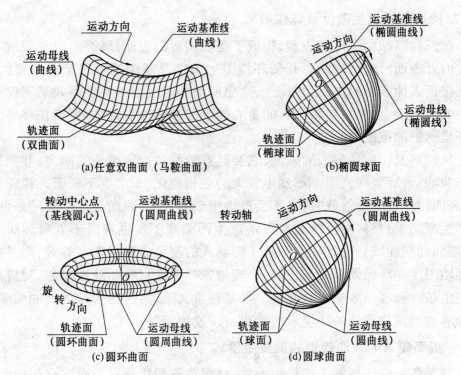

图 9.5 不可展曲面及其生成

9.4 建筑构造表面处理的作用

总的来讲,建筑构造的表面处理受建筑功能的控制,是建筑功能要求的,个别的也受构造的可行性影响(主要是所选的表面处理的施工工艺是否可行),它的作用有以下几个方面。

1. 保护建筑材料和构配件

建筑材料和构配件暴露在环境空间中,要受环境的影响,如环境的温度、湿度、光照等条件的变化;空气中有害成分的侵蚀;人为可能造成的损伤、破坏;正常使用的磨损、消耗等等,这都会不同程度地对材料和构配件造成不利影响,为此要对材料和构配件暴露在环境大气中的表面做出处理,借以提高材料表面的抵抗侵蚀、破坏的能力,进而保护内部材料的完好。例如:经镀铬(镍)或钝化的铁质材料表面,抗氧化锈蚀的能力提高了,保护内部材料不被氧化锈蚀;经砂浆抹面的砖墙,抗风化能力大大提高;经过油漆的木材表面,提高了木材的防水浸、防潮和防虫蛀能力。这些保护措施和防伤害能力的提高,都与表面处理的作用分不开的。

2. 提高环境卫生条件及环保效果

建筑材料和构配件的表面，构成了建筑构造的表面，最终形成了建筑实体的室内外表面。这些表面对开创环境卫生条件及环保效果是至关重要的，尤其在接近人体活动的空间位置上。这里所谓的卫生条件及环保效果不仅仅是环境的清洁卫生，凡一切影响人的身心健康的各个因素，都应包括在环境卫生和环境保护的范围内。

从材料及构配件的表面来讲，它要具有较好的抵抗污染的能力，并使污染易于清除；表面要在光照下不发生较大的色相变化，不产生不利于人视觉的炫光；表面对声响的反射或吸收，不会产生嘈杂的效果；表面在正常使用条件下，不产生凝结水；材料对环境的空气不产生污染和不发生有碍于人身健康的射线；表面的粗糙或光滑的程度不至于影响人的使用或造成伤害等等，都是要影响环境卫生和环保效果的。正确、合理地选择表面材料和处理工艺，对提高环境卫生条件和环保效果十分有利。在某种意义上讲，构造表面处理的质量，直接影响着建筑建成后的环境效应和可持续发展问题。

3. 提高建筑的装饰效果的重要手段

建筑各处的造型效果都是由形象、材料色彩和质感三方面综合构成的，其中材料的色彩和材料的质感又是通过材料或构配件表面显示的，它们都是在建筑装修控制之下的。所以，材料或构配件的表面效果，最终体现在建筑整体和细部的装修、装饰的优劣上，它是表现建筑装饰效果的重要手段，尤其是被人视觉所见的露明表面。

4. 提高建筑物的抗灾能力

某些材料或构配件的表面覆盖层具有防火作用。在《建筑防火设计规范》(GB 50016—2006)附录1中对难燃材料所作的定义是："用燃烧材料做成而用非燃烧材料作保护层的构件也是难燃材料"。这里的非燃烧材料的保护层就是对燃烧材料的表面处理，使材料的耐火性能提高了。

以上四点不是孤立存在的，只有它们之间的相互融汇、综合，才能使表面处理发挥出较好的作用和效益。

9.5 建筑构造表面处理应考虑的两大问题和处理的原则

9.5.1 两大问题

建筑构造表面处理，实际上是对表面形式的选择（选择平面、曲面或二者的混合）和对表面材料进行再加工。表面形式的形成有一定的客观性，是由使用功能和构造造型决定的;而再加工处理的方式、方法是由使用功能和材料性质决定的。综合这两个方面,在处理方法的选择上应考虑两个问题:

(1)从材质方面考虑,处理的表面最终取得的是同质表面还是异质表面;

(2)根据被处理的表面是否是可展的,来选择所用的处理材料(构件)及处理工艺。

9.5.2 处理的原则

建筑构造表面处理的原则是指在进行表面处理时应考虑哪些基本的问题。这些基本的问题,除上述两大问题之外,总的来讲是要考虑建筑功能的需要和施工工艺的可行性,具体的原则有:

1. 可见表面必须处理

在建筑使用过程中,经常进入人们视野的可见表面,不但要参与人们的使用活动,而且还要对其实施保护,使其有利于环境卫生和环保效果。另外,这些表面也有形象、色彩和质感的问题,它在人们的精神和心理上都会引起反映,为此,对可见表面必须做出处理。当使用同材质表面材料时,且材料表面已经做过处理的,在施工现场不需要处理,这不等于没有处理。所以,建筑构造的表面处理主要集中在可见表面上。

2. 不可见表面可以处理,也可以不做处理

不可见表面是人们在使用过程中,不经常见到的或根本就见不到的。如果这些构造的原材料或构件又具有一定的耐久性,可以满足使用要求,则其表面可以不做处理;但为了满足某些功能要求或保护材料的需要,可以酌情做出适当处理。不经常见到表面有:室内的管道井内表面、地沟内表面、坡屋面闷顶或室内吊顶中的材料、构件的表面等,都可酌情处理。如闷顶中的钢屋架和其他铁件表面要刷防锈漆;地沟中做防水砂浆抹面等。对根本见不到的表面,则根本不用做处理。如空心柱空腔内表面,填有柔性材料的变形缝缝内表面等。

对不可见表面处理所起到的作用,主要集中在保护材料和提高抗灾能力上。因为它不可见,对环境的装饰性效果影响甚微或者根本不起作用,所以,不必刻意追求它的装饰性,这是不可见表面的性质决定的,也是它的特点。

3. 尽量保持原材质的色彩和质感

在构造的表面处理中,大量遇到的是同材表面材料,如合金材料、木材、石材、砖材、玻璃、塑料等等。对这些材料或构配件的表面可以不做处理;如需要处理,最好是处理后还能显示出原本材料的色彩和质感。例如:木材刨光露出木纹后,刷透明的清漆(清油);石材可直接利用它未经处理的劈开面,或经过处理的研磨面,体现出石材的原本色彩和质感。铝合金材料可以不处理,直接利用它的银白色表面。砖墙也可以不做抹面,成为直接露出砖表面的清水砖墙。玻璃、塑料也不用处理,直接利用它的原本色彩和质感;如果需要处理,也只做装饰性的表面处理,如表面抛(磨)光、压花、化学刻蚀等。这种显示出原本材料的色彩和质感,可以很好地、直观地突显材料的本质特征,有助于建筑总体或细部形象的性格、气质的形成。所以,尽量不要遮掩材料的原本色彩和质感,这是构造表面处理的一个重要原则。

4. 对已经做过表面处理的成品构件,尽量利用

目前,市场上供应多种成品或半成品的建筑构配件,它们有多数在出厂时就做了表面处理。对这类构配件,在现场施工时,尽量不要破坏或废除原有的表面,因为,原有的表面是在工厂做出的,工艺较为成熟,花色品种可以任选,质量能够得到保证,可以满足使用要求。如果一旦被破坏了,不但难以恢复。废除原有表面形式,势必要做新的表面处理,而且质量及外观形式也难以保证,此时选用该表面形式的构件就没有什么意义了,还可能造成浪费,所以,对已经做过表面处理的成品构配件,要尽量利用原有的表面形式;当然,对未作表面处理的半成品构件,如纸面石膏板,则必须处理。

9.6 建筑构造表面处理的材料选择

表面处理的材料选择是指表面处理时所选用的材料,不是指被处理构件的材料,它处理的结果主要体现在异材质表面上,从选用的材料类型上讲,它有以下两类。

1. 散材(料)和可塑材料的选择

建筑构造的表面处理是在构成构造的构件上进行的,它必然涉及材料问题,即涉及构成构件的材料和进行表面处理所用的材料。从表面处理所用的材料上讲,一类是不具有特定体形形状的液态散材(料)(油漆、涂料等),另一类是固态的散材(料),包括各类可塑的砂浆、灰浆。这些散(料)材都必须附着在具体的实体上才能形成表面,而且这些散材又是用喷、刷、涂或手塑施工的,所以,用这类材料进行表面处理是比较容易的,为此,在较为复杂、多变的表面上——该面多数是不可展面,多选择用散材(料)覆盖的方法,如用油漆、涂料,各类砂浆、灰浆等材料,或者用电镀、金属覆盖、钝化、刻蚀、搪瓷等方法进行处理。

总之,用散材和可塑材料可以处理任何形式的表面。

2. 固体型材的选择

表面处理中使用的固体材料主要是选择各类型材和成品材料。对于同质材料表面,不存在选择处理材料的问题,因为它的表面材料与内部材料是同一种材料,如果说要选择的话,在选择构件构成材料的同时,就要考虑到表面处理的因素。

对异材质表面处理的方法,实际上是两种材料或两种以上的材料进行复合处理,由此就存在着表面材料与基层材料二者之间的连接问题,及对表面材料的选择问题。关于连接的方式、方法问题,基本上是第8章建筑构造连接中所述的各种方式、方法。对于所用表面材料的选择则要注意:它即要达到使用功能要求,又要与基层材料连接牢固,更主要的是必需突显出基层构件的造型形式和表面特征,为此,对使用在表面处理中的材料要进行分析。

在使用的固态材料中,对异材质表面处理的方法可分为两类:一类是具有一定的抗变形能力的刚性材料;另一类是柔性材料。

(1) 刚性材料的适用性

刚性材料是指材料在形成成品之后,或者用它作为表面处理材料使用的同时,它的体形形态和表面几何特征上都没有变化,即进入构造的前后,材料的体形和表面没有变化,保持着原样。这种保持体形形态不变的能力,是材料的性质和刚度决定的。例如:刨光木板、饰面三合板、各类面砖、瓷砖、马赛克、饰面石板、平板玻璃、镜面玻璃、饰面金属板等等。所以,这类刚性材料多数用于较大面积平面的表面处理上,如对地面、楼梯踏步、台阶、室内外墙面、勒脚、矩形断面的柱面、天棚及吊顶表面等。

如果用刚性的材料对曲面进行处理,此时曲面必须是可展的,或者刚性材料必须能够按所需要的曲率进行弯曲,如用三合板(做沿表面层顺纹弯曲)、塑料或木质装饰板、薄金属装饰板弯后处理圆断面柱子、弧形墙面等。

如果直接用具有平面表面的刚性材料处理曲面,此时刚性材料又不能弯曲,则要选择有一个方向上线长较短的条形成品构件。如利用小面积条形瓷砖、面砖粘贴较大曲率的曲面;用宽度不大于 60 mm 条形面砖、石板材或马赛克贴面,处理直径大于 500 mm 的圆断面柱的曲面。此时,柱表面实际上是一个正多边形的折面柱面;当使用弧形(弧形曲率为圆周线)石材板贴圆柱面时,才能真正得到圆柱形表面,见图 9.6。

当用上述方法处理不合适或不可行时,或为了取得更好的装修效果,可以把材料本身作成所需要的曲面。例如:用作处理转折面的非平板式各种异形瓷砖(直角折面的阴、阳角条形瓷砖,阴、阳立体角弧形瓷砖等),见图 9.7。

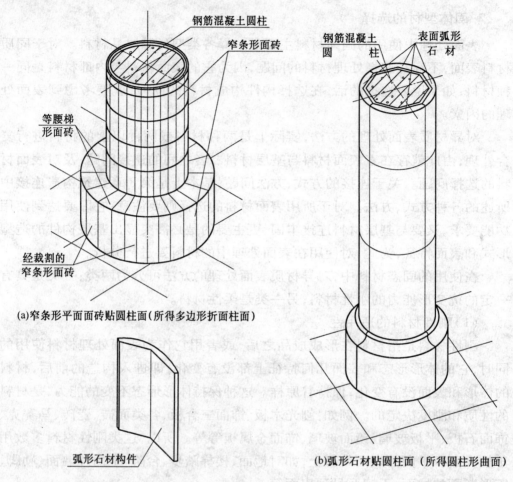

图9.6 窄条面砖/整体石材贴面

(2)柔性材料的适用性

柔性材料是指材料在微弱的外力作用下即产生形变,甚至在形变中可能出现微小的伸缩。一般的在形成构造的表面时,它作为单一材料在表面的几何特征上前后有所变化。它可以在构造连接作用力下或构造的定、限位造型的控制下,由原来的平面变为可展的曲面或不可展的曲面(形成不可展的曲面时,材料有微小的弹性变形),这是柔性材料在表面处理中所表现的特点。这类柔性材料有:纺织物(布)、针织物、皮革、人造革、贴墙布(纸)、各型饰面纸张、塑料布、塑料薄膜、油毡(纸)类卷材、铝箔、金箔等。所以,软质柔性材料是粘贴、包覆处理不可展曲面的首选材料,而且大量地用在曲面表面处理上。

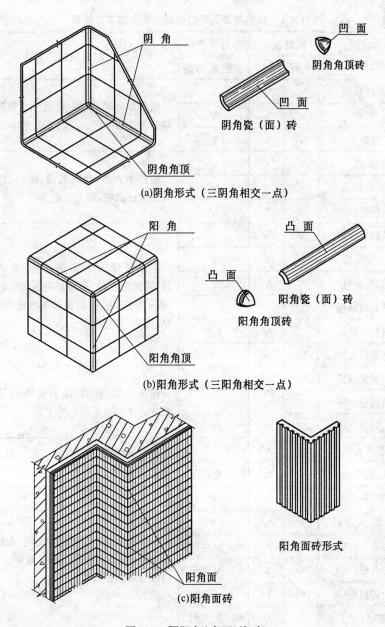

图 9.7 阴阳角(表面)瓷砖

可弯曲的金属薄板,如镀锌薄钢板、黑铁皮、不锈钢薄板、薄铝板、薄铜板等都可以做矩形或圆形断面柱表面的处理材料,此时薄板要进行折、弯成形。折弯变形可能是在材料的弹性限度内,也可能是在塑性的范围内。根据造型的形式不同,材料局部可能出现永久性拉伸或压缩。这是金属薄板做表面处理的型材使用时表现的特殊性质。

以上表面处理的材料选择,可综合成为一表格,见表 9.1。

表 9.1 材料与表面形态适应关系及施工方法表

材料	表面形态	可展表面 平面	可展表面 曲面	不可展表面 双曲面 球面	材料及施工方法
可塑材	砂浆	√	√	√	指各型砂浆、灰浆、混凝土及钢筋混凝土。施工方法以手塑、喷刷、注模为主。
可塑材	灰浆	√	√	√	
可塑材	混凝土	√	√	√	
液态材	油漆	√	√	√	指各型天然、合成油漆、涂料、色浆料等。施工方法以喷、刷为主。
液态材	涂料	√	√	√	
液态材	色浆料	√	√	√	
板形材	平面木板材	√	√		包括可弯三合板、装饰板、薄铁皮、铜薄板、不锈钢板材、可弯塑料板等,玻璃包括喷(磨)砂、压花、镜面玻璃等。施工方法以粘贴、镶嵌、吊挂为主。
板形材	金属薄板	√	√		
板形材	塑料板材	√	√		
板形材	平面玻璃板	√			
板形材	曲面玻璃板		√	√ 见注示3	
板形材	橡胶板	√	√	*	
瓷砖	平面瓷面砖	√	√		包括平面、折面、曲面瓷砖及马赛克等。施工方法以砂浆镶贴为主。
瓷砖	曲面瓷面砖	√	√		
瓷砖	马赛克	√	*	*	
石材	平面石板	√	√		包括天然和人造石材。施工法以砂浆镶贴、干挂为主。
石材	曲面石板		√	√ 见注示3	
柔性卷材	纺织针织物	√	√	*	包括各类纺织针织布、皮革、人造革、贴墙布(纸)、饰面布(纸)、塑料布等。施工方法以胶合剂粘贴为主。
柔性卷材	皮革、人造革	√	√	*	
柔性卷材	贴墙布(纸)	√	√	* 见注示2	
柔性卷材	饰面布(纸)	√	√	* 见注示2	
柔性卷材	塑料布	√	√	*	
柔性卷材	油毡(纸)	√	√	* 见注示2	
薄膜材	塑料薄膜	√	√	*	包括塑料薄膜、各种金属箔。施工方法以胶料粘贴为主。
薄膜材	铝箔、锡箔	√	√	*	
薄膜材	金箔	√	√	*	

注:1. 符号"√"表示材料与表面形态相适应,"*"表示基本相适应。

2. 材料与表面形态基本相适应,则表明表面材料局部有塑性拉伸,纸质卷材,如贴墙纸、饰面纸、油毡纸等,承担塑性变形能力很差,故而用这类材料处理不可展曲面时要慎重。

3. 用整体块料构件(如玻璃、石材、金属板板材等)镶贴不可展曲面时,构件表面必作出该不可展曲面的造型形式,才能保证该曲面的处理效果。

从上表可以明显地看出,可塑材料的各型砂浆、灰浆、混凝土;液态饰面材料的油漆、涂料、色浆料等;柔性卷材和薄膜类材料等,都可以适应处理各种形态的表面。

9.7 建筑构造表面处理的常用方法

建筑构造表面处理的常用方法,从材质上讲,可分为两大类:

一类是:在构造构件原本材料的基础上,进行同材质的表面处理,处理后的表面材料与构件内部材料是同一种材料。

二类是:在构造构件原本材料的基础上,再附加上另外的某种材料,进行异材质的表面处理,处理后的表面材料与构件内部材料不是同一种材料。

9.7.1 同材质表面处理的常用方法

同材表面的处理,材料本身必须是表面与内部深层具有同质性的。它的表面处理基本上是使用机械方法。如锯、刨、切、割、磨(光)、抛(光)、刻(花)、压(花)、冲击、打毛、喷砂、火燃喷烧、水刷等方法。可以形成同材质表面的材料有:木材、石材、烧结砖、混凝土、金属的板(型)材及管材、塑料、玻璃等。对这些材质的表面处理方法有:

1. 锯、劈法

锯、劈法适用于木材或石材。它是将作为原材料的木材或石材,直接锯开或劈开,形成的锯面、劈面直接被构造所利用,再不加处理了。例如:木材被锯开还带有锯痕的锯断面;石料被钢楔劈开的自然断裂面等,都是用锯、劈方法形成的表面。锯、劈法形成的表面具有原始的粗犷性,对显现材料的特征十分有利,常常被建筑装饰所利用,同时它也是一种最经济的获得同材质表面的处理方法。

2. 刨光法

刨光法只适用于木材、金属。木材经锯开后,再用手工刨或电刨刨光,呈现出平整光滑的并显露出木材纹理的表面,十分漂亮,可以直接作为构件表面使用。刨光法也是木材表面处理的主要方法之一。金属表面也可用机床进行刨光,但对表面加工精度要提出具体要求。

3. 研磨抛光法

研磨抛光法适用于石材——包括某些人造石材(如水磨石)的表面和某些金属材料、不锈钢、玻璃等材料。它是用硬质研磨料或手工研磨砂轮、电动砂轮对材料表面进行研磨,然后抛光,最后形成光滑的、充分显示出同材质表面。如研磨后的石材表面;加水研磨的水磨石表面;青、红砖表面(不做抛光,用于磨砖墙外表面)等。不锈钢焊接后的局部,也可用此法修整,抛光。用研磨(不抛光)法对平板玻璃表面(单面研磨)可做再次处理,形成只透光不透视的磨砂玻璃。如只做抛光(单面或双面磨),可形成表面高度平整光滑的透光性极好的镜面玻璃。

4. 机械冲击法

机械冲击法适用于石材和人造石材。它是用工具或机械设备的刃型、锥型冲头,对石材表面进行冲撞,造成一部分材料成碎屑状剥离、脱落,最终表面形成凸凹状的粗糙面。在冲击过程中,有意识地对冲击痕迹、纹理进行排列及方向转换的变化,形成乱中有序的冲击表面效果。如:人工剁成的天然石材表面,由高标号砂浆抹面,再由人工剁成的剁斧石表面。

5. 磨痕法

磨痕法适用于不锈钢或铝合金材料。它是用机械设备将材料表面磨出有规律的痕迹(磨痕深度极小)。如:磨花不锈钢薄板、亚光(磨出刻痕的)不锈钢管等。

6. 喷砂法

喷砂法适用于玻璃、金属材料。它是用高压空气携带金刚砂喷出后撞击在被喷材料表面,形成极微小的撞击痕迹,使表面在光的照射下,透光性减弱或形成漫反射状态。如喷砂玻璃(毛玻璃)、喷砂金属(亚光)表面等。

7. 喷烧法(俗称烧毛石面)

喷烧法适用于某些石材。它是用火燃喷射器(火燃喷枪)的火燃喷烧石材表面,由于局部受热(受热面积小而深度浅),受热处胀裂剥落,形成石材上满布斑痕的粗糙表面。喷烧法处理的石材表面,既不失去整体的平整性又较为自然,具有一定的装饰性,作为室内外地面,其防滑性能较好。

8. 压痕法

压痕法适用于钢材、合金材、玻璃等。它是将材料加热软化后,用高硬度的刻有花纹滚筒滚压,表面形成凸凹花纹、沟槽、刻痕等。如:压花钢板、压花铝合金板、压花玻璃板等。

9. 水刷法

水刷法只适用于可塑材料的抹面。它是用普通硅酸盐水泥加白云灰、白石子等材料按 $1:0.5 \sim 1:1.5 \sim 2$ 的配比配成水刷石砂浆抹在基层上,待初凝后将表面水泥浆用水冲掉(喷水冲刷或淋水冲刷),露出石子,全凝固后形成水刷石表面。水刷石表面与内部的砂浆是同材质的。

10. 压光、搓毛、拉毛法

压光、搓毛、拉毛法均适用于砂浆抹面的表面的处理,但它们所用的水泥砂浆略有差别。

(1)压光法。压光法用铁抹子将1∶1~1∶3水泥砂浆抹面的表面压平、抹光。压光时在砂浆表面上可撒水泥粉及淋少许水,使其表面平整、光洁。此法用于一般砖石砌体、混凝土构件的砂浆抹面处理。

(2)搓毛法。搓毛法用粗砂配制的1∶2~1∶3水泥砂浆抹于基层上,表面用木抹子抹平并搓毛,形成粗糙的砂浆抹面表面。搓毛砂浆抹面与压光砂浆抹面对比使用,形成光面与糙面的对比、变化,很赋有装饰性,也是一种可用的砂浆处理表面的方法。

(3)拉毛法。拉毛法是在1∶3水泥砂浆抹面的基层上,再抹5~8 mm厚的1∶1~1∶2的水泥砂浆,也可用石灰膏浆或石灰麻刀膏浆。抹后用铁抹子向外拉拽,使水泥砂浆形成毛簇状表面,凝固后成拉毛砂浆抹面。拉毛砂浆抹面形成后,还可再喷刷墙面涂料。

11. 模板法

模板法只适用于可塑材料的混凝土及其构件,尤其对装饰性的小型混凝土构件,如小型混凝土花格构件。它是利用混凝土模板内表面的光滑、平整性,对凝固后混凝土外表面有直接影响的关系,选用光滑、平整模板内表面。如用刨光木模板(模板内表面涂机油,便于脱模)、三合板模板(用于有曲面形的造型)、木模板内衬马口铁铁皮、钢板模板等。这些模板的内表面都是光滑平整的,最后浇捣出的混凝土构件表面,也自然是光滑平整的。用模板法形成混凝土表面一般不再做处理。当然,也可以做喷浆、油漆等外饰面。此法多用于建筑室外混凝土构筑物,如城市立交桥混凝土桥墩、大梁等;小型的混凝土花饰构件。此法是对混凝土表面处理的最经济的方法。

9.7.2 异材质表面处理的常用方法

对异材质表面的处理,在成品构配件中多数都已完成了,建筑构造可以直接选用。在施工现场做处理的常用方法,总的来讲是用其他材料进行覆盖,其覆盖的方法有:涂刷、喷涂、抹面、粘贴、镶挂、包覆等方法,其中包括用物理、化学等方法,对金属表面进行覆盖。下面简要介绍这些方法。

1. 喷刷法

喷刷法是在需要处理的表面上,喷刷、涂刷各种油漆、涂料、色浆等液态材料,固化后溶剂、水分等挥发掉,在材料或构配件上形成一层固态薄膜,至此完成了表面处理。表面材料与基面的连接,靠亲合连接实现,它与构配件形成异材质表面。喷、涂刷前要对基面做些处理,如清污、填补凹陷、修平、打磨等,然后做两道以上的喷刷或涂刷。

依据使用的液态涂刷材料不同分别有:

(1)油漆表面。油漆表面是用各种油漆来处理表面,它适应的材料较广,可以在木材、钢材、抹面砂浆、混凝土等表面,甚至可以在塑料或玻璃表面上做油漆表面。在施工现场做油漆,除对环境温度、湿度和空气的洁净程度有一定要求外,施工操作以手工为主,按操作规程进行,比较简单、易行。

(2)涂料表面。涂料表面是用各种墙面涂料处理表面,它主要适用在砖墙、混凝土和抹面砂浆的表面。如室外立面墙面、柱面、雨棚、檐口板底面,室内墙面、墙裙、顶棚等处。它的施工操作以手工为主,工具有毛刷、毛滚和压缩空气喷枪等。

以上两类处理方法都是使用液体原料,要注意的是选择原料的色彩和色彩的搭配。

2. 抹塑法

抹塑法是在需要处理的构造基面上,用散材配制的可塑砂浆处理表面。它适用于砖石砌体、混凝土构件表面。抹面砂浆与基面构件的连接靠亲合连接实现。抹面砂浆常用的有水泥砂浆、石灰砂浆、混合砂浆和各类装饰砂浆。如水磨石、剁斧石砂浆、水刷石砂浆、干粘石砂浆等,也可用彩色水泥和石子配成彩色砂浆。(这些砂浆均用配合比控制)抹面砂浆层的厚度,一般控制在 15~20 mm。

3. 粘贴法

粘贴法是在被处理的材料或构件表面上,粘贴另外一种饰面材料或构件的处理方法。由于饰面材料或构件的不同,粘贴法又可分为粘贴软质柔性材料(卷材)和硬质刚性材料——瓷砖、面砖、地砖、各种装饰板材、塑料板材或玻璃板等。再则由于连接方式的不同,又可分为砂浆连接和胶合连接两大类;个别的选用其他形式连接。

(1)粘贴软质柔性材料的表面处理。它粘贴的材料有各种纺织布、皮革、人造革、贴墙布(纸)、塑料薄膜等。其中装饰性的卷材使用各种胶合剂。

(2)粘贴硬质刚性材料的表面处理。按所用的硬质材料又可分为:

①如果它粘贴的材料为硬质的瓷砖、面砖、地面砖、马克赛等陶质材料,则用 1:1 水泥砂浆连接。

②如果粘贴的为硬质刚性人造装饰板、塑料板、橡胶板或玻璃板等,则用胶合连接。

③如果粘贴的为薄金属板，(不锈钢板、薄铝板等)视基面情况，可用胶合连接，也可用其他连接方式，如基层为木质或金属型材骨架时，可选用螺栓、螺钉、铆钉、圆钉连接。

4. 镶挂法

镶挂法适用于在砖石砌体、混凝土构件或组合的型钢(钢管)柱、梁(包括悬臂梁)表面处理。它是在被处理构件的表面上先做出连接用的木质或型钢(也可为轻型的型钢)骨架，再在骨架上镶挂硬质的或软质的表面装饰材料或构件。如硬质的各种石板材、各种材质的装饰板、水泥玻璃纤维薄板(GRC板)等。软质的如用皮革或贴墙布(革)加软质泡沫塑料组成软包面层。用镶挂法处理表面，在饰面层与被饰构件之间存有一个空腔，(骨架空腔层)这是镶挂法的特有之处。镶挂法中饰面构件与骨架的连接，基本上是用有件连接方式，如铆钉、木螺钉、自攻螺钉、焊接、胶合、绑扎等。在金属骨架上常用的是拉铆铆钉；在木骨架上常用的是排钉连接或胶合连接。

以上这四类形成异材质的表面处理方法，都是在被处理的构件上，用附加材料通过构造连接方式完成的。还有利用物理化学的方法来处理的，它们是：

5. 电镀法

电镀法只适用于金属材料或构配件。它是在金属盐的溶液中，通过电极(被镀构件为阴极)将金属盐溶液中的金属置换到被镀构件上，在被镀构件表面沉积一层金属薄层，该金属薄层的金属即为盐溶液中的金属，从而完成了电镀法表面处理。电镀法被镀上的金属有铬、镍、锌、铜(紫铜)等。电镀金属表面抵抗锈蚀及抗氧化能力都很强。电镀铬、镍的表面明净、光亮。电镀锌的表面呈现出抽象的花纹，很具有装饰性，是铁质材料构件常用的表面处理方法。

6. 金属覆层法

金属覆层法是将被处理的金属材料浸入到另一种金属的熔融液体中，在热状态下，熔融状的金属与热固态金属相互作用，使熔融状金属覆在热固态金属表面上，冷却后在固态金属上形成一层金属薄层，起到保护或装饰作用。此法称为热浸金属覆层法。

还有一种方法，是将被处理的金属放入另一种金属挥发的蒸气中，使气化的金属蒸气凝结在被处理的金属表面上，形成一层金属薄层。此法被称为气相沉积金属覆层法。

以上的方法，包括电镀法都是用一种金属覆盖被处理的金属材料，它要求处于表面的金属材料必须在环境介质中，具有较好的化学稳定性和较强的耐腐蚀能力，又有较理想的表面色彩和质感效果，能同时起到保护材料和装饰材料的双重作用，且不影响环保。这样的金属有：铬、镍、锌、铜(紫铜)等。

7. 钝化法

钝化法只适用于金属材料或构配件。它是利用化学方法，在金属表面上形成一层极薄的氧化物材料层，这个材料层的化学性质极为稳定，一般不会受空气和水的侵蚀，它保护了内部的金属材料。钝化后的金属表面呈现出不同的颜色，如常见的有黄铜色、金色。

8. 刻蚀法

刻蚀法只适用于玻璃。它是用氢氟酸腐蚀玻璃表面，形成凹陷的有规则的图案、文字或花饰，借以处理或装饰玻璃表面。

9. 搪瓷法

搪瓷法是在金属表面涂上一层由碳酸钠、硝石、石英石、长石等原料制成的釉料，经焙烧后，釉料在高温下发生变化，冷却后形成一个硬壳，覆盖在金属表面上，形成搪瓷表面层。成品搪瓷表面化学稳定性较高，耐腐蚀能力强，又可以做成各型彩色的花纹、图案，而且保色（不易退色）好。对钢质薄壁构件是一种很好的处理方法。

以上各表面处理的工艺，与材料之间的适应关系见表 9.2。

将表 9.1 材料与表面形态适应关系及施工方法表与表 9.2 综合对比之后，对构造表面处理的材料、处理工艺与表面形态则一目了然了。

表 9.2 构造表面处理工艺与材料之间的适应性

类别	处理方法\材料	混凝土	砂浆	木材	钢材	合金材	石材	砖材	塑料	玻璃	五金件	备注
自然面	自生面			√		√	√	√	√	√		自然生长或人造的原始表面
	锯劈面			√	√	√						金属锯面可以再研磨
	模板面	√	√									只用于混凝土、砂浆表面
同材表面	刨光面			√		√						适用于木材及部分金属表面
	研磨面			√	√	√	√			√		对玻璃表面研磨系指磨砂玻璃
	抛光面			√	√	√	√			√		抛光前需研磨，木材可刨光
	冲击面						√					用机械冲击，打毛石材表面
	磨痕面				√	√						适用不透钢、铝合金磨成亚光
	喷砂面				√	√				√	√	用风动力，喷金刚砂
	喷烧面						√					只适用于石材表面
	压痕面				√	√			√			系指热压痕表面
	刻痕面				√	√			√		√	系指冷扎刻痕表面

续表9.2

类别	材料处理方法	混凝土	砂浆	木材	钢材	合金材	石材	砖材	塑料	玻璃	五金件	备注
异材表面	抹塑面	√	√				√	√				这些表面处理方法,均可用在混凝土、砖石砌体的基层上,由可塑材料的各类砂浆、灰浆、灰膏形成异材表面处理
	拉毛面	√	√				√	√				
	搓毛面	√	√				√	√				
	水刷面	√	√				√					
	水磨面	√	√				√					
	干粘面	√	√				√					
	剁斧面	√					√					
	粘贴面	√	√	√					√	√		包括软、硬材料的贴面
	油漆面	√	√	√	√	√			√		√	适用基层材料较广
	涂料面	√	√									只适用混凝土、砂浆、砖砌体
	外挂面	√					√					用于木材、型钢、铝合金、塑料等骨架,包括软包表面
	外包面			√	√	√						
物化表面	电镀面				√						√	只用于金属表面
	镀膜面				√					√		只适用于金属、玻璃表面
	钝化面				√	√						只用于金属表面
	刻蚀面									√		只用于玻璃表面
	搪瓷面				√							只用于金属表面

注:1. 符号"√"表示表面处理工艺与材料完全适应。
　　2. 物化表面系指用物理或化学方法对材料表面进行的处理。

第10章 关于建筑构造构成原理的几个问题

在这一章里我们讨论6个问题：
(1)建筑构造构成原理的产生；
(2)建筑构造构成原理各部分的关系；
(3)建筑构造构成原理的特征；
(4)建筑构造构成原理与现有建筑构造学的关系；
(5)建筑构造构成原理的发展；
(6)目前建筑构造构成原理的不完善之处。

10.1 建筑构造构成原理的产生

总的来讲，建筑构造构成原理的产生是当今时代建筑构造学科发展的必然结果。这个理论的诞生途径是从实践走来，由实践上升到理论的。历史上建筑构造学走了一条漫长而又缓慢的发展之路，在这条漫长的前进路上，建筑构造积累了许多实用、好用、可行的构造方案和做法，为我们今天探索建筑构造构成理论提供了雄厚的物质基础，它为理论的构建提供了可行。

在长期发展道路上，人的实践活动集中体现在两个方面：

1. 材料推动了建筑构造的发展

由于社会经济的发展和科学技术的进步，建筑材料的资源领域扩大了，许多高科技成果应用在建筑材料和构配件生产上，涌现出了大量人造材料和构配件，使更多的材料属性被肯定下来，甚至设计和生产具有特殊属性的材料，并把它用在建筑构造上了，建筑构造用材的广度大大提高了，这些都直接推动了建筑构造的进步和发展。

2. 建筑技术推动了建筑构造的发展

人在长期的劳动实践中，促使建筑构造的构成技术有了大幅度的进步和提高，很多以前无法实现的技术、做法，现在轻而易举就做成了。这些技术做法不仅直接造就了建筑构造新型方案、新做法的诞生，同时又使构造做法的质量、精度、效率等方面都有了很大程度的提高，建筑功能的服务面和质量等级也有所提高。所以说：建筑技术推动了建筑构造的发展。

以上这两方面的综合效应,在人的建筑活动实践中都有力地促成了建筑构造构成理论的产生。所以,我们可以肯定地讲:建筑构造构成原理理论,产生于人的建筑活动实践中。

10.2 建筑构造构成原理各部分的关系

建筑构造构成原理各部分的关系,是指构成原理的四大部分,即:①构造的材料选择;②构造的材料及构配件的造型;③构造的连接(包括建筑分隔);④构造的表面处理之间的关系。这种关系表现在以下几个方面:

(1)构造材料的选择是构成构造的物质基础,没有材料,则不能形成实际存在的构造。

(2)材料及构配件的造型、连接及分隔和表面处理是构成构造的技术手段。其中造型和连接对任何构造都是必须做的,表面处理可以酌情而定。

(3)材料和构配件的造型、连接和表面处理,应以连接为中心。因为连接是决定构造可行性的主导因素。没有连接的稳定、牢固、安全、可靠,连接不能最终被肯定,同时也要注意建筑分隔。

这三者是一个整体,它们是相互制约,互为条件,相辅相成的。例如:材料可能决定了造型形式;造型可能取决材料性质并制约着连接方式;连接方式对材料和构配件要做出选择和限定;表面处理的效果,可能取决于材料性质……如此等等,要求我们在处理它们之间的关系时,不能只突出其中之一,而忽略了其他;也不能将它们刻意地排定先后或主次顺序,逐个分开去处理。正确的处理是,根据具体情况,并结合构造的可行性和功能,找到问题的主导方面,由此突破,寻求优化方案,综合解决问题。

10.3 建筑构造构成原理的特征

从学科的定位上讲,建筑构造构成原理和建筑构造学都属于应用技术学科。历史上形成的建筑构造和建筑构造学,它的最大特征,就是在表现形态上的具象性。以它的具体的形式、形象,阐明它的做法;以做法的实用、可行性决定它的存在。所以,从总的构造形态上讲,建筑构造构成理论并不否定建筑构造学的具象性特征。相反,构成理论也在利用具象性特征的长处,表现自己的理论内容。例如:构成理论中提出的选材、造型、连接及分隔和表面处理都是具体的内容,它的表现形式,就是以此形成的图样化的节点形态。所以,它没有失去建筑构造的具象性特征。这也是应用技术学科在知识内容上的特征。

但是,以往的建筑构造学中的具象性是针对一个构造节点的,很大方面偏重于感性认识;而构成原理中具象性是针对所有构造的,具有普遍的规律性,是属于抽象的理性认识范畴的。这就是这两个具象性的差别。这种差别标明了建筑构造学整体进入到了理性思维的范畴了。

10.4 建筑构造构成原理与现有建筑构造学的关系

1. 二者的关系

现有的建筑构造学是建筑构造这门学科的知识体系,尽管它还存在着某些缺陷和不足,但是没有什么可以取代它。建筑构造构成原理是建筑构造的理论。从现有状态来讲,它应该是建筑构造学知识体系的补充,使它更加完善。从知识体系各部分构成的关系来讲,它不能脱开建筑构造学成为一门独立的学科。它必须处在建筑构造学中,并成为建筑构造学理论知识的主干,起到统辖的作用,这就是二者关系的主要方面。所以,最终它必然是建筑构造学知识体系中重要的、不可分割的内容。

现有建筑构造学,从知识系统到内容编排,都基本成熟并定型化了。当引进构成原理后,应对现有的系统作些调整。

2. 关于工业建筑构造

从目前各大专院校的建筑构造教科书来讲,都是以民用建筑为主,不包括工业建筑,工业建筑的构造在工业建筑设计中讲述。这种划分,从建筑构造的概念和定义上讲是有缺陷的,但它只是为了教学的需要。从建筑构造学科内容来讲,建筑构造学理应包括工业建筑构造。从建筑构造构成原理来讲,民用、工业这两类建筑物的构造本来就没有实质上的差别,为此,建筑构造构成原理也适用于工业建筑构造。

3. 确定建筑构造构成原理在建筑构造学知识系统中的位置

还是从目前各大专院校的建筑构造教科书来讲,在知识系统编排上,基本上分成2~3个部分,如以建筑物自然构造单元为系统的民用建筑构造;以装饰、装修为系统的装修构造;以设计标准化、施工机械化、预制工厂化和组织管理科学化为主体的所谓工业化建筑构造,划分成三大部分。讲授的顺序也是如此。这种编排顺序有它的客观性,多年的实践证明是可行的,尤其对初学者是完全必要的,可以保留。建筑构造构成原理的讲述,可以放在以建筑物自然构造单元构造讲述结束,学习者有了初步的构造知识之后,将建筑构造构成原理作为以前内容的总结和综合,讲给学习者。在以后的装修构造和工业化构造的讲述中,要把建筑构造构成原理贯穿始终。在工业建筑构造中,可以把建筑构造构成原理中的材料和构配件选择、材料与构配件造型、连接及分隔方式和表面处理以小标题形式列出并讲述。

总之,建筑构造构成原理要找到一个恰当的位置,融入建筑构造学中去。

4. 建筑构造构成原理与建筑构造设计原则的关系

建筑构造构成原理是研究建筑构造构成的理论知识体系,是个理论问题。它直接的目的是使建筑构造付诸于可行,它直接对构造的可行性负责。

建筑构造设计原则,也可称之为建筑构造设计原理或设计要求,它是从建筑构造设计的角度,提出的关于设计中应考虑并坚持的原则,它的最终目的是保证建筑功能得以实现,所以,它最终对建筑和建筑构造的功能负责。当然,设计原则中必须遵从建筑构造构成原理。所以,建筑构造构成原理也是设计原则必须坚持的内容之一。

由此可见,建筑构造构成原理与建筑构造设计原则不是一回事,但它们是两个有关联的问题。建筑构造设计原则比建筑构造构成原理涉及的面要广,影响建筑设计原则的因素也较多。虽然它们都对建筑功能起到保障作用,但侧重面不同,都必须以构造的可行性为基础,各负其责,各司其职。

5. 对现有建筑构造学内容的调整

在建筑构造构成原理的统一下,对现有的建筑构造学的内容和编排应做适当的调整。把建筑构造构成原理的内容,恰当地、巧妙地融汇在各个具体的构造阐述中去,为集中阐明构成原理事先做些铺垫工作是完全有必要的。总之这个调整要在教学实践中去探索,找出一条现实可行的道路。

10.5 建筑构造构成原理的发展

建筑构造构成原理建立之后,它必定要随着人类的建筑活动的深化而发展。那么它将走一条什么样的发展之路呢?它的发展动力是什么?这些都需要我们予以回答和预示。

1. 建筑构造构成原理发展的根源

建筑构造构成原理产生的根本,是人类的建筑活动的深化与建筑构造学科现状之间的矛盾所至。这个矛盾的集中点,就是现行建筑构造学科缺少理论支撑,没有全然地走进理性思维的范畴。尤其是当人们对建筑本质的认识不断提高,提出了很多新概念,如建筑是环境科学和艺术;建筑的人本主义;建筑与环境的可持续发展;绿色建筑;节能建筑;智能化建筑等等。总之,当今时代,建筑已走进了现代化之路。这与作为建筑科学一个重要分支的建筑构造学的现状形成了巨大的反差,建筑构造学落后了。虽然在某些较为先进的建筑物中,具体的构造做法并不显得落后,但是,这个具体的先进缺少理论上解释和支持。为此,人们开始探索建筑构造学的理论问题了。这种要寻求理论思维的状态是建筑构造构成原理产生和发展的根源。

2. 建筑构造构成原理发展的直接动力

建筑构造构成原理的理论构成，是在实践中，总结了构造的物质构成——材料和构配件；构造的构成的方式方法——技术手段；构造的目的——可行性及功能三个方面得出的。所以，它未来的发展还是基本上按这三个方面进行。具体地讲：

（1）材料和构配件的发展。材料和构配件的发展应该主要集中在发展新型的人造材料或构配件上。其中控制材料的基本属性和提高材料的功能效应将成为主题和重点。

首先，在固态材料中，在改善或提高材料的自然属性上做文章，生产出类型更多的单一功能或多功能的复合材料和构配件。

其次，是在人为合成材料属性上做文章，生产出更多人为定向材料属性的人造材料。如轻质高强材料、高效能保温节能材料、绿色环保材料、可循环利用的再生材料、各型仿真材料、具有光电效应的材料等等。与此同时，建筑构造的构配件也应得到很大的发展。它的重点是更多地利用人造材料，提高复合性能，尽量减少现场施工工作量，提高表面处理的质量，增多表面处理类型等方面。

最后，在人工合成材料中，要尽量使用植物性天然材料为原料，因为这类材料是天然生长的，对环境污染小，废弃后可以降解或再生，是最理想的绿色材料。当然，在生产过程中要尽量少添加污染环境和有碍人体健康的其他材料。绿色材料是建筑材料发展的一大空间。

在液态材料中，主要是发展液态的人工合成高分子材料。如：高质量多功能的油漆。适用于各种材质之间粘合的高粘结强度的胶合剂；多功能（防水、防冻、不退色）的建筑涂料及沥青、橡胶制品等。

（2）技术手段。技术手段还是集中在材料和构配件的造型、连接和表面处理上。它的发展方向应集中在施工机具和设备上，改进和提高机具设备的机械化、自动化、智能化、专业化水平。其中的重点应以电力或压缩空气为动力的专用或兼有几种功能的手提式小型工具为主。工具的可靠性能要有保证，搬运轻便，操作简单、实用，工艺精度应符合要求。纯手工工具，要以专用工具为主，向多样化发展。固定加工设备和辅助设备（如：空气压缩机、电焊机等）要尽量小型化、轻型化。工具设备改变了，新型工具设备的出现，必然推动施工工艺的进步，提高施工质量和效率。

（3）建筑和建筑构造功能。随着人类建筑活动不断加深和进步，人们对建筑功能要求也将不断地提高和变化，高质量、高等级的功能要求会逐渐增多。从目前的发展趋势来看，建筑功能将向多功能综合性、智能化方向发展。建筑与环境的自控及调解能力将加强，环境质量会有明显地改善；建筑功能智能化范围和水平将扩大和提高;建筑物的抗灾、防灾和自救能力将提高;建筑从建造到使用运行的能耗指标将大大地降低;建筑节能和绿色建筑会越来越多,建筑构造的可行性适应范围会有所扩大;建筑的精神作用也会越来越强。如此等等,都将对建筑构造有所促进,推动建筑构造及其理论的发展。

总之,建筑构造学和建筑构造构成原理是有着广阔的发展前景。

10.6 目前建筑构造构成原理的不完善之处

本人在思考和写作建筑构造构成原理的过程中,深深感到目前这个理论还有很多问题需要解决,它主要表现在两个方面。

1. 定量分析不够,缺少实验数据

在原理中很多部分涉及构造的受力情况,尤其是构造的连接部分,在力的作用下对如何保障连接的牢固、稳定、安全、可靠,对这些都没有定量的分析。其原因就是缺少这方面的实验数据,很难做出定量的分析。目前还只能靠经验去判断,这是一个成熟的理论所不允许的。要克服这一点,一方面是要做大量的实验工作,测得一些相关数据,在此基础上做出定量分析。另一方面就是收集其他学科已测得的相关数据,经整理后使用在原理中,作为定量分析的原始根据。这两项工作笔者目前都还做不到,所以为原理留下了缺陷之处。

2. 目前的原理还没有划清做出定量分析的范围

在构造设计中,定量分析是要进行受力分析和力学计算的,到底哪些需要计算,哪些不需要计算,又为什么可以不去计算,这些问题还没有一个明确的说法。这也是历来建筑构造学所缺少的。到底建筑构造学应该不应该包括力学计算的部分,目前可能难以定论。但是,作为理论,应该有个明确说法。原理中没有明确这一点,这也是原理的缺陷之处。

这里需要明确的问题是:

(1)建筑构造学应该不应该包括力学计算部分,其道理如何?

(2)如果包括了力学计算,这个范围应该如何确定。

本人的意见,是应该包括力学计算,起码要维持现状,由建筑专业提出,经结构专业完成计算。因为这个受力直接影响到构造的牢固性和安全程度。例如:目前构造中的雨篷、挑檐等,由结构专业作计算,并出示结构配筋图,由建筑专业完成构造详图设计。但建筑专业凭经验的还有很多,在建筑构造设计中要预示出哪些应该做力的分析,不能光凭经验,必要时要计算。这个计算范围的划分还有待深入研究。

这些在原理中尚未解决的问题,需要在以后的发展中逐渐解决。我相信它会得到大家的关注,总能解决的。这也是建筑构造构成原理今后发展中的一个主题。

附 录

附录1

附录1.1 螺栓、螺柱

类别	名 称	标 准	规格范围 d/mm	规格范围 L/mm	特点及用途
六角头	六角头螺栓 C级	GB/T 5780—2000	M5～M64	25～500	应用广泛,产品分A、B、C三个等级。A级精度最高;C级最低。A级用于装配精度高、振动冲击较大或承受变荷载的重要连接。 A级螺栓:$d\leqslant 2$ mm,$L\leqslant 10d$ 或 $L\leqslant 150$ mm B级螺栓:$d>24$ mm,$L>10d$或 $L>150$ mm
	六角头螺栓 全螺纹 C级	GB/T 5781—2000		10～500	
	六角头螺栓	GB/T 5782—2000	M3～M64	20～400	
	六角头螺栓 全螺纹	GB/T 5783—2000	M3～M64	6～500	
	六角头螺栓 细牙	GB/T 5785—2000	M8×1～M64×4	35～400	
	六角头螺栓 细牙 全螺纹	GB/T 5786—2000		16～400	
	六角头螺栓 细杆 B级	GB/T 5784—1986	M3～M20	20～150	
六角法兰面	六角法兰面螺栓 加大系列 B级	GB/T 5789—1986	M5～M20	10～200	防松性能好,应用越来越好。
	六角法兰面螺栓 加大系列 细杆 B级	GB/T 5790—1986		30～200	
六角头头部带孔带槽螺栓	六角头头部带孔螺栓 A级和B级	GB/T 32.1—1988	M6～M48	30～400	使用时,可通过机械方法将螺栓销合,防松可靠。
	六角头头部带孔螺栓 细杆 B级	GB/T 32.2—1988	M6～M20	25～150	
	六角头头部带孔螺栓 细牙 A级和B级	GB/T 32.3—1988	M8×1～M48×3	35～400	
	六角头头部带槽螺栓 A级和B级	GB/T 29.1—1988	M3～M12	6～100	
六角头螺杆带孔	六角头螺杆带孔螺栓 A级和B级	GB/T 31.1—1988	M6～M48	30～300	螺杆上制出开口销孔或金属丝孔,采用机械的防松,防松可靠。
	六角头螺杆带孔螺栓 细杆 B级	GB/T 31.2—1988	M6～M20	25～150	
	六角头螺杆带孔螺栓 细牙 A级和B级	GB/T 31.3—1988	M8×1～M48×3	35～300	
十字槽凹穴螺栓	十字槽凹穴六角头螺栓	GB/T 29.2—1988	M4～M8	8～60	安装拧紧方便,主要用受载较小的轻工、仪器仪表等。
六角头铰制孔	六角头铰制孔用螺栓 A级和B级	GB/T 27—1988	M6～M48	25～300	承受横向荷载,能精确保证被连接件的相互位置,加工精度要求高。
	六角头螺杆带孔铰制孔用螺栓 A级和B级	GB/T 28—1988			

续附录 1.1

类别	名　　称	标　　准	规格范围 d/mm	规格范围 L/mm	特点及用途
方头螺栓	方头螺栓 C 级	GB/T 8—1988	M10～M48	20～300	方头尺寸小，便于扳手卡住或靠其他零件防止转动。可用于槽钢中，便于在槽钢中位置调整。
方头螺栓	小方头螺栓 B 级	GB/T 35—1988	M5～M48		
沉头螺栓	沉头方颈螺栓	GB/T 10—1988	M6～M20	25～200	方颈或榫有正转作用，多用于零件表面要求平坦或不阻挂东西的场合。
沉头螺栓	沉头带榫螺栓	GB/T 11—1988	M6～M24		
沉头螺栓	沉头双榫螺栓	GB/T 800—1988	M6～M12	25～80	
半圆头螺栓	半圆头方颈螺栓	GB/T 12—1988	M6～M20	16～200	多用于结构受限制而不能使用其他螺栓或零件表面要求光滑的场合。半圆头方颈螺栓多用于金属件；大半圆头的用于木构件。
半圆头螺栓	半圆头带榫螺栓	GB/T 13—1988	M6～M24	20～200	
半圆头螺栓	大半圆头方颈螺栓 C 级	GB/T 14—1988	M6～M24	20～200	
半圆头螺栓	大半圆头带榫螺栓	GB/T 15—1988	M6～M24	20～200	
T 形槽螺栓	T 形槽用螺栓	GB/T 37—1988	M5～M48	25～300	螺栓插入被连接件的 T 形槽中，靠 T 形槽防止转动，构成连接
地脚螺栓	地脚螺栓	GB/T 799—1988	M6～M48	80～1 500	预埋于混凝土基础中，固定连接上部的设备。
活节螺栓	活节螺栓	GB/T 798—1988	M4～M36	20～300	多用于经常拆卸的场所和工装。
双头螺栓	等长双头栓柱 B 级	GB/T 901—1988	M2～M56	10～500	用于被连接件太厚不能使用螺栓或因拆装频繁不宜采用螺栓连接的场合，双头螺柱通常一端旋入螺孔，另一端用螺母连接，等长双头螺柱两端均配螺母。
双头螺栓	等长双头栓柱 C 级	GB/T 953—1988	M8～M48	100～2 500	
双头螺栓	双头栓柱 $b_m=1d$	GB/T 897—1988	M5～M48	16～300	
双头螺栓	双头栓柱 $b_m=1.25d$	GB/T 898—1988	M5～M48	16～300	
双头螺栓	双头栓柱 $b_m=1.5d$	GB/T 899—1988	M2～M48	12～300	
双头螺栓	双头栓柱 $b_m=2d$	GB/T 900—1988	M2～M48	12～300	
双头螺栓	螺杆	GB/T 15389—1994	M4～M42 M8×1～M42×3	1 000～4 000	

附录 1.2　金属膨胀螺栓　　　　　　　　　　　mm

直径 d	螺栓长度 L	胀管外径 D	胀管长度 L_1	被连接件厚度 H	钻孔直径	钻孔深度	特点及用途
M6	65、75、85	10	35	L-55	10.5	35	金属胀管螺栓由锥形头螺栓、膨胀套管、平垫圈及六角螺母组成，用于在混凝土、砖砌体上作与其他材质构件的螺栓连接。如连接固定各型支架、设备等。
M8	80、90、100	12	45	L-65	12.5	45	
M10	95、110、125、130	14	55	L-75	14.5	55	
M12	110、130、150、200	18	65	L-95	19	65	
M16	150、175、200、220、250、300	22	90	L-120	23	90	

注：以上二表数据均引自《建筑装饰五金手册》江西科学技术出版社 2004 年 1 月第 1 版。

附录1.3 普通螺栓承载力设计值

螺栓名称	公称直径/mm	毛截面面积/cm²	受剪承载力设计值/kN		受压承载力设计值/kN 板 厚/mm						受拉承载力设计值/kN
			单剪	双剪	4	5	6	8	10	12	
M12	12	1.13	14.7	29.4	14.7	18.3	22.0				14.3
			19.2	38.4	19.2	24.0	28.8				
M16	16	2.01	21.6	52.3	19.5	24.4	29.3	39.0			26.6
			34.2	68.3	25.6	32.0	38.4	51.2			
M20	20	3.14	40.8	81.6	24.4	30.5	36.6	48.8	61.0		41.6
			53.4	106.8	32.0	40.0	48.0	64.0	80.0		
M22	22	3.80	49.4	98.8	26.8	33.6	40.3	53.7	67.1	80.5	51.6
			64.6	129.2	35.2	44.0	52.8	70.4	88.0	105.6	
M24	24	4.52	58.8	117.5	29.3	36.6	43.9	58.6	73.2	87.8	59.9
			76.8	153.7	38.4	48.0	57.6	76.8	96.8	115.2	

注:1.螺栓的钢号为 Q235;
2.横格中的上格为 C 级螺栓的承载能力值,下格为 A、B 级螺栓的承载能力值。

附录1.4 高强螺栓承载力设计值

螺栓性能等级	公称直径/mm	毛截面面积/cm²	有效截面面积/cm²	螺栓的预拉力/kN	受剪承载力设计值/kN 摩擦型		承压型		受拉承载力设计值/kN
					单剪	双剪	单剪	双剪	
8.8级	M16	2.01	1.57	70	28.4	56.7	50.3	100.5	56.0
	M20	3.14	2.45	110	44.6	89.1	78.5	157.0	88.0
	M22	3.80	3.03	135	54.7	109.4	95.0	190.0	108.0
	M24	4.52	3.53	155	62.8	125.6	113.0	226.0	124.0
10级 9级	M16	2.01	1.57	100	40.5	81.0	62.3	124.6	80.0
	M20	3.14	2.45	155	62.8	125.6	97.3	194.7	124.0
	M22	3.80	3.03	190	76.9	153.9	117.8	235.6	152.0
	M24	4.52	3.53	225	91.1	182.3	140.1	280.2	180.0

注:摩擦系数为 0.45。

附录 2

附录 2.1　螺母

类别	名　　称	标　　准	规格范围/mm	特点及用途
方形	方螺母 C 级	GB/T 39—1988	M3 ~ M24	扳手开口大,不易打滑,用于结构简单,支承面粗糙的场合。
六角形	1 型六角螺母	GB/T 6170—2000	M1.6 ~ M64	应用较多,产品分 A、B、C 三个等级,A 级精度最高,C 级最差。A 级螺母 $D\leqslant$ 16 mm,B 级螺母 $D>$ 16 mm。2 型较 1 型螺母厚约 10%,性能等级也略高。 用薄螺母的双螺母防松时,薄螺作为副螺母使用。 厚螺母用于经常拆卸的场合。 扁螺母用于受切向力为主或结构尺寸要求紧凑的场合。 六角法兰面螺母防松性能较好,可省去弹簧垫圈。 球面六角螺母多用于管路的连接。
六角形	六角薄螺母	GB/T 6172.1—2000 GB/T 6172.2—2000	M1.6 ~ M64	
六角形	1 型六角螺母 细牙	GB/T 6171—2000	M8×1 ~ M64×4	
六角形	六角薄螺母 细牙	GB/T 6173—2000	M8×1 ~ M64×4	
六角形	六角螺母 C 级	GB/T 41—2000	M5 ~ M64	
六角形	2 型六角螺母	GB/T 6175—2000	M5 ~ M36	
六角形	2 型六角螺母 细牙	GB/T 6176—2000	M8×1 ~ M36×3	
六角形	六角薄螺母 无倒角	GB/T 6174—2000	M1.6 ~ M10	
六角形	小六角特扁细牙螺母	GB/T 808—1988	M4×0.5 ~ M24×1	
六角形	六角厚螺母	GB/T 56—1988	M16 ~ M48	
六角形	六角法兰面螺母	GB/T 6177.1—2000 GB/T 6177.2—2000	M5 ~ M20	
六角形	球面六角螺母	GB/T 804—1988	M6 ~ M48	
六角开槽	1 型六角开槽螺母 C 级	GB/T 6179—1986	M5 ~ M36	配合开口销防止松退,用于振动、冲击、变荷载等易发生螺母松退的场合。
六角开槽	2 型六角开槽螺母 A 级和 B 级	GB/T 6180—1986	M5 ~ M36	
六角开槽	六角开槽薄螺母 A 级和 B 级	GB/T 6181—1986	M5 ~ M36	
六角开槽	1 型六角开槽螺母 A 级和 B 级	GB/T 6178—1986	M4 ~ M36	
六角开槽	1 型六角开槽螺母 细牙 A 级和 B 级	GB/T 9457—1988	M8×1 ~ M36×3	
六角开槽	2 型六角开槽螺母 细牙 A 级和 B 级	GB/T 9458—1988	M8×1 ~ M36×3	
六角开槽	六角开槽螺母 细牙 A 级和 B 级	GB/T 9459—1988	M8×1 ~ M36×3	

续附录 2.1

类别	名称	标准	规格范围/mm	特点及用途
六角锁紧及扣紧	1 型全金属六角锁紧螺母	GB/T 6184—2000	M5 ~ M36	带嵌件锁紧螺母防松性能好。 扣紧螺母，一般与六角螺母配合使用，防止螺母松退。
	2 型全金属六角锁紧螺母	GB/T 6185.1—2000 GB/T 6185.2—2000	M5 ~ M36	
		GB/T 6186—2000	M6 ~ M36	
	1 型非金属嵌件六角锁紧螺母	GB/T 889.1—2000 GB/T 889.2—2000	M3 ~ M36	
	2 型非金属嵌件六角锁紧螺母	GB/T 6182—2000	M5 ~ M36	
	非金属嵌件六角法兰面锁紧螺母	GB/T 6183.1—2000 GB/T 6183.2—2000	M5 ~ M20	
	全金属六角法兰面锁紧螺母	GB/T 6187.1—2000 GB/T 6187.2—2000	M5 ~ M20	
	扣紧螺母	GB/T 850—1988	M6×1 ~ M48×5	
异形	蝶形螺母	GB/T 62—1988	M3×0.5 ~ M16×1.5	蝶形、环形螺母一般不用工具即可拆装，通常用于经常拆卸和受载不大的地方。 盖形螺母用于端部螺纹需要罩盖处。 圆螺母多为细牙螺纹，经常用于直径较大的连接，一般配圆螺母止动垫圈。 小圆螺母外径、厚度较小，结构紧凑，适用于两件成组使用，可作轴向微调。 滚花螺母和带槽螺母多用于工艺装备。
	组合式盖形螺毒	GB/T 802—1988	M5 ~ M24	
	圆螺母	GB/T 812—1988	M10×1 ~ M60×2	
	小圆螺母	GB/T 810—1988	M10×1 ~ M200×3	
	环形螺母	GB/T 63—1988	M12 ~ M24	
	滚花高螺母	GB/T 806—1988	M1.6 ~ M10	
	滚花薄螺母	GB/T 807—1988	M1.4 ~ M10	
	盖形螺母	GB/T 923—1988	M3 ~ M24	
	端面带孔圆螺母	GB/T 815—1988	M2 ~ M10	
	侧面带孔圆螺母	GB/T 816—1988	M2 ~ M10	
	带槽圆螺母	GB/T 817—1988	M1.4 ~ M12	

注：上表数据引自《建筑装饰五金手册》江西科学技术出版社 2004 年 1 月第 1 版。

附录 3

附录 3.1　垫圈

类别	名　称	标　准	规格范围（螺纹大径）/mm	特点及用途
圆形垫圈	平垫圈 A 级	GB/T 97.1—1985	1.6~36	一般用于金属零件的连接，增加支座面积，防止损伤零件表面。大垫圈多用于木制结构中。
	平垫圈 C 级	GB/T 95—1985	5~36	
	平垫圈 倒角型 A 级	GB/T 97.2—1985	5~36	
	小垫圈 A 级	GB/T 848—1985	1.6~36	
	大垫圈 A 级和 C 级	GB/T 96—1985	3~36	
	特大垫圈 C 级	GB/T 5287—1985	5~36	
异形垫圈	工字钢用方斜垫圈	GB/T 852—1988	6~36	方斜垫圈用于槽钢、工字钢翼缘类倾斜垫平，使连接免受弯矩作用。球面垫圈与锥面垫圈配合使用具有自动调位作用，多用于工装设备。开口垫圈可从侧面装拆，多用于工装设备。
	槽钢用方斜垫圈	GB/T 853—1988	6~36	
	球面垫圈	GB/T 849—1988	6~48	
	锥面垫圈	GB/T 850—1988	6~48	
	开口垫圈	GB/T 851—1988	5~36	
弹簧及弹性垫圈	标准型弹簧垫圈	GB/T 93—1987	2~48	标准型弹簧垫圈靠弹性及斜口摩擦防松，广泛用于经常拆装的连接。弹性或弹簧垫圈靠弹性变形压紧紧固件防松，波形弹力较大，受力均匀；鞍形变形大，支承面积小。锥形锁紧垫圈防松可靠，受力均匀，不宜用在经常拆装和材料较软的连接中。
	重型弹簧垫圈	GB/T 7244—1987	6~36	
	轻型弹簧垫圈	GB/T 859—1987	3~30	
	波形弹性垫圈	GB/T 955—1987	3~30	
	波型弹簧垫圈	GB/T 7246—1987	3~30	
	鞍形弹性垫圈	GB/T 860—1987	2~10	
	鞍形弹簧垫圈	GB/T 7245—1987	3~30	
	锥形锁紧垫圈	GB/T 956.1—1987	3~12	锥形锁紧垫圈防松可靠，受力均匀，不宜用在经常拆装和材料较软的连接中。
	锥形锯齿锁紧垫圈	GB/T 956.2—1987	3~12	
	内齿锁紧垫圈	GB/T 861.1—1987	2~20	内齿用于螺栓头部尺寸较小的连接；外齿应用较多，防松可靠。
	外齿锁紧垫圈	GB/T 862.1—1987	2~20	
止动垫圈	单耳止动垫圈	GB/T 854—1988	2.5~48	用于允许螺母拧紧在任意位置加以锁合的场合，防松可靠。
	双耳止动垫圈	GB/T 855—1988	2.5~4.8	
	外舌止动垫圈	GB/T 856—1988	2.5~48	
	圆螺母用止动垫圈	GB/T 858—1988	10~200	

注：上表数据均引自《建筑装饰五金手册》江西科学技术出版社 2004 年 1 月第 1 版。

附录 4

附录 4.1 机螺钉、自攻螺钉、自转自攻螺钉

类别	名称	标准	规格范围 d/mm	规格范围 L/mm	特点及用途
机螺钉	十字槽盘头螺钉	GB/T 818—2000	M1.6～M10	3～60	十字槽螺钉拧紧时对中性好,易实现自动装配,生产率高,槽的强度高,不易打滑。
	十字槽沉头螺钉	GB/T 819.1—2000 GB/T 819.2—1997			
	十字槽半沉头螺钉	GB/T 820—2000			
	十字槽圆柱头螺钉	GB/T 822—2000	M2～M10	3～60	
	十字槽小盘头螺钉	GB/T 823—1988	M2～M8	3～60	
	开槽圆柱头螺钉	GB/T 65—2000	M1.6～M10	2～80	开槽螺钉,多用于较小零件的连接。
	开槽盘头螺钉	GB/T 67—2000	M1.6～M10	2～80	
	开槽沉头螺钉	GB/T 68—2000	M1.6～M10	2.5～80	
	开槽半沉头螺钉	GB/T 68—2000			
	内六角花形圆柱头螺钉 4.8 级	GB/T 6190—1986	M6～M20	8～80	内六角螺钉可承受较大的拧紧力矩,连接强度高,可替代六角螺栓。头部可埋入零件沉孔中,外形平整,结构紧凑。
	内六角花形圆柱头螺钉 8.8 级和 10.9 级	GB/T 6191—1986			
	内六角花形盘头螺钉	GB/T 2672—1986	M6～M12	8～80	
	内六角花形沉头螺钉	GB/T 2673—1986	M6～M20	8～80	
	内六角花形半沉头螺钉	GB/T 2674—1986			
	内六角圆柱头螺钉	GB/T 70.1～ GB/T 70.3—2000	M1.6～M36	2～200	
	内六角圆柱头轴肩螺钉	GB/T 5281—1985	M5～M20	10～120	
自攻螺钉	十字槽盘头自攻螺钉	GB/T 845—1985	ST2.2～ST9.5	4.5～50	多用于较薄的钢板和有色金属板的连接。螺钉硬度较高。一般势处理硬度为 50～58 HRC。被连接件可不预先制出螺纹,只要钻出孔即可,在连接时,利用螺钉自身攻出螺纹。
	十字槽沉头自攻螺钉	GB/T 846—1985			
	十字槽半沉头自攻螺钉	GB/T 847—1985			
	六角头自攻螺钉	GB/T 5285—1985			
	十字槽凹穴六角头自攻螺钉	GB/T 9456—1988			
	开槽盘头自攻螺钉	GB/T 5282—1985			
	开槽沉头自攻螺钉	GB/T 5283—1985			
	开槽半沉头自攻螺钉	GB/T 5284—1985			
	墙板自攻螺钉	GB/T 14210—1993	3.5～4.2	19～70	
	十字槽沉头自攻锁紧螺钉	GB/T 6561—1986	M2.5～M6	6～40	
	六角头自攻锁紧螺钉	GB/T 6563—1986	M5～M12	10～80	
自钻自攻螺钉	十字槽盘头自钻自攻螺钉	GB/T 15856.1—1995	ST2.9～ST6.3	13～50	自钻自攻螺钉在被连接件上不用预先钻孔,用电动自攻螺钉旋具,将钻孔与旋拧一起完成,不存在钉与钻孔的对位问题,连接可靠,工作效率高。
	十字槽沉头自钻自攻螺钉	GB/T 15856.2—1995		13～50	
	十字槽半沉头自钻自攻螺钉	GB/T 15856.3—1995		13～50	

注:上表数据均引自《建筑装饰五金手册》江西科学技术出版社 2004 年 1 月第 1 版。

附录4.2 木螺钉

直径 d/mm	开槽木螺钉钉长 L/mm			十字槽木螺钉		特点及用途
	沉头	圆头	半沉头	十字槽号	钉长 L/mm	
1.6	6~12	6~12	6~12	—	—	
2	6~16	6~14	6~16	1	6~16	
2.5	6~25	6~22	6~25	1	6~25	
3	8~30	8~25	8~30	2	8~30	
3.5	8~40	8~38	8~40	2	8~40	用在木板构件上固定金属构件或其他材质的构件,如铰链、插销、门锁等。根据适用和需要,选择适当钉头形式,以沉头木螺钉应用最广。
4	12~70	12~65	12~70	2	12~70	
(4.5)	16~85	14~80	16~85	2	16~85	
5	18~100	16~90	18~100	2	18~100	
(5.5)	25~100	22~90	30~100	3	25~100	
6	25~120	22~120	30~120	3	25~120	
(7)	40~120	38~120	40~120	3	40~120	
8	40~120	38~120	40~120	4	40~120	
10	75~120	65~120	70~120	4	70~120	

注:1. 钉长系列(mm):6、8、10、12、14、16、18、20、(22)、25、30、(32)、35、(38)、40、45、50、(55)、60、(65)、70、(75)、80、(85)、90、100、120;
2. 括号内的直径和长度尺寸,尽可能不采用;
3. 材料:一般用低碳钢制造,表面滚光或镀锌钝化、镀铬等,也有用黄铜制造,表面滚光。

附录4.3 木螺钉用塑料胀管

mm

形 式	甲 型				乙 型			
直 径	6	8	10	12	6	8	10	12
长 度	31	48	59	60	36	42	46	64
适用木螺钉	3.5	4	5.5	5.5	3.5	4	4.5	5.5
直 径	4	4.5	6	6	4	4.5		6
木螺钉长	胀管长度+10+被连接件厚度				胀管长度+3+被连接件厚度			
钻孔直径	混凝土:等于或小于胀管直径0.3 加气混凝土:小于长管直径0.5~1.0 硅酸盐砌块:小于长管直长0.3~0.5							
钻孔长度	大于胀管长度10~12				大于胀管长度3~5			
用 途	广泛用于金属制品、水电卫生器件、装饰构件、门窗等小构件的安装和固定。 使用时,先按选用的规格在混凝土、墙砌体、顶棚等处,用冲击钻或电锤钻出相应直径和深度的孔,把胀管插入孔中,然后用螺钉穿过被连接件的通孔,再旋入胀管中并拧紧即可							

注:以上二表数据均引自《建筑装饰五金手册》江西科学技术出版社2004年1月第1版。

附录 5

附录 5.1 铆钉

类别	名称	标准	规格范围 d/mm	规格范围 L/mm	特点及用途
实心	粗制半圆头铆钉	GB/T 863.1—1986	12~36	20~200	用于承受较大横向荷载的铆缝,应用最广。
		GB/T 863.2—1986	10~36	12~200	
	半圆头铆钉	GB/T 867—1986	0.6~1.6	1~110	
	粗制平锥头铆钉	GB/T 864—1986	12~36	20~200	因钉头较大,耐腐蚀性较强,常用在船壳、锅炉、水箱等腐蚀性较强的场合。
	平锥头铆钉	GB/T 868—1986	12~16	3~110	
	粗制沉头铆钉	GB/T 865—1986	12~36	20~200	用于表面要求平滑,并且荷载不大的铆缝。承载能力比半圆头低。
	沉头铆钉	GB/T 869—1986	1~16	2~100	
	粗制半沉头铆钉	GB/T 866—1986	12~36	20~200	用于表面要求平滑,并且荷载不大的铆缝。
	半沉头铆钉	GB/T 869—1986	1~16	2~100	
	120°沉头铆钉	GB/T 954—1986	1.2~8	1.5~50	用于表面要求平滑,并且荷载不大的铆缝。
	120°半沉头铆钉	GB/T 1012—1986	3~6	5~40	
	半头铆钉	GB/T 109—1986	2~10	4~30	做强固接缝用。
抽芯	抽芯铆钉	GB/T 12615—1990	3~6	6~18	用于适合单面施铆的场合,多用于装修、装饰构造中。
		GB/T 12616—1990			
		GB/T 12617—1990		7~40	
		GB/T 12618—1990			
标牌	标牌铆钉	GB/T 827—1986	1.6~5	3~20	用丁标牌的铆接。

注:上表数据均引自《建筑装饰五金手册》江西科学技术出版社 2004 年 1 月第 1 版。

附录 6

附录 6.1 圆钉 (YB/T 5002—1993)

简图

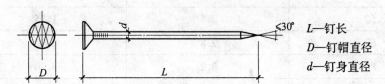

L—钉长
D—钉帽直径
d—钉身直径

钉号	全长/mm	钉杆直径/mm			每千个质量/kg			每千克大约个数		
		标准型	轻型	重型	标准型	轻型	重型	标准型	轻型	重型
1	10	1.0	0.9	1.2	0.064	0.052 1	0.090 7	15 600	19 200	11 000
1.5	15	1.2	1.0	1.4	0.138	0.096 5	0.185	7 250	10 400	5 400
2	20	1.4	1.2	1.6	0.250	0.184	0.324	4 000	5 420	3 090
2.5	25	1.6	1.4	1.8	0.407	0.311	0.511	2 450	3 210	1 960
3	30	1.8	1.6	2.0	0.618	0.492	0.758	1 620	2 030	1 310
3.5	35	2.0	1.8	2.2	0.891	0.724	1.106	1 120	1 380	943
4	40	2.2	2.0	2.5	1.22	1.01	1.156	820	990	641
4.5	45	2.5	2.2	2.8	1.77	1.36	2.22	565	724	451
5	50	2.8	2.5	3.2	2.46	1.98	3.22	407	505	312
6	60	3.2	2.8	3.4	3.88	2.97	4.35	258	327	230
7	70	3.4	3.2	3.6	5.05	4.49	5.62	198	223	190
8	80	3.8	3.4	4.2	7.18	5.79	8.80	141	173	114
9	90	4.2	3.8	4.5	8.95	8.15	11.3	101	123	88.5
10	100	4.5	4.2	5.0	12.6	11.1	15.5	79.2	90	64.5
12	120	5.0	4.5	5.6	18.7	15.2	23.2	53.5	65.8	43.2
14	140	5.6	5.0	—	27.1	21.6	—	36.9	46.3	—
16	160	6.0	5.6	—	35.5	31.0	—	28.2	32.2	—
18	180	6.6	6.0	—	48.5	40.2	—	20.6	24.9	—
20	200	7.5	6.6	—	69.5	52.0	—	14.4	19.5	—
用途	用于钉固、连接竹、木或人造木质的材料制成的构件,当被连接构件为硬杂木或有非木质材料构件时,该构件要预钻出钉孔。									

附录6.2 扁头钉

简图

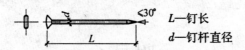

L—钉长
d—钉杆直径

钉长/mm	钉杆直径/mm	每千个质量/kg
35	2.0	0.95
40	2.2	1.18
50	2.5	1.75
60	2.8	2.90
80	3.2	4.70
90	3.4	6.40
100	3.8	8.50
用途	用于要求将钉帽隐入木材表面内的场合,如地板面上的圆钉连接。	

附录6.3 拼钉

简图

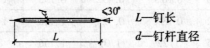

L—钉长
d—钉杆直径

钉长/mm	钉杆直径/mm	每千个质量/kg
25	1.6	0.36
30	1.8	0.55
35	2.0	0.79
40	2.2	1.08
45	2.5	1.52
50	2.8	2.00
60	2.8	2.40
用途	多用于木板材的拼接,如门心板的拼接。	

附录 6.4　骑马钉

简图

L—钉长
d—钉杆直径
B—大端宽度
b—小端宽度

钉长 L/mm	钉杆直径 d/mm	大端宽度 B/mm	小端宽度 b/mm	每千个质量/kg
10	1.6	8.5	7.0	0.37
15	1.8	10.0	8.0	0.56
20	2.0	10.5	8.5	0.89
25	2.2	11.0	8.8	1.36
30	2.5	13.5	10.5	2.19
用途	用于钉入木构件或加气混凝土、混合砂浆中,连接固定钢丝(板)网,也可临时连接拼合木板材。			

附录 6.5　水泥钉

简图

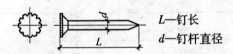

L—钉长
d—钉杆直径

钉号	钉杆长度 L/mm	钉杆直径 d/mm	每千个质量/kg
7	101.6	4.57	13.38
7	76.2	4.57	10.11
8	76.2	4.19	8.55
8	63.5	4.19	7.17
9	50.8	3.76	4.73
9	38.1	3.76	3.62
9	25.4	3.76	2.51
10	50.8	3.40	3.92
10	38.1	3.30	3.01
10	25.4	3.40	2.11
11	38.1	3.05	2.49
11	25.4	3.05	1.76
12	38.1	2.77	2.10
12	25.4	2.77	1.40
用途	钉于硬木、砖、砌块、低标号混凝土、砂浆、薄钢板等材料中,形成钉连接。		

附录6.6 射钉

mm

简图			
规 格	M8	M10	M12
直 径	8	10	12
用 途	用专用的射钉枪(以火药为动力)将钉体射入混凝土、砖砌体、钢板中,以起到连接其他构件的作用。		

附录6.7 油毡钉

简图

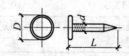

L—钉长
D—钉帽直径
d—钉杆直径

规格/mm	钉杆长度 L/mm	钉杆直径 d/mm	每千个质量/kg
15	15	2.5	0.58
20	20	2.8	1.00
25	25	3.2	1.5
30	30	3.4	2.00
19.05	19.05		1.10
22.23	22.23		1.28
25.40	25.40		1.47
28.58	28.58		1.65
31.75	31.75	3.06	1.83
38.10	38.10		2.20
44.45	44.45		2.57
50.80	50.80		2.93
19	19	2.8	
25	25	3.2	
用 途	钉于木构件(一般为预埋木砖上),连接或固定油毛毡,钉上要加油毡垫垫圈。		

附录 6.8 麻花钉

简图

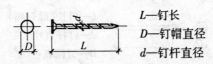

L—钉长
D—钉帽直径
d—钉杆直径

规格/mm	钉杆长度 L/mm	钉杆直径 d/mm	每千个质量/kg
50	50.8	2.77	2.40
50	50.8	3.05	2.91
55	57.2	3.05	3.28
65	63.5	3.05	3.64
75	76.2	3.40	5.43
75	76.2	3.76	6.64
85	88.9	4.19	9.62
用 途	用于防止钉连接中易于拔出的情况,或要求钉着力强的连接,如:地板的暗钉。		

附录 6.9 镀锌瓦楞钉

简图

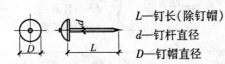

L—钉长(除钉帽)
d—钉杆直径
D—钉帽直径

钉杆直径 d		钉帽直径 D/mm	每千个质量/kg			
线规号 BWG	相当 /mm		钉长(除钉帽)L/mm			
			38.1	44.5	50.8	63.5
9	3.76	20	6.30	6.75	7.35	8.35
10	3.40	20	5.58	6.01	6.44	7.30
11	3.05	18	4.53	4.90	5.25	—
12	2.77	18	3.74	4.03	4.32	—
13	2.41	14	2.30	2.38	2.46	—
用 途	钉于屋面木檩条或木望板上,连接固定石棉瓦、钉皮瓦等。					

附录6.10 瓦楞钉

简图

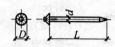

L—钉长(除钉帽)
d—钉杆直径
D—钉帽直径

钉杆直径 d/mm	钉帽直径 D/mm	每千个质量/kg			
		钉长(除钉帽)L/mm			
		38	44.5	50.8	50.8
3.73	20	6.30	6.75	7.35	8.35
3.37	20	5.58	6.01	6.44	7.30
3.02	18	4.53	4.90	5.25	6.17
2.74	18	3.74	4.03	4.32	4.90
2.38	14	2.30	2.38	2.46	—
用途	钉于屋面木檩条或木望板上,连接固定石棉瓦、钉皮瓦等。				

注:以上附录6各表数据引自《建筑装饰五金手册》江西科学技术出版社2004年1月第1版。

附录6.11 扒 钉

简图

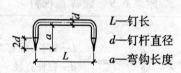

L—钉长
d—钉杆直径
a—弯钩长度

扒钉直径 d/mm	弯钩长度 a/mm	扒钉长度 L/mm						
		200	250	300	350	400	450	500
		扒钉质量/kg						
8	60	0.070	0.082	0.093				
10	60	0.128	0.148	0.168	0.188			
12	80	0.310	0.355	0.400	0.445			
14	100	0.467	0.527	0.587	0.647	0.707		
16	100	0.606	0.686	0.766	0.846	0.926	1.006	1.086
18	120		0.943	1.043	1.143	1.243	1.343	1.443
用途	主要用于木结构、木屋架节点处受拉杆件的连接。							

注:表中数据均引自《房屋维修加固手册》中国建筑工业出版社1988年10月第1版。

附录 7

附录 7.1 高强度螺栓、螺母、垫圈的性能等级和机械性能
（按 GB 1231—84、GB 3633—83）

类别		性能等级	推荐材料	机械性能				洛氏硬度 HRC
				屈服强度 f_y		抗拉强度 f_u		
				kgf/mm²	N/mm²	kgf/mm²	N/mm²	
				≥				
大六角头高强度螺栓	螺栓	8.8S	45	63	660	85~105	830~1 030	24~31
			35					
		10.9S	20MnTiB	95	940	106~126	1 040~1 240	33~39
			40B					
			35VB					
	螺母	8H	35	—	—	—	—	≤28
		10H	45	—	—	—	—	≤28
			35					
	垫圈	硬度	45					35~45
			35					
扭剪型高强度螺栓	螺栓	10.9S	20MnTiB	95	940	106~126	1 040~1 240	33~39
	螺母	10H	15MnVB					≤28
			35					
	垫圈	硬度	45					35~45

注：1 kgf=9.806 65 N。

附录 7.2 普通碳素钢铆螺用热轧圆钢的化学成分和机械性能
（按 GB 715—65）

钢号	熔炼化学成分/%				机械性能				冷顶锻试验 $X=\dfrac{h_1}{h}$	热顶锻试验	热状态下或冷状态下铆钉头锻平试验
	C	P	S	Cu	抗拉强度 f_u		伸长率/%				
							δ_5	δ_{10}			
	≤				kgf/mm²	N/mm²	≥				
ML₂	0.09~0.15	0.045	0.050	0.25	34~42	335~410	31	26			顶头直径为圆钢直径的 2.5 倍
ML₃	0.14~0.22	0.045	0.050	0.25	38~47	370~460	26	22			

注：以上二表数据均引自《钢结构设计手册》（GBJ 17—88 版）中国建筑工业出版社 1989 年 10 第 2 版。

后 记

《建筑构造构成原理》终于完成了,实际上我只做了四个字的工作,就是围绕着建筑构造的组合原理展开了探讨。

建筑构造组合原理,即构成原理它是客观存在的。在以往,由于大量的实用、好用的构造节点的涌现和建筑构造强烈的具象性,掩盖了它。但建筑构造构成原理并没有就此消失,只不过是被人们忽略了,成为一种隐性状态存在于建筑构造学之中。与此同时,建筑构造的理性思维也相对弱化了,这种现象长期没有引起人们的注意和得到克服。

今天我所做的工作,就是将建筑构造的构成原理从隐性状态提到显性的应有位置;从常态的感性思维,上升到理性思维,借以引起人们的注意并予以研讨。同时,我在以往长期思考和经验的基础上,对它的具体内容也作了粗浅探讨。至于它是否正确、全面,本人还不能做出完全肯定的结论,但是可以肯定的是,起码把建筑构造的构成原理提到了一个明显的位置上了。我定义它为建筑构造构成原理。

这就是我写作本书的主要目的和我对建筑学的回报。

书中写到的经验、体会和观点纯属个人的,有些提法也不见得准确,只是一块引玉的"砖",仅供参考。我衷心地希望我的同行们,对此提出批评意见,让我们共同完成创建建筑构造构成原理的历史任务。

参考文献

[1] 杨廷宝,戴念慈.中国大百科全书(建筑 园林 城市规划分册)[M].北京:中国大百科全书出版社,1988.

[2] 周淑萍.中国建筑工程百科全书[M].长春:吉林人民出版社,1997.

[3] 林声,等.中国总工程师手册[M].沈阳:东北工学院出版社,1991.

[4] 成大先.机械零件设计手册(单行本)[M].北京:化学工业出版社,2004.

[5] 李伯宁.中国土木工程师手册[M].上海:上海科学技术出版社,1989.

[6] 金虹.建筑构造[M].北京:清华大学出版社,2005.

[7] 杨维菊.建筑构造设计(上下册)[M].北京:中国建筑工业出版社,2005.

[8] 刘昭如.建筑构造设计基础[M].北京:科学出版社,2000.

[9] 蔡红.建筑装饰装修构造[M].北京:机械工业出版社,2007.

[10] 葛勇,张宝生.建筑材料[M].北京:中国建材工业出版社,1996.

[11] 何平.装饰材料[M].南京:东南大学出版社,2002.

[12] 施龚.实用建筑五金手册[M].北京:机械工业出版社,2003.

[13] 张树平.建筑师手册[M].北京:中国建筑工业出版社,2003.

[14] 廖红.建筑装饰五金手册[M].南昌:江西科学技术出版社,2004.

[15] 本书编委会.机械工程标准手册(螺纹与紧固卷)[M].北京:中国标准出版社,2000.

[16] 中国标准出版社第三编辑室.中国机械工业标准汇编[M].2版.北京:中国标准出版社,2001.

[17] 李维荣.常用紧固件产品手册[M].北京:中国标准出版社,2002.

[18] 叶君.实用紧固件手册[M].北京:机械工业出版社,2002.

[19] GBJ 16—87 建筑设计防火规范[S].北京:中国建筑工业出版社,1987.

[20] GB 50017—2003 钢结构设计规范[S].北京:中国计划出版社,2003.

[21] JGJ 81—2002 建筑钢结构焊接技术规程[S].北京:中国标准出版社,2003.

[22] GB 50011—2002 混凝土结构设计规范[S].北京:中国建筑工业出版社,2002.

[23] GB 50007—2002 建筑地基基础设计规范[S].北京:中国建筑工业出版社,2002.

[24] GB 50005—2003 木结构设计规范[S].北京:中国建筑工业出版社,2009.

[25] GB 50003—2001 砌体结构设计规范[S].北京:中国建筑工业出版社,2002.

[26] GB 50011—2010 建筑抗震设计规范[S].北京:中国建筑工业出版社,2010.

[27] GB 50068—2001 建筑结构可靠度设计统一标准[S].北京:中国建筑工业出版社,2010.

[28] GB 50083—1997 建筑结构设计术语和符号标准[S].北京:中国建筑工业出版社,2010.

市政与环境工程系列丛书(本科)

书名	作者	价格
建筑水暖与市政工程 AutoCAD 设计	孙　勇	38.00
建筑给水排水	孙　勇	38.00
污水处理技术	柏景方	39.00
环境工程土建概论(第3版)	闫　波	20.00
环境化学(第2版)	汪群慧	26.00
水泵与水泵站(第3版)	张景成	28.00
特种废水处理技术(第2版)	赵庆良	28.00
污染控制微生物学(第4版)	任南琪	39.00
污染控制微生物学实验	马　放	22.00
城市生态与环境保护(第2版)	张宝杰	29.00
环境管理(修订版)	于秀娟	18.00
水处理工程应用试验(第3版)	孙丽欣	22.00
城市污水处理构筑物设计计算与运行管理	韩洪军	38.00
环境噪声控制	刘惠玲	19.80
市政工程专业英语	陈志强	18.00
环境专业英语教程	宋志伟	20.00
环境污染微生物学实验指导	吕春梅	16.00
给水排水与采暖工程预算	边喜龙	18.00
水质分析方法与技术	马春香	26.00
污水处理系统数学模型	陈光波	38.00
环境生物技术原理与应用	姜　颖	42.00
固体废弃物处理处置与资源化技术	任芝军	38.00
基础水污染控制工程	林永波	45.00
环境分子生物学实验教程	焦安英	28.00
环境工程微生物学研究技术与方法	刘晓烨	58.00
基础生物化简明教程	李永峰	48.00
小城镇污水处理新技术及应用研究	王　伟	25.00
环境规划与管理	樊庆锌	38.00
环境工程微生物学	韩　伟	38.00
环境工程概论——专业英语教程	官　涤	33.00
环境伦理学	李永峰	30.00
分子生态学概论	刘雪梅	40.00

市政与环境工程系列研究生教材

书名	作者	价格
城市水环境评价与技术	赫俊国	38.00
环境应用数学	王治桢	58.00
灰色系统及模糊数学在环境保护中的应用	王治桢	28.00
污水好氧处理新工艺	吕炳南	32.00
污染控制微生物生态学	李建政	26.00
污水生物处理新技术(修订版)	吕炳南	25.00
定量构效关系及研究方法	王　鹏	38.00
模糊-神经网络控制原理与工程应用	张吉礼	20.00
环境毒理学研究技术与方法	李永峰	45.00